DEN GLEMTE KONGSGÅRD OG DENS OMEGN

En egnshistorie fra Hvornum-Klejtrup Området

Alternativ Danmarkshistorie

Ole Thisted Sørensen

DEN GLEMTE KONGSGÅRD OG DENS OMEGN

FSC
www.fsc.org
MIX
Papir fra ansvarlige kilder
Paper from responsible sources
FSC® C105338

Forlag: BoD · Books on Demand, Strandvejen 100, 2900 Hellerup, bod@bod.dk

Tryk: Libri Plureos GmbH, Friedensallee 273, 22763 Hamborg, Tyskland

ISBN: 978-87-7170-104-3

INDLEDNING

Egnen omkring Hvornum og Klejtrup er en historisk egn, hvilket de færreste vel tænker over, men gør man sig den ulejlighed at grave lidt i den historie og de traditioner og sagn der knytter sig til egnen, vil man hurtig blive overbevist om, at hele det midtjyske område historisk set har meget at byde på. Dette område gemmer på adskillige overraskelser der igennem mange år er blevet overset.

Det kræver dog en interesse for det historiske, og ikke mindst det lokalhistoriske, hvis den slags skal afdækkes. Jeg har altid selv været historisk interesseret, så da jeg for ca. 10 år siden besluttede mig for at grave lidt i den historie der tilhører vores egn, befandt jeg mig pludselig på en interessant rejse ind i fortiden, der samtidigt gjorde at jeg måtte videre omkring i hele det midtjyske område. Rejsens varighed endte derfor med at blive en del længere end forventet.

Jeg er opvokset på egnen og havde min daglige gang både i Hvornum og Klejtrup, og jeg husker hvordan vi som børn legede på voldstedet i Klejtrup. Vi hørte også ind imellem de gamle sagn der var tilknyttet stedet, men det var jo trods alt kun sagn fik vi at vide, og derfor ikke noget man kunne stole på. Jeg har ligeledes i min ungdom besøgt Odinsalteret i Trinderup krat, og dette gemmer på noget af egnens ældste historie.

Gamle sagn har ikke gode betingelser i dag, de anses for utroværdige, og sorteres fra. Men ordet "sagn" har altid haft betydningen "beretning", og er derfor som regel en historisk beretning som kan tages alvorligt, hvilket moderne historikere sjældent gør. Det gjorde derimod vore gamle og højtestimerede historikere som Arild Huitfeldt, som skrev i 1500-tallet og P.F. Suhm der skrev et par århundreder senere, samt flere andre. For dem havde ordet "sagn" en helt anden betydning. Huitfeldts Danmarkshistorie er blevet nævnt som skelsættende i dansk historieskrivning, grundet hans akkuratesse. Den bygger på breve og aktstykker, som var en del af hans private arkiv, der allerede på hans tid var ældgammelt. Af samme årsag, havde han altid sit kildemateriale i orden, hvorfor hans udsagn bør tages alvorligt.

Et sagn var for dem en værdifuld historisk beretning der var værd at værne om. Det viser sig nemlig at navnet Klejtrup for 500 år siden, var kendt af datidens historikere, hvoraf flertallet var indfødte københavnere, som ikke havde noget som helst forhold til egnen omkring Klejtrup, så der må have været et eller andet, som har vakt deres interesse for et lille sted i Jylland som kun bestod af nogle få gårde, og endnu ikke kunne kaldes en landsby. Alene dette, burde give stof til eftertanke. Hvad var det, som var så specielt for en lille klynge gårde i det midtjyske område, og hvad havde gjort stedet så velkendt at vore historikere allerede for over 500 år siden skrev om Klejtrup, og så oven i købet skrev at der havde boet konger der. Og hvorfor var så mange sagn knyttet til et så lille et sted hvor der kun boede nogle få mennesker.

Da jeg påbegyndte dette arbejde, besluttede jeg, at jeg under ingen omstændigheder ville udelukke eller afvise noget, så hellere grave dybere. Det kunne netop være interessant at finde ud af om de gamle sagn nu alligevel skjulte historiske sandheder. Jeg studerede den korte og accepterede historie om egnen, og jeg gik herefter i gang med de gamle sagn, kæmpeviser og folkeviser, hvoraf de ældste stammer tilbage fra 1200- tallet, og enkelte fra 1100-tallet. De indeholder historisk materiale der er tilsat lidt digterisk frihed, idet de blev benyttet som underholdning. Inspirationen stammede fra virkelige begivenheder, som de gamle historikere mente havde fundet sted i blandt andet Klejtrup, og her kom de gamle sagn ind i billedet. Det blev her tydeligt at vore ældste kendte historikere, havde haft adgang til tekster der selv på deres tid kunne betragtes som ældgamle, men de tog dette materiale alvorligt. På et tidspunkt indså jeg, at jeg også måtte gøre brug af både de Frankiske årbøger, Den Angelsaksiske krønike, Irske og Engelske tekster m.v., idet man kun her finder det ældste Danmark beskrevet. Her betragtes det vi kalder sagn, som ægte historie.

Jeg har forsøgt at anskueliggøre de indeholdte informationer på en måde, der sætter læseren i stand til at skelne teori, og beviselig historie. Der vil forekomme nogle detaljerede beskrivelser, hvilket var nødvendigt fordi der heri kan findes enten konkrete beviser, eller acceptable sandsynlighedsberegninger. Jeg tillader mig ligeledes at gå i rette med såkaldt etableret historie, som jeg har alternative og nye forklaringer til. Mange gamle tekster er blevet ignoreret, og det er synd for historien. Jeg ønsker at vise at vores egn, og især de to små landsbyer Hvornum og Klejtrup, har spillet hver deres vigtige rolle i dansk historie som ikke må glemmes. Derfor begynder vi historien for 2000 år siden i jernalderen og oplever en naturlig rækkefølge af begivenheder helt op i middelalderen. De personer der nævnes som deltagere i disse begivenheder, kæder en længere historie sammen, og på denne måde ser vi lokalhistorien blive til danmarkshistorie. I 1958 da jeg var syv år gammel, gravede arkæologerne i Hvornum, og her begynder vores historie.

Ole Thisted Sørensen

DET ÆLDSTE HVORNUM

En dejlig solskinsdag i sommeren 1958, leger to drenge på en bakketop i Hvornum by. De havde hjemmefra medbragt både skovl og spade, for der skulle graves og bygges huler på bakken som var et af de højere punkter i byen. I daglig tale kaldtes den Lyngbakken, idet den var overgroet med lyng helt ud til den stejle skrænt ud imod Klejtrup sø. Bakken tilhørte en nærliggende gård, og blev ofte benyttet af byens ungdom som en spændende legeplads.

Under gravearbejdet stødte drengene på noget hårdt, hvilket viste sig at være gamle potteskår, og lidt dybere lå hele og ubeskadigede lerkrukker. Til alt held valgte drengene at stoppe gravearbejdet, hvorefter de gik hjem for at fortælle deres forældre hvad de havde fundet på bakken. Drengene hed Tommy og Rene, og deres far var Oluf Pedersen, portør ved Hobro Sygehus, og familien boede til leje hos Karen Holst på Klejtrupvej i Hvornum.

Senere samme dag møder drengenes far op hos gårdejer Chr. Thisted Sørensen der ejede Lyngbakken. Der blev herefter taget kontakt til Hobro museum, og kort efter ankom museumsinspektør Søndergård for at besigtige fundet. Han indså straks at der meget vel kunne være tale om et betydningsfuldt fund, og tog kontakt til folk fra Nationalmuseet, der netop i forvejen var travlt beskæftiget med udgravninger ved Fyrkat i Hobro. Herfra blev der sendt nogle medarbejdere til Hvornum, for at vurdere om der her var noget man burde gå videre med.

Det blev ret hurtigt konkluderet, at man måske stod med et ekstraordinært fund, og af relativ høj alder, så området blev afspærret, hvorefter intense udgravninger blev iværksat sideløbende med arbejdet på Fyrkat.

I løbet af de følgende dage dukkede flere lerkrukker frem af mulden, og nogle var af den fineste kvalitet. I takt med at arbejdet skred frem, fandt arkæologerne andre værdifulde ting der havde ligget uberørt i bakken i adskillige århundreder.

Der blev fundet to fibler, hvoraf den ene var en meget fin importeret sølvfibel med todelt spiraldække. Den havde en længde på 4,5 centimeter og var af enestående kvalitet. Ikke længe efter udgravede man en mindre berlok af guld, med et øskene belagt med to små fine guldtråde, såkaldt filigran.

Endvidere blev der fundet skår fra to glasbægre, der kunne være romerske, så det samlede fund indikerede at det var en jordfæstegrav, hvori en meget fornem kvinde var blevet stedt til hvile, men der var ikke længere spor efter kvinden. Den gravlagte og hendes familie måtte have haft både stor betydning og anseelse, og utroligt fine udenlandske forbindelser, hvorfor det blev konkluderet, at kvinden måtte have været hustru til en magtfuld høvding eller konge. Dateringen af graven viste at denne kvinde eller dronning, var blevet gravlagt i perioden fra vor tidsregnings begyndelse og frem til år 175, altså for næsten 2000 år siden. Dette viste med stor tydelighed, at der på daværende tidspunkt, måtte have levet en magtfuld høvding eller konge i Hvornum i romersk jernalder. Høvdingen selv kunne være gravsat i højen på bakken Bratbjerg, som ligger noget højere end Lyngbakken, idet man ved Himlingeøje i det østlige Sjælland, netop ser spredt beliggende jordfæstegrave, på den ene side af en højderyg hvor der var en gravhøj, og dette kompleks har samme datering som graven i Hvornum.

Der blev kun fundet denne ene grav, men det er slet ikke umuligt at der kan have været adskillige gravlæggelser i samme område. Dette kunne desværre ikke verificeres, idet den omkringliggende jord længe havde været bebygget, så Nationalmuseet stillede sig tilfreds med fundet som det var, og desuden havde man rigeligt at se til med udgravningerne af Fyrkat. Man kaldte fundet for et specielt og sjældent fund, idet man kun kendte to andre fund af lignende art. Det drejede sig om Hoby fundet på Lolland og Bendstrup fundet i Sønder Hald Herred, og begge disse fund stammede fra samme tidsperiode. Hoby fundet var i absolut særklasse, og havde tydeligvis været en gave fra den Romerske stormagt, velsagtens i diplomatiets tjeneste, men til en betydningsfuld dansk høvding eller konge. Dette blev konkluderet, fordi et sølvbæger i bunden havde præget navnet Silius, og man ved at samme Silius i årene 14 til 21 efter Kristi tid, var Legat for hvad man kaldte Øvre Germanium, med sæde i byen Mainz. Hoby fundet indeholdt service, drikkekrus, og smykker i ædle metaller og kunstfærdige romerske glasvarer, og ved sin død fik den danske høvding alt dette med sig i graven.

Denne tolkning af en Romersk forbindelse, kan kædes sammen med Bendstrup fundet, for her fandt man to romerske fibler og et meget fornemt vinkar, der netop var det eneste høvdingen i Hoby manglede for at hans udstyr var komplet. Efterfølgende forsøgte arkæologerne at rekonstruere en mulig forbindelse mellem de to høvdinge fra Hoby og Bendstrup. Man foreslog at Høvdingen fra Hoby, kunne have giftet en datter bort til et magtfuldt dynasti i det nordøstlige Jylland, fordi et sådant ægteskab ville kunne have styrket høvdingens position i forhold til østjyderne. For at understrege sin position, kan han have givet datteren en enestående medgift, der udmærket kunne have været en del af det dyrebare romerske udstyr.

Hoby høvdingen havde dog valgt at beholde sølvbægrene, der havde motiver fra Homers historie "Illiaden", hvor eksempelvis genkendes Priamos, kongen af Troya. Handlingen henlægges til Troyakrigen der dateres til ca. 1200 før vor tidsregning, og digtet blev forfattet omkring 400 år efter at begivenhederne fandt sted. Om der så har eksisteret en forbindelse til høvdingen i Hvornum, kan man kun gisne om, men vi ved at ting der blev fundet i Hvornum sikkert er af romersk oprindelse, og måske også glasbægrene. I Hvornum Kær blev der omkring 1934 fundet en læderpung indeholdende romerske mønter fra samme periode, så en romersk forbindelse kunne også her være tilfældet.

Når nationalmuseet foreslår at fundet peger på en ældgammel aristokratisk grav, betyder det at der i det første århundrede efter Kristus, har boet en stammehøvding i Hvornum, hvorfra han har regeret sit område. Her har han haft sin residens på en storgård, der sammen med få andre mindre gårde, har udgjort et mindre magtcentrum, som en by langsomt med tiden er vokset op omkring.

Dette stemmer overens med stednavnet Hvornums endelse "um", som netop stammer fra denne periode.

Man kunne forsøge at lokalisere stedet, hvor en sådan magtfuld høvding kunne have resideret, og der findes måske en ledetråd hvis vi hopper frem til den tid hvor Kristendommen var ved at vinde indpas og den gamle Asa- tro var på retur, hvorfor vi skal vi helt op i vikingetiden. De katolske munke eller præster der skulle igangsætte et kirkebyggeri, havde som regel travlt med at få udslettet ethvert spor af den gamle Asa tro, og de begyndte derfor at ødelægge og nedbrænde de hedenske templer og helligdomme. Denne aggressive fremfærd blev dog stoppet. Den store iver, hvormed munkene havde påbegyndt deres arbejde blev påskønnet, men nu blev det fra de ledende kræfter i den romerske kirke besluttet at der skulle tænkes strategisk, specielt når det drejede sig om Danmark, som var et af de sidste lande der blev kristnet. Til sammenligning havde England været et kristent land siden det første århundrede.

Paven i Rom udstedte et dekret om ikke at være så fremfarende. Man måtte fjerne de gamle templer, men skulle herefter foretage en renselse af stedet med helligt vievand og efterfølgende opføre den kristne kirke på nøjagtig samme sted. Paven begrundede dette med at "Fødderne betræder helst de vante stier", hvilket var strategisk tænkt, idet folkene så kunne gå til de samme steder for tilbedelse som de havde været vant til, og dermed gradvis omvendes til Kristendommen.

Men hvor lå høvdingegården så placeret? Tager vi udgangspunkt i pavens strategi, burde vi vel søge hvor den nuværende Hvornum kirke ligger, idet her tidligere må have ligget et hedensk tempel på gårdspladsen til en høvdingegård. Hvornum kirke menes ligesom Klejtrup kirke at være opført i begyndelsen af 1100- tallet i Kong Niels regeringstid. Disse har sikkert afløst ældre trækirker der tidligere var opført hvor hedenske templer havde ligget, og det var dengang en ufravigelig skik, at templet altid lå på høvdingegårdens store gårdsplads, der ofte var hævet lidt over det omkringliggende terræn. Høvdingegården lå som regel en smule afsides fra den øvrige bebyggelse, som oftest bestod af 6 til 8 mindre gårde, nogle få huse og nogle værksteder. Bebyggelsen var indhegnet, og nogle gange førte en brostensbelagt vej ind til den samlede bebyggelse, hvor høvdingegården havde sin egen private indhegning, og på gårdspladsen stod så templet eller hellighuset. Dette var sikkert forbeholdt den regerende familie og dens nærmeste undersåtter. Egnens øvrige beboere var henvist til det offentlige helligsted, hvortil der fra høvdingegårdens område førte en vej, der med tiden blev kaldt for Hofvejen eller Hovvejen, fordi den ledte til samlingsstedet hvor man deltog i Gudehof eller Gudehov. I Hvornum ser vi netop at denne gamle vej, selv i dag kaldet Hovvejen, netop fører til offerstedet der kendes som Odinsalteret i Trinderup krat, men havde sit udgangspunkt meget tæt på den nuværende kirke, idet gadebilledet tidligere så anderledes ud.

Tiden var Romersk Jernalder, og jernalderhuset var altid orienteret i øst vestlig retning og ca. 18 til 20 meter langt. Beboelsen fandtes i den vestlige del og stalden i den østlige ende. Ofte fandtes der stenbyggede kælderrum til forråd og beskyttelse. Indgangspartiet vendte som regel mod syd, og midt i huset fandtes ildstedet der var sat af kampesten, placeret på lerklinet gulv. Husene var ligeledes lerklinede, ofte med opdelinger af støttestolper, og taget var af strå og græstørv. Jernalderhuset var ikke særligt holdbart, og blev som regel nedbrudt efter få generationer, men altid genopført samme sted. Vi må derfor antage at høvdingegården lå netop her, på tidspunktet for begravelsen på Lyngbakken.

Jernalderens byggestil fortsatte op gennem adskillige århundreder, og udviklede sig til den stil vi kender som bindingsværkshuse med stråtag. Høvdingegården var naturligvis den absolut største, helt op til 50 meter i længden og 12 meter i bredden. Her var der som regel en kogegrube der kunne være meget stor, helt op til 4 meter i længden og havde en dybde af omkring 80 centimeter. Hertil kom naturligvis, at en magtfuld og velhavende høvding sørgede for at have et varmeanlæg i det store hus, der kunne benyttes i de kolde vintermåneder. Et sådant anlæg fandtes altid under gulvet og kunne bestå af 2 eller 3 små rum på ca. 2 gange 2 meter. Gulvet i disse varmegruber bestod af marksten, medens væggene

var bygget af mindre kampesten. Denne form for opvarmning kendes fra Romerriget og en sådan grube kaldtes en "Hypocaust".

I de mere velhavende jernalderhuse, beboet af stedets høvding, kunne stalddelen i den østlige ende være udstyret med stenpikning på gulvet, hvilket højst sandsynligt også ville have været tilfældet her, hvilket der måske findes spor efter. Omkring 1965, ville Chr. Thisted Sørensen inddrage en del af den mest tørre eng der lå vest for præstegården til opdyrkning. Han forsøgte i et par dage at pløje jorden, hvilket viste sig at være umuligt, idet området var fyldt med sten over et større område. Her havde tydeligvis været anlagt noget der krævede en stenpikning. Dette kunne derfor være rester af jernalderhusets østlige del hvor dyrene opholdt sig, eller det kunne have været et slæbested for både, fra dengang søen gik helt herop. En anden forklaring kunne være, at det drejede sig om resterne af en vej. I Udby på det sydlige Sjælland, opdagede man under udgravningen af en jernalderboplads med 8 hustomter, et sjældent stenbelagt vejstykke af 17 meters længde og næsten 4 meters bredde. Vejen bestod af en brostensbelægning udført i marksten, sammenholdt af større sten i siderne. Stedet blev dateret til ca. 300 efter Kristus, hvilket er nogenlunde samme tid som fundet i Hvornum, så måske var der også her tale om et vejstykke der førte ind til høvdingegården.

I 1880 ønskede man at foretage en større regulering af kirkegårdsområdet i Hvornum, hvorfor kirkediget skulle flyttes. Da man var kommet godt i gang med det omfattende arbejde, opdagede man at der på et eller andet tidspunkt langt tilbage i tiden, var blevet lagt nogle grundsten som et fundament til en ikke ubetydelig konstruktion, der engang måtte have stået netop her. Dette var i det sydøstligste hjørne af kirkegården, og fundamentet havde en længde på 25 alen fra øst til vest, og en bredde på 12 alen, hvilket tyder på en bygning på omkring 120 kvadratmeter. Grundstenene var så store at de måtte kløves i flere mindre stykker for at kunne flyttes og transporteres. De lå dybt nede i jorden i 2 lag og i 2 alens bredde, hvilket svarer til 125 cm.

Herefter blev det diskuteret, hvad formålet med en bygning af en sådan størrelse kunne have været. Det kunne ikke stamme fra jernalderhuset, så hvad var det? Nogle mente at kunne huske at have hørt tale om, at der engang for længe siden havde stået en kirkelade i området til modtagelse af kirketiende, men det kraftige fundament tydede på, at denne bygning måtte have haft en meget større betydning. Det kunne næppe være resterne af en gammel kirkebygning, idet den nuværende kirke formentlig har afløst en trækirke, og en noget senere kirkelade ville sikkert også have været en træbygning.

Tager vi udgangspunkt i at den nuværende kirke står på samme plads som et tidligere hedensk tempel, som den katolske kirke havde krævet, må der nødvendigvis have ligget en høvdingegård på stedet, således at den nuværende kirkegård tidligere har udgjort det som høvdingegårdens gårdsplads, i hvis midte templet har haft sin plads. Man kunne forestille sig at fundamentet kan have tilhørt et påtænkt kirkebyggeri som blev opgivet, og flyttet til kirkens nuværende plads, for hvilke bygninger ud over kirker blev dengang opført af kampesten? Et så stort og kraftigt fundament stammer ikke fra den oprindelige høvdingegård. Jernalderens bygninger var ikke specielt holdbare. Efter et par generationer, havde de udtjent sig selv og blev nedrevet for at blive genopbygget, og som regel på samme sted, idet man så kunne genbruge hypocausten, kogegruben og eventuelle andre nedgravede stengruber.

Ud fra nationalmuseets betragtninger vedrørende gravfundet på Lyngbakken, må man konstatere at der har boet en rig høvding i Hvornum i jernalderen. Set ud fra hvad der dengang var skik og brug, må vi ligeledes forvente, at samme slægt har været til stede her igennem adskillige århundreder. Høvdingegården har ligget på det sted hvor nu Hvornum kirke står, og denne gårds historie hænger nøje sammen med gården Splinderholm, på hvis jorder fundet blev gjort.

I 1958 da man gjorde fundet på Lyngbakken, tilhørte denne bakke gården Splinderholm, der ejedes af Chr. Thisted Sørensen, og denne gård var en udflyttergård, der netop tidligere havde ligget nede ved kirken.

Gårdens historie kan her være af interesse, idet denne gård er en meget gammel slægtsgård, og i 1688 hed ejeren Rasmus Nielsen Quistrup. Han købte gården af generalmajor Anders Sandberg, der var øverstbefalende for et jysk regiment af sogneryttere, bestående af over 1300 heste. Anders Sandberg var næstkommanderende efter rigsmarsk Anders Bille, bosat på Hersomgård. Sandberg var søn af ridder, rigsråd og hofjunker Ulrik Sandberg, som havde stået fadder til kongens søn Ulrik, der var opkaldt efter ham. Anders Sandberg var gift med Ingeborg Iversdatter Krabbe af Østergård og Kvelstrup. Rasmus Nielsen Quistrup havde drevet det vidt. Han havde været militærmand og senere ridefoged på Stenalt der ejedes af Jørgen Seefeldt, og i 1669 var han kommet så vidt, at han kunne forpagte Kongstedlund. Hans far var en bror til godsejer og borgmester i Mariager Hans Nielsen, og denne var gift med en datter af pastor Byrgesen, hvis hustru stammede fra herredsfogedslægten Bloch, som oprindeligt havde hjemme i Hørby. I 1681 er han ejer af godset Quistrup, som han køber af Hr. Tønne Juel for 10.000 rigsdaler. I 1669 udlåner han 232 rigsdaler til Anders Sandberg, og det er sikkert ad den vej han i 1671 af Sandberg får skøde på gården i Hvornum, tillige med tre gadehuse i Skibsted. Fra dette tidspunkt kendes samtlige ejere af gården. Sandberg havde i øvrigt købt gården af Hr. Tønne Juel.

I 1855 flytter Kirsten Jensdatter gården ud til sin nuværende position på Klejtrupvej 87, fra dens tidligere plads ved kirken syd for kirkediget. Det ses tydeligt på et gammelt bykort fra 1788, samt et tilsvarende fra 1814. Gamle kort viser at gården havde et meget stort jordtilliggende. Der var store arealer i selve bykernen, men også i Nørre og Sønder Hvornum, og al jorden inde fra kirken og helt ud til Lindumvej for enden af søen tilhørte samme gård. Udflytningen skete på den måde, at gården ved kirken blev nedbrudt, og materialerne kørt til Odderholmende i Sønder Hvornum. Her blev de genbrugt til et stuehus der efter færdiggørelsen fik navnet Knoklenborg, der vist i nyere tid var beboet af Adolf Brøndum. Udflytningen på Klejtrupvej blev delvis bygget af nye materialer, og rester fra de gamle bygninger ved kirken.

Efter reformationen i 1536, nævnes der intet selvejergods i Hvornum, udover en enkelt gård i Hvornum by. Op igennem 1600- tallet var denne beboet af herredsfogeden for Onsild herred, og blev i daglig tale kaldet Herredsfogedgården. Det var den gård der var Nr. 1 i den gamle matrikel fra 1688. Denne gård kan identificeres som Hvornum præstegård, som netop har matrikel nummer 1, så vi er på rette spor. Senere ser vi at denne gård bliver sammenlagt med halvdelen af matrikel 7 i Hvornum. Nummer 7 er det gamle matrikelnummer for gården Splinderholm, der ved en senere matrikulering fik nummer 3. Bygningerne fra nummer 7 blev flyttet hen til nummer 1, hvorefter den samlede gård kom til at hedde Herredsfogedgården. På et senere tidspunkt bliver nummer 7 delt i 2 halvgårde. Da den ene af disse i 1700- tallet blev flyttet, og bliver kaldt nummer 10, beholdt nummer 7 navnet Herredsfogedgården. Nummer 10 er den gård der oprindeligt lå bag Missionshuset og Fjeldstedvang og havde navnet Hvornumgård og som nedbrændte i 1938.

Det ses desuden at Fjeldstedvang og Vadgården, begge er opført på jord der tidligere tilhørte Splinderholm, hvilket viser hvor omfattende arealer der tilhørte gården. Vadgården lå oprindeligt også inde ved kirken. Den er først nævnt i 1731, men fungerede fra tidligere tider også som landevejskro. Den endelige udflytning til nuværende placering skete først i 1868, men den har været i familiens eje siden i hvert fald 1731, en familie der altid har været beslægtet med den familie der ejede den senere matrikel 3, udflyttet i 1855 og som dengang ejede Lyngbakken.

De gamle kort viser desuden at al den jord der lå i Hvornum by og i Nørre Hvornum, ofte grænser op til jord tilhørende nummer 1, senere givet kendelighedsnumrene 14 og 16. Matrikel 7 lå oprindeligt på hjørnet af Gadegårdsvej og Lille Møllevej, men på de gamle kort er der ikke aftegnet bygninger, så flytningen må være sket før disse kort blev aftegnet, og hvor bygninger var blevet flyttet med. Det viser at nr. 7 er flyttet hen til nr. 1 før 1788.

Vi ser her, at den gård der nu bærer navnet Splinderholm, på et tidligt tidspunkt som nummer 7, blev sammenlagt med den tidligere høvdingegård der har matrikel nummer 1. Tydeligvis er der på et tidligt tidspunkt sket en eller anden form for opsplitning. Den gårdsamling der indbefattede numrene 1, 7, senere kaldet 3, og kan associeres med nummer 10, 14 og 16, må være blevet opdelt i flere omgange, men den første opdeling kan være sket før matrikelsystemet kom i brug, et nummereringssystem der de første mange år skabte mere forvirring end klarhed, hvorfor det også blev ændret gang på gang.

Vi ser dog at da matrikuleringssystemet indføres, viderefører man det tidligere system med løbenumre, hvorfor nummereringen kommer til at foregå i rangmæssig orden. Høvdingegården, som vi vælger at kalde den, får nummer 1 automatisk, idet dette tal skal vise at det er den største og vigtigste gård, og således var det alle steder. Man kan i de fleste tilfælde være sikre på at en præstegård eller kirke fik nummer 1 da matrikelsystemet blev indført. Nummer 1 var i gamle tider den ledende gård, og den mest betydningsfulde. En tidligere høvdingegård blev ofte senere til en kongsgård eller en embedsbolig for kongens betroede mænd. Da nummer 7 bliver sammenlagt med nummer 1, sker der sikkert en forøgelse af jordarealer, og da der senere endnu en gang sker en opdeling, ser det ud til at den senere nummer 3 opnår en meget betydelig del af dette, og får samtidigt retten til navnet Splinderholm. Det oprindelige Splinderholm er blevet bygget hvor der fra de tidligste tider været en bolig for en høvding i romersk jernalder. Fundet fra Lyngbakken set sammen med den gamle bestemmelse om at opføre kristne kirker hvor der tidligere havde stået et hedensk tempel, synes at bekræfte dette.

Odinsalteret i Trinderup krat, er ifølge Nationalmuseet den så absolut største helligdom for Odin i vort land, og sikkert den ældste, og betragtes samtidigt som landets største megalitanlæg. Det ligger i dag, eller det der er tilbage af det, gemt og glemt i Trinderup krat, men vidner om en tid hvor det var hele egnens religiøse samlingssted, og tåler sammenligning med vor tids domkirker, selve hovedstedet for den religiøse tro for 2000 år siden.

Vi har altid været på gyngende grund, når det gælder vores viden om Odin, hvilket i høj grad skyldes de mange forskellige beretninger vi kender fra de nordiske sagaer. Vi har historien om Odin der kom vandrende over de russiske sletter og nåede Tyskland, hvor han satte sine sønner til at regere, og derefter fortsatte til Danmark. Vi har ligeledes historien om Odin der kom sydfra og grundlagde Odense, og vi har hørt om den mægtige Odin der sad på sin trone i Uppsala i Sverige. Ligeledes kom en Odin sejlende hertil og grundlagde sit rige. Det burde være givet, at der ikke kan være tale om den samme person, hvilket også viser os at Odin ikke var et personligt navn, men en høvdingetitel, for først da giver det mening. På de gamle oldgermanske og oldnordiske dialekter, var han kendt som Woden, Vodan og Votan som så blev til Odin betegnelsen.

Denne manglende forståelse blev årsag til misforståelser, og desværre også mistænkeliggørelser. Ældre historiske beretninger blev mystificeret og herefter kaldet utroværdige. Disse gamle beretninger, ville hvis de var blevet rigtig forstået, have kunnet forklare skikken med at guddommeliggøre nyligt afdøde høvdinge som havde båret titlen Odin, hvilket blev årsagen til at man mente at have fundet flere guder som hed Odin. Der blev forsket i emnet, og det blev ivrigt debatteret af flere historikere.

En af disse gæve mænd var Peter Frederik Suhm, der levede fra 1728-1798. Han havde noteret sig at der var alt for mange bærere af navnet Odin, især i Saxos fremstillinger. Han gik derfor ind i en dybere forskning af Odin figuren, hvilket kan læses i hans værk om Nordisk Mytologi. Med udgangspunkt i Saxos Mid-Odin, antager han straks at der må have eksisteret en tradition med flere forskellige kaldet Odin. Han fandt frem til tre forskellige der hed Odin, og udover disse fandt han også den Saksiske og den Angelsaksiske Odin, og de var ikke identiske med de først nævnte. Suhm påpeger at der har hersket stor forvirring omkring disse Odin skikkelser, nævnt af både Saxo og Snorre Sturlason der skrev de islandske Eddaer. Suhm mener at de må have forsøgt at reducere rækken af alle disse Odin skikkelser, ved at samle dem til blot en enkelt person. Suhm var den første talsmand for at der fandtes en hel række enkeltpersoner af kød og blod, der foruden deres eget navn, også bar titlen Odin, hvorfor de burde opfattes som forskellige høvdinge der opnåede en form for Gudestatus ved deres død. Men begrebet Odin var en titel, ikke et personligt navn.

Suhm var uhyre velinformeret, og ejede det mest omfangsrige bibliotek i landet, omfattende de allerældste tekster. Han var medlem af Videnskabernes Selskab. Han var Konferenceråd, Kammerherre og Historiograf. Suhm skrev at den ældste Odin aldrig kom til Skandinavien, men residerede et andet sted i Asien, hvor han opholdt sig i Asgård ved floden Tanais i området omkring Azerbaijan. Dyrkelsen af ham blev bragt til Norden af indvandrende folkestammer. Den mellemste Odin var ham der kom til Jylland og den yngste Odin var ham der kom til Fyn og gav navn til Odense.

Tillige måtte der have eksisteret en guddom alle havde været samlet om, "den højeste", som titlen Odin betød.

Titlen Odin, betød slet og ret "Den højeste", "Den første" eller "Nummer et", hvilket genkendes fra russiske dialekter, og man havde også en Odin der blev tilbedt i Estland. Det er ud fra denne tankegang, at tallet nummer 1 overføres til høvdingens bolig, og senere var at finde i matrikelsystemet, overført fra et ældre system af løbenumre.

Suhm forsøgte ikke at sætte dato på hvornår disse høvdinge var ankommet fra en anden destination og indvandret i Danmark, men det gjorde den norske opdagelsesrejsende Thor Heyerdal, der også var antropolog. Heyerdal hæftede sig ved, at da Romerne havde travlt med at invadere stort set alle lande i Lilleasien, da følte konger og høvdinge sig truede. Flere besluttede sig for at bryde op og rejse nordpå. De boede i landene omkring Sortehavet og Det Kaspiske Hav. Heyerdal rejste til Azerbaijan, og her søgte han at opspore hjemstedet for en af disse høvdinge med titlen Odin.

Heyerdal skrev: "Jeg ankom til Gobusthan hvor jeg så en sten med romerske inskriptioner, hvorefter jeg kontaktede Det Videnskabelige Akademi i Azerbaijan og fik inskriptionerne oversat. Selve dateringen af inskriptionerne viste, at de var skrevet i tidsrummet fra år 100 til år 200 efter Kristus. Romerne havde været der, og folk flygtede. De var søgt vestpå, og ønskede at komme langt væk fra romersk besatte provinser."

De ankommer på et tidspunkt til Cypern, som havde været en romersk provins siden år 58, men ønskede at rejse videre herfra. Efter nogen tids ophold her, genkender de medlemmer af deres egen folkestamme som allerede boede her. Disse havde levet her siden de 1200 år tidligere flygtede fra Tyrkiet da Troja krigen rasede. Flere stammede fra byen Asgarta, som Istanbul blev kaldt af de fra øst indvandrende

stammer. Disse havde århundreder før den tid levet i områderne omkring Sortehavet, hvor de også havde haft en hovedby kaldet Asgarta.

Det interessante i hele denne historie er, at Snorre der skrev de islandske Eddaer, besad en vis viden om den slægt, der var flygtet fra Troya, så han må have haft adgang til skriftlige kilder der stammede fra en periode langt før hans tid, og Snorre skrev sine Eddaer omkring år 1200. Snorre skrev: "Et sted i Tyrkiet fandtes engang fantastiske paladser og haller, og det hed Troya. En af kongerne der hed Memnon, og han giftede sig med en datter af kongen Priam der også blev kaldt Troin, og de fik en søn der blev kaldt Tror, ham vi her kalder Thor. Han rejste vidt og bredt og en dag mødte han en sandsigerske der hed Sibyl, hende vi kalder Sif. De fik sønnen Loridi der fik sønnen Einridi, som blev far til Vingethor, der igen blev far til Vingenar der fik sønnen Modi som blev far til Magi, der havde sønnen Seskef som er kendt som Sceaf. Hans søn Bedvig var far til Athra der fik sønnen Herman, der blev far til Heremod, som fik sønnen Skjaldun, som vi kalder Skjold og denne fik sønnen Biaf, som vi kalder Bjar eller Beaw som fik sønnen Jat også kaldet Geata, som havde en søn kaldet Gudolf eller Godwulf der havde sønnen Finn, og dennes søn var Friallaf eller Frithwulf, og han havde en søn som vi kalder Odin, den Odin der giftede sig med Frigida, som vi kalder Frigg eller Freya". Den sidstnævnte her, kaldet Odin, var kendt som Sigge Frithwulfsen eller Fridulfsen.

Vi får her leveret en hel slægtslinje, forklaringer, samt muligheder for at identificere dem alle. Snorre rammer forbløffende godt, og det kan kun skyldes ældgamle ukendte tekster som han har haft adgang til. Vi har faktisk her dele af en genealogisk slægtslinje helt tilbage fra omkring år 1200 før Kristus og helt op til det første århundrede efter Kristus, så nogen må have vidst noget og skrevet det ned. Tydeligvis er dette blevet misforstået, specielt navnemæssigt, men det kom til at danne basis for en del af den nordiske mytologi. Vi kender versionen om kong Skjold, der samlede riget og blev forfar til skjoldungerne Halfdan, Frode, Roar, Helge og Rolf Krake, og hvor handlingen udspinder sig i Lejre på Sjælland, hvortil Skjold som spæd kom sejlende. Denne historie kender vi fra sagaer, og Saxo nævner den også. Sandheden er blot den, at denne historie intet har med Skjold at gøre. Historien var oprindelig knyttet til en Scef, i sagaerne kaldet Seskef, og denne var en af Skjolds forfædre som havde levet mindst 700 år før kong Skjold, og som aldrig havde sat fod i Danmark. Desuden eksisterede sjællandske Lejre ikke på kong Skjolds tid. Nogle oversatte simpelthen fejlagtigt navnet Scef til Skjold, og endnu værre, man placerede ham på Sjælland, på trods af at de angelsaksiske tekster tydeligt fortalte at han var konge i Angel i Sønderjylland, og senere i Nordjylland.

Vi ved at dette folk på et tidspunkt ankom til Jylland hvor de etablerede sig. De var indvandrende mennesker fra Tyrkiet, der tidligere var ankommet dertil fra

Azerbaijan, og som oprindeligt nedstammede fra en anden og ældre befolkningsgruppe kaldet Jat folket, som for flere tusinde år siden kom til Danmark, hvor de senere blev kendt som Jætterne. Jat folket bosatte sig i Jylland, hvorefter denne landsdel blev kendt som Jatland, eller på engelsk Jutland, hvilket det stadig hedder på dette sprog. De stammede fra et område i Indien, der lå i omegnen af Delhi og Punjab. Her var hovedbyen kaldet Asgartha, hvilket i nordisk mytologi blev til Asgård, ligesom Jat folket blev til Jætterne. I Danmark kender vi gravhøjene som også blev kaldt Jættestuer, hvilket skyldes at Jat folket medbragte denne begravelsesskik fra Indien, hvor disse gravhøje stadig ses.

Jat folket var beslægtet med Asa folket som var en gren deraf. En anden sidelinie blev kaldt Vanaerne grundet deres lange ophold ved Vana søen, eller Lake Van tæt på Azerbaijan. Her levede de i århundreder, men efterhånden brød flere stammer gradvis op og vandrede vestpå, og mange af disse slog sig ned i Tyrkiet og nabolandene. Herfra vandrede nogle mod nord, og bosatte sig i Finland og Baltikum. I Tyrkiet oprettede man også et Asgård, hvilket var det nuværende Istanbul. Disse folk havde samtidigt slægtsmæssige forgreninger til et folk kaldet Masse Geata, som havde bosat sig i områderne omkring Aral søen. Disse var en del af Jat folket der bosatte sig i Jylland. Selv siger de at Geata var en afart af navnet Jat eller Jute, og at Geaterne gradvis blev kendt som Goterne, hvilket skulle være årsagen til at Jylland i gammel tid havde navnet Geateland, der så blev til Gotland og senere Reidgotland, hvilket specielt gjaldt den del der lå nord for Reide å. Sandsynligvis var Vanerne og Geaterne det samme folk, og navnene kendes fra mytologien hvor deres kampe med Jætterne beskrives, hvilket ikke skete i Jylland, men århundreder tidligere tilbage i Østen. Dette var en del af deres medbragte historie, men den gik over i mytologien, og disse kampe blev fejlagtigt af eftertiden anset for at have fundet sted her i landet.

Da krigen i Troja havde fortrængt dette folk der slog sig ned på Cypern, havde de kun ambitioner om at skabe sig en ny begyndelse for deres samfund. Med tiden fik de anlagt havnebyen Phapos og et helt bysamfund midt på øen som de kaldte Lethere. Det var den by som meget senere skulle blive kendt som Nicosia, Cyperns hovedstad. I slutningen af det første århundrede, begyndte dette folk at føle sig truede af den Romerske stormagt der gjorde Cypern til en romersk provins år 58, og besluttede derfor at det var tid til at finde nye områder og skabe sig en ny tilværelse. De samlede sig, og udrustede en større flåde bestående af mange skibe, og sammen med andre medlemmer af deres stamme der nyligt var ankommet fra Aserbaijan, stak de til havs. Under ledelse af en mand ved navn Sigge Fridulfsen, sejlede de ud af Middelhavet ved Gibraltar, og nordpå indtil de nåede den engelske kanal. Her sejlede de ind til kysten i det sydlige Irland, hvor de opholdt nogen tid. Der var flere der følte sig tiltrukket af stedet, hvorfor de besluttede sig for at bosætte sig her. Dette skete i nærheden af Clonbern i provinsen Kilkerrin. Her skabte de deres eget sted og kaldte deres første boplads Lethere efter deres forrige hjem på Cypern.

Man havde dog noteret sig at romerne også var at finde i England, så det store flertal valgte at fortsætte rejsen. De sejlede derpå videre, og op langs den jyske vestkyst, hvor de sejlede ind i Limfjorden. Dengang bestod det område vi kender som Thy af adskillige øer, så man kunne sejle ind i landet flere steder. Det største og bredeste sted kaldtes Sløjdkanalen, der lå lidt nord for hvor nu Thisted ligger. Nogle få valgte så at etablere sig i dette område, mens de resterende sejlede længere ind i landet via Hjarbæk fjord. Efter et par dage ankommer de efter alt at dømme til Klejtrup sø. Historien viser at man valgte at etablere sig her, idet her allerede fandtes en befolkning, som de i forvejen havde kendskab til, nemlig Vanerne, med hvem de også var beslægtede. Stednavne og tilstedeværelsen af Odinsalteret i Trinderup krat, viser at det var her de valgte at etablere sig, hvilket bekræftes ved personernes indbyrdes forbindelser.

Deres ubestridte leder var Sigge Fridulfsen. Han havde tilsyneladende sin hustru og en søn med på rejsen. Hustruen var kendt som Rind og deres søn hed Vale. De blev hilst velkommen af den herboende herskende høvdingefamilie, og med denne høvdings tilladelse, beslutter de sig for at bosætte sig her. Sigge bliver hurtigt dybt forelsket i høvdingens datter der hed Frigg eller Frigga, også kendt som Freja. Man levede i et mandsdomineret samfund, hvor man kunne frastøde sin hustru, dog mod en kompensation, eller man kunne vælge at have mere end en hustru. Tilsyneladende frastødte Sigge sin hustru Rind og ægtede Frigg. Rind har sikkert fået sin kompensation, hvilket må have bestået af et større landområde, sikkert givet hende af Sigges nye svigerfar. Her måtte hun så etablere sig og skabe sin nye tilværelse. Det er fristende at tro at det kunne dreje sig om Rinds Herred, og at dette ligesom byen Rind og Rindsholm kunne være opkaldt efter hende. Hendes faste bopæl her, kunne have været bygget og forskanset på en ø i et vandigt område. Øen kunne være Rindsholm, for i dette område fandtes der en mængde vandløb af varierende størrelse med småøer, hvilket også har givet anledning til at nogle mener at herredet har fået sit navn, grundet flere rindende vandløb. I sammenligning med andre stednavnes oprindelse, kan man gætte på at disse steder var opkaldt efter hende. Senere ser vi at der fra samme befolkningsgruppe, findes nogle der drager, sydpå og de bosætter sig i den del af det sydlige Jylland vi kender som Angel.

Sigges eller Odins nye hustru Frigg, var datter af en utrolig magtfuld høvding, som ved Sigges ankomst ejede hele det midtjyske område. I nordisk mytologi kendes han som Njord, og han var gift med Nerthus. Imidlertid er denne Njord kendt under flere navne hvoraf nogle måske var titler, og her på egnen blev han kaldt Omungær. Dette navn viser os hvor stor en magt han besad, idet han kom til at give navn til Omungær syssel der senere kendtes som Ommersyssel, og samtidigt fik fjorden navn efter ham og hed ligeledes Omungær, hvilket er det ældste kendte navn for Mariager fjord. Denne store høvding havde naturligvis slægtninge der ligeledes boede i området, og en af disse havde fået tildelt et landområde hvor nu Snæbum og Handerup ligger. Det var en mand ved navn Snæb, også kaldet Snio, eller Snigo. Han kendes fra en meget gammel lokal tradition, hvor det siges at han skulle have givet navn til Snæbum, og være gravlagt i en høj i området.

Snio var søn af Froste, hvis far hed Kare. Denne Kara havde en bror ved navn Loke, og de var Njords brødre. Loke og Kare var ankommet til Hobroegnen fra Finland, hvor deres og Njords far Forniotur havde været hersker, og han var kommet dertil sydfra ad de russiske floder. Njord selv, var ankommet til området flere år før sine brødre, og havde etableret sig her.

Denne Snio var lokalkonge i området omkring Snæbum og havde en søn der hed Thorre. Snio blev dræbt i nærheden af Viborg, hvorefter han blev bragt hjem og gravlagt i Snibhøj tæt på Hannerup. Den er en af landets største jættestuer, 36 meter i diameter og 8 meter høj. Den indeholder to separate gravkamre med 6-8 meter lange gange. Her blev ved en undersøgelse i 1896 fundet en del skeletrester. Folkemindesamleren Evald Tang Christensen skriver, at da han døde, blev han efterfulgt af en slægtning ved navn Bjørn der ligeledes boede i Ommersyssel, omkring en mil fra Snæbum, og som efter sin død blev gravlagt i en høj på en mark hvor højen fik navn efter ham, og her tænker man uvilkårlig på en af Bjørnshøjene på Hvornum mark, hvor afstanden til Snæbum jo passer udmærket. Bjørn skulle være søn af en Omund, et navn der måske er opstået fra Omunge, og mange år senere udviklet til Åmunde.

Langt senere i historien støder vi på endnu en lokalkonge, også ved navn Snio. Han skulle have boet i Lysgård ved Viborg, men stammede fra Gunderup, 13 kilometer syd for Ålborg. Han er nævnt i flere gamle tekster, og det skulle have været på hans tid at Reidgoterne eller Jyderne udvandrede til Sverige grundet hungersnød. En meget stor udvandring skal det have været, og den blev ledet af Ebbe og Agge fra Hald. Deres mor var Berete af Vendsyssel, hvor Ebbe var født. Senere blev hun gift med en høvding i Skåne og fik Agge med ham. De kom til området vi nu kender som Götaland, eller Gotland kaldet således fordi Reidgoterne kaldtes Gotere. Ifølge P.F. Suhm var denne Snio søn af Sivald, hvis bror var Jarmerik som regerede et område i Thy og Vendsyssel. Her skulle byen Hjermitslev være opkaldt efter ham, og ligeledes Jammerbugten. Denne Snio skulle have levet i første halvdel af 500-tallet, samtidigt med Rolf Krake. Disse historier er ikke grebet ud af den frie fantasi, idet der faktisk rapporteres om en hungersnød på dette tidspunkt. Dette skulle være en klimakatastrofe forårsaget af et voldsomt vulkanudbrud, som havde resulteret i omtalte hungersnød. Det er måske også her vi finder en oprindelse til dele af den nordiske mytologi.

I dag ved vi, at der i den vestlige del af Nordamerika skete et gigantisk vulkanudbrud i begyndelsen af året 536, som slyngede enorme mængder vulkanske gasser og partikler højt op i stratosfæren, hvilket fik verdensomspændende konsekvenser. Af iskerner hentet fra Grønlands indlandsis fremgår, at der skete et stort vulkanudbrud netop omkring denne tid. I Tyrkiet skrev Prokopius at solen havde skinnet hele året, men som månen, uden kraft. Det var næsten som en solformørkelse, for dens lys var ikke klart. I Italien fortalte historikeren Flavius Cassidorus i 536, at solen havde tabt sit sædvanlige lys og i stedet fået en blålig farve. Selv midt på dagen kastede man ingen skygge, og det varede et helt år. I denne periode var afgrøderne også blevet ødelagte. I Irland beretter Ulster annalerne om hungersnød, og i Kina kunne man ikke se stjernerne. Udbruddet betød, at beboerne i Norden oplevede en vinter, der varede i tre år, og som tog livet af næsten halvdelen af befolkningen. Arkæologiske fund viser, at folk i fortvivlelse vendte sig mod de højere magter, og ofrede alt de ejede af guld og værdier, i søer og moser. Det ses at folk i Norden i årene 535 og 536, var udsatte for helt ekstreme vejrbegivenheder. Folk og dyr, hvis ikke de var døde, flyttede eller forsvandt. At Reidgoterne eller Jyderne skulle være udvandret, er derfor ikke usandsynligt. Man havde en vinter der varede i tre år, hvor somrene udeblev, hvilket kunne være årsagen til at man i nordisk mytologi finder omtalt Fimbulvinteren der varede flere år, og som indvarslede Ragnarok hvor sol og måne sluges af ulve. Samtidigt kan dette måske forklare, at der ifølge arkæologiske dateringer ikke skete meget i det nyoprettede sjællandske Lejre netop i dette århundrede. Det sidste man hører, er faktisk om Rolf Krakes død, hvorefter en sammenhængende historie forsvinder. Først i 700-tallet hører vi igen om aktive konger med forbindelse til Lejre på Sjælland. Arkæologiske spor vidner om at græsningsarealer og dyrkede marker, som en konsekvens af de mange mennesker og husdyrs død, atter begyndte at vokse til. Det varede fem til seks generationer før de gamle marker igen blev taget i brug.

Denne form for beretninger forsvinder. Flere af vore lærde historikere trækker på smilebåndet. De betragter det som utroværdige sagnhistorier. Snio fra Gunderup har simpelthen aldrig eksisteret, men dette var en mand ved navn Baldur uheldigvis ikke klar over, for han satte en sten efter Snio på en høj i Gunderup. Indskriften siger: "Baldur satte denne sten over den gode kong Snio, sin fader, det bedste menneske, og Tufa sin moder. Begge ligger under denne høj". Denne Baldur findes omtalt i Frisiske annaler, hvor han har tilnavnet Eddel og kaldes Eddel Baldur. Dette viser med stor tydelighed at både Snio og Baldur må have levet, og derfor ikke bør omtales som ikke-eksisterende. Højen og stenen taler sit tydelige sprog.

Navnet Trinderup skulle stamme fra engang hvor der blev udflyttet tre gårde fra Hvornum til stedet, idet det gamle ord "trende" betød tre. Men fra ældgamle tekster ved vi at Njord havde flere tilnavne, og at et af disse netop var "Trende". Endelsen "rup", betød oprindelig "Torp" som betød et udflyttersted, men denne endelse stammer tidligst fra 800-tallet, og kan således næppe forbindes med Njord, men man kan have benyttet sig at et måske allerede eksisterende navn Trende, hvortil en udflytning på et tidspunkt fandt sted. Måske ordet "Trende"har været en titel, for vi ser i digtet Havamål at Odin kaldes Trende der skulle betyde "Den Trefoldige", så flere muligheder er til stede. Måske er trefoldigheds- princippet i virkeligheden ældre end kristendommen, og adopteret af denne ligesom julen er det, for denne begivenhed blev fejret i Danmark længe før kristendommen holdt sit indtog. Et af Odins navne var Jule eller Yule, og historien beretter at Gorm den Gamle hvert år omkring den 21. december inviterede til julefest ved vintersolhverv.

Den Odin der hed Sigge, er sandsynligvis ikke bygherren af Odinsalteret i Trinderup, men dets størrelse og omfang illustrerer dets tidligere storhed. Det er meget stort. Det måler i sin oprindelighed 180 meter i længden og har en bredde på over 15 meter. Det var fra de ældste tider forbundet med Nerthus dyrkelsen. Her blev afholdt Gudehof eller Gudehov, også kaldet Blot, hvor der blev foretaget ofringer til de højere magter. Man ofrede til Guderne for at opnå deres gunst. På Norrønt betyder verbet Blota at ofre, hvilket er beslægtet med det gotiske Blotan, at dyrke eller tilbede, og offerpræsten kaldtes en Blotan. Ved sådanne lejligheder var hele egnen forsamlet ved alteret i Trinderup, og der var mødepligt. Folk kom fra nær og fjern, og fra Hvornum førte der en vej op til alteret, kendt som Hofvejen eller Hovvejen, hvilket siden har givet anledning til den tro, at navnet skulle forbindes med at bønderne gik til hove på Trinderup gods.

Offergaverne der bestod af dyr, ønskede man at helliggøre, så de kunne overføres til den himmelske sfære. Man placerede offerdyrene på alteret hvor de blev ofret og blodet blev så samlet i et kar, et Hlautbollar. Med en riskost, en Hlautteinn, blev alteret og kultbægrene bestænket med blodet, hvorefter kødet blev tilberedt og så var man klar til at holde Blotgilde.

Her spiste og drak man sammen. Maden blev tilberedt i stegegruber af opvarmede sten, og så kom Vølven eller troldkvinden og signede de store kar med mjød, som derefter blev omdelt, så alle kunne hygge sig og drikke og spise sammen. Man skålede for Njord og Nerthus, og hele ceremonien blev ledet af Vølven sammen med en ypperstepræst, der på daværende tidspunkt var Friggs bror Ingvor. Han mentes at have særlige evner i henhold til helbredelse, og ikke langt fra Odinsalteret findes netop Ingvors kilde, hvortil mennesker i århundreder er valfartet i håb om helbredelse. Man kendte denne kilde omtalt igennem mange år, men den var forsvundet indtil den i 1942 blev genfundet og restaureret, og derefter fredet. Dette blev foranlediget af den daværende ejer Aage Thy. Denne kilde var specielt besøgt Valborgsaften d. 30. april, og Skt. Hansaften d. 23. juni. Det var især gigt, lammelse, sår og bylder, skab og fnat, samt mave og øjensygdomme man søgte helligkilden for. Vandet skulle drikkes af lerskåle, som derefter blev knust og kastet i kilden eller ved siden af. Man kunne også bringe vandet med hjem, men så måtte man ikke tale mens det østes op, og på hjemrejsen måtte vandet ikke komme under tag eller låg, idet det så ville miste sin kraft. Kilden var at finde på Thulsgårds mark, og Thulen mener man var en slags herredshøvding som har "siddet på høj" nær ved tingstedet, og ca. 500 meter nord for Thulshøj, fandtes Odinshøj. Njord og Nerthus er de først kendte ledere der tog vare på stedet, hvilket sandsynligvis blev videreført af Sigge og Freya, deres datter og svigersøn. Og det er måske på dette tidspunkt at området Onsild fik sit navn.

Ingvor, der var søn af Njord og Nerthus og bror til Frigg, forlader på et tidspunkt Hvornum og Trinderup. Han rejser til Sverige, hvor han etablerer sig selv i Uppsala og bliver den svenske Odin, måske bedre kendt som Yngve Frey. Herhjemme havde han også titlen Frej ligesom hans søster der kaldtes Freja, hvilket var titler der betød Herre og Frue.

Nerthus var kendt for "Sejd", trolddomsmagien der altid blev udført af Vølver. Hun var kendt uden for landets grænser, for hun omtales af romeren Tacitus der levede i det første århundrede, hvilket beviser at Nerthus også har været en titel som gik i arv, og var kendt allerede på Tacitus tid. Han skrev: " På en ø, findes der et meget helligt sted. Her står der en vogn der er dækket af et klædestof. Kun præsten må berøre den. Han kan fornemme når Gudinden er til stede på dette sted. Når hun så sidder på sin vogn som trækkes af køer, går præsten respektfuld ved siden af".

Andre steder nævnes Nerthus hellige lund eller krat, hvorfra hun kørte ud i sin vogn, og når alt det rituelle var overstået, blev vognen kørt til en stor sø der lå i nærheden. Her blev vognen rengjort af trælle der når arbejdet var tilendebragt, blev druknet i søen som en offergave til de højere magter. Det er jo næsten uundgåeligt her ikke at tænke på Trinderup krat og Klejtrup sø, for Tacitus skrev netop i sit historiske værk "Germania" at disse ritualer fandt sted i landet Danica. Efter at have beskrevet øen hvorpå den hellige lund fandtes, nævner han samtidigt, at et stenkast fra lunden lå også tingstedet, hvilket netop er tilfældet i Trinderup krat, for her ligger der et gammelt tingsted tæt på vejen der fra Hvornum fører til Nørre Onsild, netop et stenkast fra Odinsalteret. Han nævner endvidere at søen altid var en part af de ritualer der blev udført og derfor hellig, og en meget gammel lokal tradition beretter, at man i gamle dage troede på at Klejtrup sø var hellig og at dens vand var helbredende.

Vi burde kunne være sikre på, at der er tale om et høvdingepar der havde deres faste bopæl i Hvornum, og regerede og bestyrede den hellige lund med det hellige alter i Trinderup krat. Nerthus havde også kaldenavnet Horn eller Hurn, som for øvrigt blev overført til datteren Frigg eller Freja, og det er måske her vi skal søge oprindelsen til stednavnet Hvornum.

Der har været spekuleret en del i hvorfra navnet Hvornum stammer. Pastor Ginnerskov der var præst i Hvornum fra 1910-1916, forsøgte sig med at foreslå, at navnets oprindelse kunne stamme fra dengang skibene i tidlige tider sejlede omkring Hornshøjene—altså sejlede de Horn-om. Denne forklaring lyder dog ikke særlig sandsynlig.

Vi finder ganske rigtigt i nærheden navnene Hornsmarken og Hornshøj, men når vi nu kan konstatere at Nerthus med tilnavnet eller titlen Horn, tilsyneladende kan forbindes med både Hvornum og Trinderup, ville det så ikke være nærliggende at foreslå at Horn gav navn til Hvornum? Endelsen "um" er en af de ældste vi kender, og kan direkte oversættes til "hjem", så i dette tilfælde betyder Hornum simpelthen Horns hjem, hvilket ville være ret naturligt idet hun har boet der. Det "v" vi i dag finder i navnet, stammer fra en gammel dialektisk udtale hvor byen blev kaldt Hurnum. Sproget forandrede sig gradvist igennem tiden, således at "u" blev til "v", så nogle steder kom byen til at hedde Hornum, mens andre bibeholdt det dialektiske "u", der så til sidst endte med at man sammenføjede det hele, så både "o" og "u" fik sin plads i navnet, men med ændringen af "u" til "v", blev slutresultatet HV som forstavelses bogstaver, stammende fra Huornum.

Med tilstedeværelsen af Njord som under navnet Omungær, giver navn til Ommersyssel og Mariager fjord, og hans hustru Nerthus med kaldenavnet Horn som navngiver Hvornum, deres søn Ingvor som helligkilden er opkaldt efter, og Odinsalteret i Trinderup krat, tillige med Sigge med titlen Odin, bliver det klart at disse mennesker virkelig befandt sig her i henholdsvis Hvornum og Trinderup, hvorfor deres efterkommere ligeledes må have oprindelse her. Det må være her den danske sagnhistorie fødes, med navngivne sagnkonger som med tiden spredes i områderne Ommersyssel og Hartsyssel og en sidegren af slægten i Angel, hvilket kun kan betyde at det sagnomspundne Lejre skal søges i disse områder, og ingenlunde på Sjælland.

Vi må formode at det er Odin og Freja, nærmere betegnet Sigge og Frigg, der på et tidspunkt overtager ledelsen af de hellige ritualer i krattet efter Njord og Nerthus. Fra de ældgamle sagaer ved vi at denne Odin havde to foretrukne vølver til at udføre ritualerne. Den ene hed Groa, og den anden kaldtes Hege, og sidstnævnte var Odins personlige veninde. Hun boede i en lille lund nede ved vandet, hvilket må være ved fjorden. Hun siges at have tilført ritualerne et helt nyt aspekt. Hun indførte den skik at man skulle skåle for de afdøde, fordi de nu befandt sig et meget bedre sted. Man skulle ikke sørge, men i stedet fejre deres bortgang. Dette bringer tanken hen på den gamle skik med at drikke gravøl, hvilket måske kan stamme herfra.

Man kunne forestille sig, at Hege kunne være oprindelsen til navnet Hegedal i Hobro. Navnene Hodal og Hostrup skulle stamme fra en mand ved navn Ho, sikkert en forkortelse af Hother, og dem har været mindst to af. Den første levede på Odins efterkommeres tid og skulle være begravet i Hohøj ved fjorden, mens den anden må have levet i kristen tid, idet han fraflyttede Kirkedal ved Hubæk tæt på Skellerup, til det område i Hobro der fik navn efter ham, og han har sikkert intet at gøre med navnet Hobro, idet vi nok her skal søge efter en oprindelse der kan forbindes med ordet Hofbro, en bro der for folk på den anden side af fjorden gav adgang til en vej eller sti som førte til alteret i Trinderup. En sådan bro kan være opført på det tidspunkt hvor det ikke længere var muligt at sejle længere ind i landet fra Mariager fjord, vel engang omkring 900-tallet.

Den svenske forsker Anders Blomstrøm har forsket i navnet Hegedal, og er nået frem til at navnet har været et gammelt og måske oprindeligt navn for en lille flække der netop lå nede ved fjorden. Han foreslår at dette sted var kaldet Hegeby, og at en adelsfamilie havde sin oprindelse her. Det var måske først en lille klynge huse der lå i dalen, men som gradvis blev til en større bebyggelse som kan have fået navnet Hegeby. Denne slægt hed Hegedal, og flere medlemmer af slægten var at finde i 1300-tallet iblandt landshelten Niels Ebbesens venner. Godset Kjellerup ved Glenstrup, var i 1400-tallet i denne slægts eje, da en Jep Hegedal ejede Kjellerupgård. Denne slægt førte en gående hjort i våbnet, hvorfor den er blevet sat i forbindelse med Hvide-slægten, idet Absolon førte et lignende våben. Tilbage i 1343 møder vi Petrus Heggydal som vitterlighedsvidne i et af drost Hr. Peder Vendelbo udstedt dokument. Samme Hegedal skøder 1349 nogle ejendomme i Husum i Glenstrup sogn til abbed Thomas i Glenstrup kloster.

Den gamle Asa-tro inddrog flere rituelle handlinger. Man havde en slags ypperstepræst der ofte var høvdingen selv, og han havde naturligvis sine hjælpere når ritualerne skulle praktiseres. Der fandtes både mandlige og kvindelige assistenter, og blandt kvinderne finder vi vølverne som havde en fremtrædende plads, og deres betydning fortsatte helt op til omkring 1000-tallet. Ved udgravningen af Fyrkat, fandt man både hedenske og kristne grave, og iblandt disse en vølvegrav. Hun var klædt i en fornem dragt der tydede på kongelig herkomst. Hun var begravet som de rigeste kvinder, og foruden offergaver fandt man "eksotika" fra fremmede lande. Ligeledes fandt man bulmeurt, som var en fast bestanddel hos senere hekse. Den kunne anvendes til fremstilling af salve, men kunne også give en psykodelisk virkning der kunne få brugeren til at gå i trance. Hun havde i sit bælte blyhvidt der også anvendtes til noget lignende. Desuden fandt man en amulet i sølv, hvor en del var brækket af. Ved et rent tilfælde, har man nu fundet den afbrækkede del ved udgravningen af den nylig fundne ringborg ved Køge, hvilket vel viser at de kendteste af vølverne rejste rundt i landet og udførte deres heksekunster. Denne vølve var begravet i en vogn, hvilket leder tanken hen på Nerthus og dennes vogn, så graven ved Fyrkat er måske meget ældre end først antaget?

Vi ved fra de mytologiske beretninger, at der på Odins tid også levede en person ved navn Loke, og han var bror til Njord, og ligeledes tilknyttet egnen. Vi har tæt på Apotekerskoven ved Hobro Lokes plantage, et navn der nok er tilføjet i nyere tid, men ikke så langt derfra findes Lokes hede, hvilket tyder på et tilhørsforhold mellem Loke og dette areal. Forskerne er dog af den mening, at selve arealet og de fund der er gjort der er af meget ældre dato, måske 5000 år gamle. Arealet er blevet udforsket, og her er tilsyneladende fundet beviser på kultiske traditioner der tilhører en tid, helt tilbage til omkring 3000 år før vores tidsregning.

Denne slags områder var kendt som "De døde sjæles landsbyer". Det var rituelle steder af enorm betydning for datidens mennesker. Disse store og underlige anlæg indgik i en rituel livsførelse, fra en tid hvor man boede på små bopladser der lå spredt ud over hele landskabet. Det var en form for samlingspladser, eller centre for slægtsgrupper fra disse bopladser. Alene opførelsen af disse anlæg, må have krævet et velorganiseret samarbejde bopladserne imellem. Ritualernes udførelse, har måske styrket en bevidsthed om at man her var samlet som en æt eller klan med fælles oprindelse, og derfor også fælles forfædre. Dette kunne tyde på en form for forfædre dyrkelse, som især kendes fra Asien, og som indtil for ganske nyligt praktiseredes af urfolket Veddaerne der lever i Sri Lankas jungleområder, en nu næsten uddød race.

De døde sjæles landsbyer var en form for mødested, hvor de levende kunne mødes med forfædrene, der nu levede i en verden hinsides denne. Forfædrenes ånder var til stede, og dermed også muligheden for en kontakt til forfædrene. Anlægget bestod af en palisade der afgrænsede området, men udenfor var der opført en anden indhegning, og et system med to parallelle rækker af aflange grøfter. Vore lærde mener, at formålet med disse palisader, først og fremmest har været at markere en grænselinje mellem de dødes og de levendes verden. Der fandtes kun en indgang, og ca. tre meter foran denne var der en afskærmning bestående af et hegn. Adgangen til indgangen var en sti der ligeledes var afskærmet på begge sider. Man ved ikke hvad formålet med gravene eller grøfterne har været, men det har sikkert været kultisk.

Der er dog fremsat visse formodninger vedrørende dette. Her menes at når ritualerne var tilendebragt, blev gravene opfyldt med jord. En af teorierne er at de døde er blevet båret til samlingsanlægget, hvor ligene blev placeret i bunden af gravene. Her blev de så opbevaret indtil forrådnelsen var afsluttet, hvorefter knoglerne blev opgravet og henlagt i gravhøje eller stendysser. Dette minder utrolig meget om de teorier man har haft vedrørende Jat folket, som i Indien var ophavsmændene til opførelsen af netop gravhøje som vi herhjemme kender som jættestuer. Dette folk menes nemlig at være ankommet til Jylland for mange tusinde år siden.

At være høvding, svarede dengang til at være en konge, og dette medførte både ansvar og pligter, men også fare. Disse høvdinge måtte allerede dengang, i stil med hvad danske konger senere gjorde, oprette en form for forsvarsværker. Man havde utallige vandveje, elve og floder, og det var ofte ad den vej man kunne blive angrebet. Derfor måtte en stor høvding sikre sig på alle måder. Der blev oprettet forposter, der havde til opgave at kontrollere alle der kom sejlende ind i det område som høvdingen ejede. Der fandtes flere af disse forposter, og de var altid oprettet netop hvor sejladsen var størst. Man ser det tydeligt ved Hersom, hvor den daværende fjord var omkring en kilometer bred, hvilket stadigt kan ses hvor vejen fra Hersom går til Vammen, og hvor vejen er anlagt på den gamle fjordbund. Her må der have eksisteret en forsvarsmæssig forpost helt fra gammel tid, idet navnet

Hersom kun er en nyere form for Hersum, og her har vi atter endelsen "um" hvilket betyder "hjem".

Det gamle Hersum kan have været en tidlig form for kasserne, idet dette afsløres af navnets forstavelse. En høvding havde altid sine undersåtter der allerede dengang havde rangtitler. Hærlederen kaldtes dengang en Herse, så deraf navnet Hersum--- stedet hvor Hersen boede, eller havde sit sted eller kaserne sammen med sin forsvarshær. Han afgav sine ordrer og opretholdt disciplin, og her genkender vi oprindelsen af ordet "at herse" med andre! Stednavnet Hærup, har en lignende betydning, men hvor endelsen "up" afslører at det er af yngre dato, tidligst 800-tallet. Ligeledes vil der have været forposter på strækningen fra Hobro, hvilket ikke afsløres af stednavne, men man kunne tænke sig en sådan forpost i Hejring, og hvor nu Fyrkat ligger eller i samme område, og navnet Gattenborg kun stamme fra en sådan forpost. Ordet gat betegnede en forsnævring, et smalt sted. Fra et sådant sted kunne man ligeledes føre kontrol med sejladsen.

S.C. Sortfeldt skrev om dette i årbogen for Himmerland og Kjær Herreder i 1931. Her beretter han at der allerede i Odins tid fandtes byer der var forbeholdt høvdingens krigere og trælle. De var jo høvdingens såkaldte "karle", så Karleby blev et stednavn, men Sortfeldt fremhæver især Simested. Endelsen "sted" er næsten ligeså gammel som endelsen "um", så vi befinder os tilbage i tiden kort efter Kristi fødsel. Simested omtales første gang i 1495, som Semestadt, og Sortfeldt skriver at byen er opkaldt efter en høvding ved navn Semund eller Sæmund. Han havde kommandoen her hvilket er interessant, idet de gamle sagaer beretter om to brødre, Sæmund og Hother, kaldet Ho, som sønner af en høvding med titlen Odin, hvilket ikke nødvendigvis ikke behøver at være Sigge. Man har i Norge en tradition om at denne Sæmund er ældste forfader til den norske kongefamilie. Ifølge nogle gamle tekster skulle Sæmund have været søn af Ingvord også kaldet Yngve-Frey.

Foruden sine forposter, måtte en høvding også tage sine forholdsregler imod angreb fra landsiden. Han måtte have signalposter så forstærkninger kunne tilkaldes. Når man fra Hvornum drager imod Trinderup krat, er der en kraftig stigning på vejen. Dette punkt har i alle tider heddet Hurnum Høwe, eller Hvornum høje. De samme høje blev også, og bliver stadig benævnt Hvornum Baunehøje. Dette var også en form for et forsvarsværk hvorfra man kunne tilkalde forstærkninger i tilfælde af et angreb. På højene placerede man store brændestabler som man kaldte Bauner. De blev antændt så det blev et kæmpestort bål, der kunne ses milevidt omkring, så på denne måde fik man tilkaldt forstærkninger. Når man så det store bål vidste man at der var fare på færde, og så rykkede man ud, klar til forsvar. Denne militære skik er gammel, men også lovsat. En forordning er nævnt i 1428, hvor systemet stadig var i brug og lyder:" Den der ikke møder op når fjender er der, og baunen brænder, da skal han hænges fra sin egen bjælke".

Som omtalt, så fandtes der et tingsted i Trinderup krat. Et tingsted er faktisk blot en rundkreds af store sten, hvor ledere af bygden eller området forsamledes for at holde møder og afgøre tingenes tilstand. Sådanne steder blev også kaldt et Urnested eller Urnehoved, hvilket kan ses i historien hvor der netop nævnes Urneting. Efterleddet "Hoved", eller det "øverste af noget", har senere i folkemunde været med til at give navn til ord som "Hvornhøj" med betydningen Urnehoved, hvilket minder en del om navnet Hvornum Høje, der måske har navn heraf, og ikke af bynavnet Hvornum.

Den gamle høvdingegård i Hvornum, havde nummer 1, hvilket var nummeret for det højeste eller øverste. Vi må her formode at hele områdets ejer og høvding, boede på sin gård i Hvornum hvor nu præstegården og kirken findes. Denne gård blev anset som "det højeste og vigtigste", og havde tydeligvis navnet Splinderholm, et navn der senere overgik til den gård der tidligere havde været en del af høvdingegården. Så hvorfra stammer egentlig navnet Splinderholm? Vi ved at samtlige helligdomme der er tilknyttet en tilbedelse af Odin, næsten udelukkende skal findes på en ø. Det var tilfældet i Sverige og samtidigt i Estland hvor en indvandring var sket via de russiske floder og stepper, men også i Odense, hvor helligdommen tidligere fandtes på en daværende ø, så hvorfor, og hvordan i Hvornum?

Navnet Splinderholm, ser ud til at have oprindelse i de topografiske forhold på daværende tidspunkt. Vi må forestille os at høvdingegården lå omtrent hvor nu præstegården ligger, fordi den har nummer 1, men dengang gik vandet fra søen helt ind til denne gård. Mariager fjord sendte en arm ind forbi Øls der dengang hed hed Aulnæs, hvor man har fundet skibsankre og rester af meget gamle skibe. Den fulgte Skivevejen, og gik via Lille Mølle videre mod Hejring hvor den forenede sig med Klejtrup sø.

Fra Onsild siden, løb en anden gren fra Vestrefjord i Hobro til den gamle Onsild bro, og tog en drejning på de engarealer der tilhører Brobjerggården. Drejningen gik imod Hvornum hen over Odderholmene, og hen forbi hvor det gamle teglværk fandtes, hvorfra den fortsatte til den sydlige ende af Klejtrup sø, altså Skalsåens nuværende løb. Fra søen som dengang delvis rakte helt op til Hvornum kirke, sendtes en kanal hen forbi hvor det gamle vandværk lå, og videre til Kildebakkegården, og bliver så senere forenet med fjordarmen der fra Øls gik over Lille Mølle.

Dette forløb med disse forgreninger skabte automatisk en todelt ø, hvor den mindre del var Nørre Hvornum, og den største del inkluderede Hvornum og Trinderup i hver sin ende. Dette må være oprindelsen til navnet Splinderholm, den splintrede, eller den delte ø, som høvdingegården tog navn efter idet den lå placeret ved det vandløb der delte øen i to dele. Navnet Splinderholm blev senere overført til gården på matrikel 3. som udflyttedes til Klejtrupvej 87.

På Njords tid har Onsild sikkert været et betydningsfuldt sted, og det ser ud til at selve bynavnet kan have sin oprindelse fra helligdommen i Trinderup krat. Navnet Onsild, skulle ifølge vore stednavneforskere stamme fra et gammelt navn for helligdommen i Trinderup krat, dengang kaldet Othinshille. Stavelsen "Hille" har oprindelse i oldgermansk eller oldnordisk, hvor Hille betyder en bakke eller forhøjning, og som genkendes i det engelske ord "Hill". På denne høj eller bakke blev på et tidligt tidspunkt oprettet et såkaldt Helligsted, tilknyttet Odin-dyrkelsen, og herfra skulle navnet stamme.

SIGGES EFTERKOMMERE OG SAGNHISTORIEN

Den danske sagnverden tager sin begyndelse med sagnkongen Dan. Han skabte som Odin store problemer, og Saxo arbejdede med hele fem konger af det navn, der ligesom som Odin skikkelsen har sin forklaring, men denne gang i gamle genopkald i ættens stamfader. Gudmund Schytte sagde at der er blevet skrevet og fortalt så meget om Dan, at det næsten smager af kunstige og halvlærde påhit. Islandske Snorre skrev i sidste halvdel af 1100-tallet, at Dan lod gøre sig en høj, og bød at han efter sin død skulle begraves der, og bæres derind i kongeskrud med hest og sadeltøj, samt andet værdifuldt gods.

Samme historie beretter om Hother som dræbte Balder, og som formodentlig ligger begravet i Hohøj ved Mariager fjord, og en tilsvarende historie kendes om kong Skjold, og flere andre. Tilsyneladende var det en skik der var meget kendetegnende for vor egn. Folkemindeforskeren Axel Olrik har påvist at sådanne fortællinger, stemmer overens med en udbredt skik i Himmerland og Ommersyssel, hvor der netop er fundet flere af disse såkaldte Ryttergrave. Her lod høvdinge og konger sig begrave sammen med deres hest. Olrik går videre, og nævner at vi i de samme egne finder gravhøje, henført til både Dan og Skjold, tydeligt markeret fra Nibe bugten hvorfra et større område skærer ind tværs gennem Himmersyssel, Ommersyssel, og videre til Aabosyssel.

Vi har en Danshøj vest for Nibe, en Skjoldhøj ved Durup, og i Ommersyssel er der en sidelinje med Danshøj. Vi har Dansknøs ved en grænsevold kaldet Dandiget syd for Hobro, i nærheden af Asferg. Ligeledes har vi Dans datters hule nordvest for Randers, og Lyshøj i Lysgård ved Viborg, hvor Dan blev kongehyldet. Dan var tysk gift, og var far til Lother og Humble. Lothers søn var Skjold der var gift med Alvild, og de får sammen Gram. Dette tyder så på at Lother også bar titlen Odin, idet Skjold sagdes at være søn af Odin. Roar blev Grams fosterfar, og Gram blev gift med Roars datter. Således eksisterer der flere lidt forskellige historier, oftest omtalt som sagn, hvor den almene opfattelse var at dette var utroværdigt. Alligevel kan der ikke være tvivl om at disse gamle beretninger indeholdt en kerne af sandhed, og at de navngivne personer en gang må have eksisteret. Fordyber man sig i denne historie, vil man genkende flere navne og indse at de tilhører en gennemgående historie om et folk der en gang i tidernes morgen indvandrede i Jylland, og så kan disse kun identificeres som Sigges medbragte flok, hvis efterkommere blev til vore sagnkonger.

Folkemindeforskeren Thorkild Gravlund, oplyser at der ved Onsild herredsgrænse ligger en trefoldig vold kaldet Trediget, hvor der engang skulle have været udkæmpet et vældigt slag. Andre gamle historier beretter også om en Kong Dan, og denne skulle ligge begravet i Ø bakker ved Hammershøj, men her mener nogle at det her er tale om en Kong Halv-Dan. De angelsaksiske historier beretter om flere krige, og Hans Kart skrev, at de folkeslag der nævnes, kan betragtes som en vigtig vejviser om hvor de hørte til, og ud fra dette placerer han dem i egnene syd for Ålborg og derfra ud mod Vesterhavet, medens andre hører til i det sønderjyske område, så altså er der ikke meget her der smager af et sjællandsk Lejre. Det angelsaksiske digt Widsith der er næsten samtidigt med Lejres storhedstid, nævner flere folkestammer som Varner og vikinger (Wærnum og Widngum). Der tales også om en gruppe af Hadbardere der engang angreb Roar i hans kongsgård. Digtet er ligesom Beowulf kvadet forfattet på angelsaksisk og nedskrevet næsten samtidigt med de hændelser de beskriver.

Beowulf kvadet har en interessant historie. I 1815 udgav islændingen Grimur Thorkelin et utroligt gammelt manuskript, han havde opdaget på British Museum i London. Det drejede sig om en del af en gammel håndskriftssamling, som ikke tidligere havde været udgivet. Med sit kendskab til de islandske sagaer og skandinavisk historie, indså han at det var en tekst i form af digte, som omhandlede jydernes bedrifter i det tredje og fjerde århundrede. Det var skrevet på angelsaksisk dialekt, men tydeligvis omskrevet en gang i 800-tallet. Det bar tydeligt præg af at være en øjenvidneberetning, hvorfor den originale tekst måtte være affattet i 400-tallet, og indeholdt en udpræget historisk kerne. Forfatteren havde tydeligvis mødt de mennesker han omtaler. Han nævner at have mødt Roar, Hygelac og Beowulf, og han havde været til stede og besunget Beowulfs ligfærd, som fandt sted i Jylland først i 500-tallet. Denne beretning blev kendt som Beowulf kvadet.

Når man taler om dansk sagnhistorie, er et af de første navne der kommer til erindring, stednavnet Lejre. Vi har altid lært at Lejre lå ved Roskilde på Sjælland, og at det var her det hele begyndte. Her levede Roar og Helge, og efter dem Rolf Krake. Det bliver sjældent omtalt, at der kunne findes en alternativ version af samme historie, og at Lejre måske slet ikke lå her. En minutiøs gennemgang af den sagnhistorie, som altid knyttes til Sjælland resulterer uundgåeligt i man begynder at tvivle. En verdensomfattende organisation, drevet af Mormonkirken, som beskæftiger sig med genealogisk arbejde, har igennem studier af utallige gamle tekster fra stort set alle lande, nået frem til nogle bemærkelsesværdige resultater. Denne organisation laver også genealogiske studier af konger og adelspersoner kendte fra historien, men fortsætter så langt tilbage i tiden, at selv vore såkaldte sagnkonger og deres slægter har været under behandling.

Her har man taget sagnkongernes eksistens alvorligt, og i registrene over disse findes hele 36 genkendelige navne fra dansk sagnhistorie, og interessant nok, så nævnes kong Skjold som vore historikere henfører til sjællandske Lejre, men han er her omtalt som født i Nordjylland. Ligeledes Friedleif og Frode er født i Nordjylland, og de er født i Hleitra, det norrønske navn for Lejre. Vi må konstatere at her tales om et Lejre i Nordjylland, men også sjællandske Lejre nævnes, og det sættes i forbindelse med det nordjyske Lejre på den måde, at nogle enkelte af de nævnte personer bliver født i Lejre i Nordjylland og afgår ved døden i Lejre på Sjælland. Gennemgår man hele listen, vil man forstå at et oprindeligt Lejre hvor f.eks. Roar og Helge skulle have boet, lå i et nordjysk område, og at der på et senere tidspunkt opstår et nyt Lejre på Sjælland. Lejre hed på norrønsk Hleitra, men med betydningen et "helligt sted", og var ikke et egentligt stednavn i ordets oprindelige betydning. Ordet var snarere en betegnelse for en helligdom. Dette finder vi bekræftet i de ældste tekster, der udelukkende nævner kongens hal Heorot ved navn, og ikke nævner navnet Lejre.

Nationalmuseet har skrevet, at Mariager fjordområdet er det rigeste på oldtidsminder og gravhøje i hele landet. Årsagen kan kun være, at rigtig meget har taget sin begyndelse her. Folkene her var som vi har set, en del af det samme indvandrende folk, hvoraf nogle boede i Hartsyssel og nærliggende områder. Det er tilsyneladende her vi skal søge et jysk Lejre.

Teorien om at der har eksisteret et oprindeligt Jysk Lejre er ikke ny. For adskillige år siden var der et par danske forskere, der uafhængigt af hinanden begyndte at søge efter et jysk Lejre. Skal vi forstå navnet Lejre eller Lethere, skal vi tilbage i tiden. På Latin hed det Lethere, og på oldnordisk Hleitra, og det antages at dette navn har betydet noget i retning af hytte eller telt, der netop kendes fra et gammel gotisk udtryk. Ordet fik så efterhånden betydningen Gudebolig eller Tabernakel. Dette navn blev givet til oprettede templer, men havde meget tidligere været benyttet af omvandrende nomader, der som helligdoms boliger kun medbragte et telt der kunne opstilles hvor som helst.

Det gamle Norrønske ord for Lejre eller Hleitra, blev aldrig henført til en bestemt lokalitet, for det havde altid haft betydningen af et tempel uden tag. Der blev strakt en teltdug ud over helligstedet, på pæle eller stolper, hvilket vi kan sammenligne med Gudinden Nerthus vogn, som også havde udspændt et klædedække som vi husker det fra helligdommen i Trinderup. Selve ordet Lejre, er faktisk en lejr, et sted hvor man forventer at finde telte, eller ophængte tekstiler. Oprindelsen til ordet er meget gammel, og stammer fra et oprindeligt omvandrende folk. Ordet Hleitras betydning telt, stammer fra Ulfilas oversættelse af Tabernaculum, som vi kan kæde sammen med Biblens beretning om at Pagtens Ark stod i et sådant telt, et af stof overdækket tempel, og et sådant sted var et Hleitra.

På gammeljysk kom ordet Lejre til at betyde en stige, eller et tremmeværk på en høstvogn, og hvis vi tænker på søfart, så hed stigen en Leider. På engelsk som stammer fra samme oldgermanske sprog, kom en stige til at hedde Ladder, og på tysk Leither.

De gamle angelsaksiske kvad Beowulf og Widsith beretter om Jyllands ældste historie. Disse to kvad nævner alle personer ved navn, men også at de var i Heorot, navnet på kongshallen Hjortehallen, og ikke med et eneste ord nævnes navnet Lejre. Historien henføres hverken til Sjælland eller Jylland, men er dog tydeligvis skrevet i Jylland. Ordet Lejre var måske slet ikke i brug som et stednavn, men hentydede derimod til folkets helligdom. Dette har så senere rodfæstet sig, og gradvis blevet betragtet som et almindeligt stednavn. Århundreder senere i vikingetiden, var dette område i Hartsyssel, af beboerne i Irland udelukkende kendt som Hiurath, navnet på hjortehallen. De sagde om de jyske vikinger, at de kom fra Hiurath eller Heorot.

Ordet Lejre, kunne som nævnt på det gamle jyske sprog betyde en stige, eller en slags tremmeværk på en høstvogn. Et stænge eller tremmeværk blev anvendt ved en teltslagtning ved "hargen" eller stenalteret. I det angelsaksiske kvad Beowulf siges der, at forfædrene lavede et "vie-offer" ved harg-tjældene, hvilket fortæller os at under ritualerne ville helligdommen være dækket af et tjæld, altså et telt. At overtjælde betyder derfor at opslå telt. Vi genkender udtrykket fra Didrik-visen om Brattingsborg, hvor det siges at de "opslog deres tjald". Beowulf-udtrykket Hærg-Trafum, tyder på at det er stenalteret der overtjældes.

Ordet Harg blev senere til Harre. Harreskoven hedder således fordi et stenanlæg i skoven menes at have været et offersted, nu med tilnavnet Hørgen.

H.V. Clausen kom i ca. 1895 til den konklusion, at der havde været et jysk Lejre, og han forestillede sig at det havde ligget imellem Ålborg og Svenstrup i området Lere-Sig, også kaldet Lerå- Sig. Stedet skulle også have været kaldet Leregård, hvilket stemte med det gamle norrønske Hleithragart. Dette har næppe været tilfældet, idet netop dette område i gamle dage var et sumpet vådområde.

I 1925 opremsede Professor Wilhelm La Cour tretten forskellige steder hvori navnet Lejre indgik, så navnet var ikke noget Roskilde området havde monopol på, idet betydningen tabernakel eller gudebolig jo var indeholdt i navnet.

Flere historieforskere har arbejdet med teorier om at sjællandske Lejre tidligere havde eksisteret et andet sted, og var blevet udflyttet. Det oprindelige sted mentes som en del af navnet at have haft ordet Haug der betyder høj eller Harg, et stenalter, hvorfor nogle straks foreslog Højby i Odsherred.

I Hartsyssel i det nordvestlige Jylland findes Harre, et tidligere herredsting, centralt beliggende ved Limfjordsområdet ved bunden af sejlløbet i Harre Vig, og Harre betød jo oprindelig Harg, et stenalter eller offersted, og gamle tingsteder var ligeledes en rundkreds af sten. Svend Aakjær påviste i 1922 i Skive Folkeblad, at marken på Harre Fald i 1683, var delt mellem præstens annekssogn, og den gård hvis kornskyld var brød og vin til Harre kirke, hvilket kunne tyde på et gammelt sakralt hedensk gods der var gået i arv til kirken. Man må derfor formode at Harre eller Harge engang har været en hovedhelligdom, et Hleitra i Limfjordsområdet og dermed en forgænger til sysseltingstedet og kongehyldningsstedet i Viborg, det viede bjerg. Ved Harre fandtes også sognet Hjerk, der går ud mod Lysing Bredning og Lysen Odde, og her lå et sted kaldet Hjortholm. Her fandtes i gammel tid en havn, og høvdingen boede hvor nu Harre kirke ligger. Det er en holm der på de tre sider var omgivet af vand, og på den fjerde side kunne afspærres med palisadehegn.

Harge eller Harre var sallingboernes hovedsamlingssted og handelsplads. Måske har navnet Hartsyssel en helt anden betydning end hidtil troet, hvor det mentes at oprindelsen til navnet skulle svare til et skovområde som navnet Harzen, som kan oversættes til bjergskov. Måske der her er tænkt på det germanske Hartz, fordi folket der levede der kaldtes Haruder hvilket betød "skovbeboere". Navnet Hartsyssel hentyder naturligvis til sysselinddelingen, men området hed også Harteland, hvilket Hordeland i Norge er opkaldt efter. Vikingeskibene lå ofte ved Humlum og Dans søn hed Humble, så Humlum betyder Humbles hjem. Lejre bliver ofte omtalt som Lejregård, og i Måbjerg sogn vest for Holstebro, findes en meget gammel gård der bærer navnet Lægård, men som oprindelig hed Leregård og Leegård fra det gamle Leegart, hvorefter en slægt for mange år siden tog navn. Slægten var udbredt på vestkysten, i Thy og på Mors, og på et tidspunkt flyttede en gren af slægten til Rinds herred, og kom til at udgøre et slæng der fulgte Rinds herreds knabere. Denne slægt havde ligeledes i 1800-tallet Bækkegård i Bække. Man ser dem for et par århundreder siden indgift i slægterne Lottrup og Cleeman i Rinds herred, og et medlem af slægten skulle have haft Lynderupgård ved Hjarbæk engang i 1500-tallet. Historikerne har sikkert ret i at Lejre ved Roskilde, tidligere havde ligget et andet sted, hvor navnet Haug eller Høj var en del af navnet, men det var ikke Højby i Odsherred. Dette oprindelige Lejre lå i Hartsyssel i Jylland, hvorfra det blev flyttet til Sjælland.

Sagnhistorien om Roar og Helge er noget af det ældste sagnmateriale vi kender. Vi har lært at de boede i Lejre på Sjælland og at da jyderne engang blev angrebet, bad de så mindeligt kong Dan om hjælp, og at efter han havde vundet krigen for dem, bragte de ham til Daneryg ved Viborg, hvor de hyldede ham som deres konge. Vi kan i Jylland finde stednavne der relaterer til denne historie, hvilket ikke er muligt på Sjælland. I Hartsyssel ligger Roslev, der betyder Roars arvegods, og ved Feldingbjerg lidt sydøst for Skive findes en gravhøj 6,5 meter x 35 meter og højens navn er Roars høj, og disse navne findes ikke ved Lejre på Sjælland, så et oprindeligt Jysk Lejre har tilsyneladende ligget i dette Jyske område. I det angelsaksiske kvad Beowulf kan vi læse, at da helten Beowulf ankom til Hjortehallen hvor Roar residerede, blev han modtaget af Wulfgar, høvdingen over Vendil, hvilket er den gamle betegnelse for Vendsyssel. Dette ville næppe have været tilfældet hvis handlingen var foregået på Sjælland, og man må samtidigt forestille sig at de danske sagnkonger, er at finde blandt Sigges efterkommere, hvorfor de sandsynligvis skal søges i Jylland.

En af vore største eksperter på dette område var J.R.R. Tolkien der levede fra 1892 til 1973. Han var professor i engelske sprog og middelalder litteratur ved universitetet i Oxford. Han var derfor også ekspert i det angelsaksiske samt beslægtede sprog som old-germansk, old-nordisk og gotisk samt deres dialekter. Som sprogforsker havde han ingen grænser. Han specialiserede sig i de skandinaviske sprog indeholdende de ældste stednavne. Han kunne både læse og skrive flydende dansk. Han studerede Danmarks jernalderstammer, men især de jyske, for det gik hurtigt op for ham at det var her man skulle søge den oprindelige historie, og de afgørende elementer for grundlæggelsen af hans eget land England.

Adam Wagner skrev, at Tolkien på det akademiske plan udviklede en banebrydende teori om Danmark og især Jylland. Det var en teori der i hans egen tid generelt fandt bekræftelse af videnskaben, men som derefter er hensunket i forglemmelse. Forfatteren Casper Clemmensen har for nyligt udgivet en bog om Tolkiens store arbejde, og han skriver at Tolkien ønskede at skabe en slags fødselsberetning for det engelske folk, hvilket førte ham væk fra Englands kyster og hen over Nordsøens mørke vande, og dybt ned i Jyllands tidligste historie. Hans største interesse var de gamle jyder og den oldtidsarv der er fælles for jyderne og englænderne, og det hele begyndte i Jylland.

Tolkien arbejdede meget med kvadene Beowulf og Widsith, og her nåede han et stort gennembrud der bragte ham dybt ind i Jyllands forhistorie, samt de første århundreders magtkampe, der bølgede mellem de jyske konger og deres modstandere. Han så hvorledes de første erobringsforsøg med en landgang i Vejle, endte med et knusende nederlag, hvor den sjællandske hær i det andet århundrede blev totalt udslettet, hvorefter dens udstyr og våben af den sejrende jyske hær blev ofret til guderne, og først for ganske nylig genfundet i Illerup ådal ved Skanderborg.

Tolkien formåede at forvandle kvad og sagnskikkelser til reelle begivenheder med agerende stormænd, konger og krigere.

En dag havde Tolkien fået så stor inspiration, at han satte sig ned og forfattede fantastiske fortællinger baseret på sin historiske viden om det gamle Jylland, hvilket blev til "Hobitten" og "Ringenes herre", som er direkte baseret på Jyllands ældste historie. I disse fortællinger møder vi navnet Aros, et gammelt navn for Århus, og mellem Djursland og øen Hjelm, findes strædet Hjelms dyb, hvilket Tolkien kalder Helms Deep. Eskerod ved Kalø bliver til Esgaroth, og på samme måde bruger han yderligere otte jyske stednavne i Ringenes Herre, i hvilken Aragorn er en tydelig kalkering over jyske Hengist, der året 449 ankom til Kent i England og skabte historie, og den fælles arv som Tolkien søgte efter.

Disse ældgamle angelsaksiske tekster fortæller os, at Roar og Helge var sønner af Halvdan også kaldet Dan, der var søn af Skjold og en kvinde fra Saksen. Skjold var konge i Angel, hvor han havde udkæmpet flere kampe og havde vundet herredømmet nord for Ejderen, hvorefter han bosatte sig længere mod nord i Jylland, højst sandsynligt i Hartsyssel, idet det netop er i dette område vi finder spor efter både Skjold, Halfdan og Halfdans søn Roar. Ved Nibebugten, ligger Skjoldhøj og ikke langt derfra finder vi Danshøj, og i Feldingberg sydøst for Skive ligger Roarshøj. Skjold var søn af Lother der var bror til Humble som Humlum skulle være opkaldt efter, og deres far hed Dan, og ham var andre efterkommere opkaldt efter, hvorfor vi finder flere Danshøje, men interessant nok, ikke ved Lejre på Sjælland. Her findes der ingen Roarshøj, eller Skjoldhøj, og dette kalder man skjoldungernes hjemsted.

Historien beretter om en større konflikt mellem to folkestammer, Hadbarderne kaldet Heatobarderne, og Skjoldungerne. Imidlertid ser det ud til at Halvdan der som hans navn hentyder til, kun var halvt dansk, naturligt nok med en mor fra Saksen, men han havde en halvbror, ved navn Frode, der var Hadbardernes konge, og ham kan Skjold ikke have været far til. Dette folkefærd levede i områderne ved Mecklenburg samt i det nordlige Frisland. Frode leder sit folk nordpå, og angriber Halvdan i hans Lejre, og Halvdan mister livet, hvorefter Frode bemægtiger sig hans rige. Frode overtager nu kongsgården Heorot, og stræber Halvdans sønner Roar og Helge efter livet. De er blot store drenge på ti og tolv år, men deres ældre søster Signy får dem væk fra området. Signy er gift med Sævil, der sammen med Regin som havde tjent

Halvdan, sejler drengene til en mindre ø i nærheden. Øen tilhørte Vifil, en gammel ven af Halvdan og som rådede over en del af Vendilskage som Vendsyssel hed dengang. På øen var der store skove hvor drengene kunne skjule sig, så her på Vifils ø kunne de føle sig i nogenlunde sikkerhed, fordi deres faders gamle ven lovede at beskytte dem.

Vi befinder os tydeligvis i Hartsyssel, så denne ø kunne udmærket være Fur, som dengang bestod af tre mindre øer, adskilt af sunde ved Faskjær og Vojelkjær. Navnet Fur er afledt af Fyrre eller fyrtræer, mens Vojelkjær gennem tiderne er blevet skrevet som Ochelsz, Vocyel, Woyel og Wofyel, hvoraf sidstnævnte navn udmærket kunne være Vifil. Drengenes svoger Sævil var en betydningsfuld mand der stammede østfra. Han kunne stamme fra egnen omkring Viborg, idet hans navn er et urnordisk navn der på gammelt dansk bliver til Sioar, som ved sammentrækning bliver til Sior som stednavnet Sjørslev er kommet af. Sjørslev ligger i Lysgård herred 18 kilometer syd for Viborg, og navnet Sjørslev betyder netop Sævils arvegods, og det var her i Lysgård at en kong Dan blev kongehyldet på Daneryg.

Da Roar og Helge vokser op, samler de folk og går til angreb på Frode og dræber ham. Frodes søn Ingeld er ikke voksen, men sværger alligevel at hævne sin far. Roar ser så ud til at forlade landet, og Helge regerer medens Roar er i England. Her bliver Roar gift med en datter af Kong Cunedda Wledig af Wales, ved navn Wealtheow, og her bliver historien virkelig interessant, idet vi har de ældgamle engelske historiske skrifter til rådighed. Cunedda var en legendarisk konge der oprindeligt regerede i Nordlandet, hvorfor han også kaldtes Nordre. Hans rige lå i Skotland, men efter en aftale med kong Vortigern, flytter han til Wales hvor han får tildelt et rige mod at hjælpe Vortigern med at uddrive irske indvandrere fra kongeriget Gwynedd, en del af Wales. Det var den samme Vortigern der bad om assistance fra jyske Hengist imod de skotske stammer Picterne der også invaderede landet.

Dertil kommer at vi ligeledes har historien om den jyske prins Amled, der efter at hans far blev myrdet rejste til England, og han bliver også gift med en datter af en konge i Skotland, og det viser sig at være samme kong Cunedda, så Roars hustru Wealtheow er en søster til Amleds hustru Gwen, og dette viser at Amled bliver gift med denne konges datter, før han flytter til Wales, idet historien om Amled fortæller at han giftede sig med en datter af en skotsk konge. Det opklarer samtidigt den misforståelse at Amled havde to koner, en fra Skotland samt en fra England, hvilket må skyldes faderens flytning til Wales. Heraf kan vi udlede at Roar og Amled må have været nogenlunde jævnaldrende, og begge kom fra samme nordjyske egn, så de må have kendt hinanden. Amleds far var Hartvendel, og han regerede et område af Hartsyssel og Vendsyssel, og hans far Gervendel var konge i Vendelskage. Der er samtidigt gode chancer for at både Roar og Amled må have kendt Hengist. Området omkring Ulfborg blev regeret af kong Hnæf, der var Hengists morfar, og ved dennes død efterfulgtes han af Hengist, der regerede her indtil han rejste til England i 449. Omtrent på samme tid var der en konge i Ommersyssel ved navn Hygelac eller Hugleik, og de har uden tvivl alle kendt hinanden, for netop Hugleik var Beowulfs morbror. De var alle hvad vi kan kalde småkonger, herredskonger eller lignende.

Fra engelske historiske tekster ved vi at Hengist lander i England i året 449, og på det tidspunkt må han have været omkring fyrre år gammel, idet han har en giftefærdig datter. Cunedda som bliver svigerfar til både Roar og Amled, levede i henhold til engelske historiske tekster fra år 386 til 460, og fra de frankiske annaler ved vi at Hugleik dør år 515. Andre angelsaksiske skrifter beretter, at en af kong Arthurs jarler ved navn Reff, besøger Rolf Krake i året 523, og at danske Eskille dør i kamp sammen med kong Arthur i 542. Som nævnt andet sted er Amled kong Arthurs morfar, og andre tekster siger at Arthurs hustru Gunievere, er barnebarn af kong Cunedda.

Rolf Krakes historie kan ligeledes medvirke til en nogenlunde præcis datering. Hans far Helge må have været noget op i årene da Rolf bliver født. I sine unge dage møder Helge en saksisk pige og gør hende gravid. Uden viden om dette drager han hjem, og de ses aldrig igen. Adskillige år senere møder Helge så en anden pige, og først da hun er gravid, finder de ud af at Helge er hendes far, så han skal have barn med sin egen datter som senere føder Rolf Krake.

De engelske skrifter lader os vide at Hengist bliver henrettet i året 488, og da han har en giftefærdig datter omkring år 450, er han nok født omkring 420 til 430. Både Roar, Helge og Amled må også være født i samme tidsrum, hvilket med al tydelighed udelukker et sjællandsk Lejre som skuepladsen for de begivenheder der skulle have fundet sted i Heorot, eller Hjortehallen i Lejre. På dette tidspunkt eksisterede Lejre på Sjælland slet ikke. Det var Roar som fik hjælp af Beowulf i Heoroth, og Roar havde kendt Beowulf fra da denne var barn, idet han var gode venner med hans fader Ecgtheow. Roar havde endog deltaget i Ecgtheows bryllupsfest da han giftede sig med en datter af Hrethel, der også havde et kongedømme i Geaternes land, som var Jylland. Hrethels hustru var enten en datter eller en søster af en Swerting der ikke vides meget om. Beowulfs mor havde tre brødre, hvoraf den ene var Hugleik der havde sit kongedømme i Ommersyssel. Da han omkommer i 515, efterfølges han af sin søn der bliver dræbt året efter, og denne bliver så efterfulgt af Beowulf. Disse såkaldte sagnkonger findes ofte dateret helt anderledes. Et sted nævnes at Roar lever fra 525 til 580, hans bror Helge fra 527 til 567, og dennes søn Rolf Krake fra 557 til 600. Disse tal er tydeligvis tilpasset den arkæologiske datering af sjællandske Lejre, for at få historien til at passe, men samme kilde ved at Hugleik dør år 515, hvilket afslører total uvidenhed om disse menneskers slægtsforhold og deres kronologiske rækkefølge.

Præcise dateringer i historisk sammenhæng, er altid vanskelige. Vedrørende Sigges ankomst til landet, er det særdeles vanskeligt. Vi ved kun at de forlader Cypern engang efter år 58, men har ingen nøjagtig dato. I Andersons "Royal Genealogies", sættes datoen for denne Odin til år 255 til 300. og i Haighs "Conquest of Briton by the Saxons", når man frem til samme resultat, hvilket også er tilfældet med "History of the Anglo Saxons". Gamle engelske tekster nævner Hengist ankomst til England i året 449, og hans død i 488, og vi ved at han er Sigges tipoldesøn, så ovennævnte datoer ser ret fornuftige ud. Vi lærer så her at begravelsen på Lyngbakken må have fundet sted længe før Sigges ankomst.

Da førnævnte Ingeld bliver ældre, ønsker han at hævne sin far der blev dræbt af Roar og Helge. Roar maner til ro og foreslår at de stifter fred, og at Ingeld gifter sig med Roars datter Freawaru. Vi læser i det angelsaksiske kvad at Beowulf fortæller dette til kong Hugleik, og at han frygter at Ingeld alligevel vil hævne sig på Roar, hvilket også sker. I Widsith kvadet kan vi læse at Roar vinder kampen og Ingeld omkommer.

Imidlertid havde Ingeld en datter, der var gift med anglernes konge Bøki, og nu beslutter han at hævne sin svigerfar, hvorpå han drager nordpå med en større hær. Han mødes med Helge og dennes hær i Vandfuld herred, og Bøki og hans folk forskanser sig tæt på havet, men Helge får dem lokket længere ind i landet og angriber dem på Gudum hede ved en mose. Helge vinder kampen og Bøki og hans tropper bliver dræbt. Derfor kaldes stedet Anglams Mose, og ved vejen over mosen blev Bøki begravet i en høj der nu kendes som Anglams høj fordi han var anglernes konge. Vi bemærker her at hele handlingen vedrørende Roar og Helge finder sted i Hartsyssel, og ikke i et sjællandsk Lejre.

P.F. Suhm forsøgte også at datere begivenhederne og personerne, og nåede frem til at Halvdan måtte have levet i begyndelsen af 400-tallet, og sønnerne Roar og Helge skulle så følge umiddelbart efter, hvorpå han mener at Rolf Krake må have levet fra omkring 470 til 540 eller lignende, så vi kan endnu engang udelukke et sjællandsk Lejre. De sidste 30 års grundige arkæologiske undersøgelser, afslører nemlig at den ældste bebyggelse kan dateres til engang i første halvdel af 500-tallet. Bebyggelsen bestod kun til starten af 600-tallet, hvor den blev flyttet ca. 500 meter mod syd og det var først her man kunne se spor efter en mere kompleks og større udformning.

Den første og ældste bebyggelse bestod kun af 7 hustomter, og de stammer ikke engang alle fra den samme byggefase, men den ene af bygningerne så dog ud til at have været en større hal. Arkæologerne kunne se at den ikke havde holdt særlig længe, idet det var tydeligt at den var blevet erstattet af en anden bygning kun et par årtier efter opførelsen. Her kunne man måske forestille sig at bygningen kan have været nedbrændt, for Saxo fortæller at Rolf Krake blev dræbt og indebrændt af sin svoger Hjarvard der var gift med hans halvsøster Skuld. Det var angiveligt Skuld der tilskyndede sin mand til dette, så de kunne overtage, og Hjarvard blive konge. Han var dog kun konge i mindre end et døgn, for den eneste overlevende fra Rolf Krakes hird, en mand ved navn Vøgg dræbte ham. Her er Rolf Krake tydeligvis flyttet til Sjælland, og gjort krav på meget jord her. Landsbyen Skuldelev lidt nordøst for Skibby ud mod Roskilde fjord skulle være opstået på Skulds ejendom.

Det er svært at få øje på et sjællandsk Lejre før omkring 530-540. Lejre på Sjælland har eksempelvis højene Hyldehøj, Ravnshøj, Grydehøj, Fredshøj og Mysselhøj, men ingen høj der kan sættes i forbindelse med hverken Roar, Rolf Krake, Dan eller Skjold. Dette sjællandske Lejre kan således ikke gøre krav på historien hvis handling ligger før Rolf Krakes tid, og meget tyder på at han er flyttet til Sjælland engang efter 523 hvor han tildeler Reff jord i Thy. Han har så anlagt begyndelsen til et sjællandsk Lejre, men som vi så, ramtes landet af hungersnød og død efter vulkanudbruddet i 536. Vi hører om Rolf Krakes død, men ikke nogen dato. Vi må formode at hungersnøden er årsagen til at der kun findes få spor af aktivitet ved Roskilde eller Lejre fra den tid. Først da vi i slutningen af 600-årene hører om

Starkodder og lidt senere om Harald Hildetand, kommer der atter gang i historien i denne landsdel, så det kendte prædikat Skjoldungernes land, har beklageligvis intet hold i virkeligheden, når vi taler om Sjælland.

De to kvad Beowulf og Widsith stammer fra 700-tallet og 800-tallet, men er afskrevet efter meget ældre manuskripter, der synes at være skrevet af en person der personligt bevidnede de begivenheder der beskrives. Forfatteren til Widsith beretter om konger og helte han selv har besøgt. Hans beskrivelser afslører kort og godt en førstehåndsviden. Han var selv til stede i Roars kongehal Heoroth, idet han indleder med ordene: "Jeg var hos...". Han skriver blandt andet også: "Hrotulf og Hrotgar holdt den længste fred med hinanden, onkel og nevø, efter at de bortjog vikingerne, og Ingeld og Hadbarderne måtte bøje sig for spydets od, hugget ned af Heorots hær", og dette skete i Hartsyssel.

Forfatteren hævder at nedstamme fra Myrgingerne, et folk som anglernes konge Uffe hin Spage forsvarede sig imod, ved blandt andet at bygge Kovirke og de første dele af Dannevirke volden. Han henviser til et folk han kalder "wickinga cynn", og er dermed sikkert den første der gør brug af ordet vikinger.

Den britiske munk Nennius der levede i 700-tallet, skrev britisk historie ved hjælp af ældgamle manuskripter der var til hans rådighed. Han refererede til kong Arthur og nævner hans tolv sejre. Han havde studeret i Gwynned, den region som kong Cunedda ville beskytte mod irsk indvandring, kongen der blev Amleds og Roars svigerfar. Også munken Bede skrev om de samme begivenheder, men mere interessant er en munk fra det sydlige Wales. Han hed Gildas, og var søn af den skotske konge Caw of Prydyn. Han forfattede værket "Conquest of Britain", hvori han behandlede den angelsaksiske invasion og ødelæggelse. Han var en stor tilhænger af kong Arthur, som han personligt havde mødt i anledning af Arthurs mord på Gildas egen bror Hueil, som havde stræbt Arthur efter livet. Gildas var født i 487 og døde i 550 og var derfor samtidig med de begivenheder han beskrev, og kan derfor kun opfattes som et troværdigt vidne. Samtidigt gør han de historiske teorier som udelukker kong Arthurs eksistens til skamme.

Alle disse personer er historiske personer, ikke blot sagnskikkelser der aldrig har levet, som nogle historikere mener at vide. De var alle efterkommere af Sigge, og Hengist som ankom til Kent i England i året 449, var Sigges tipoldesøn og blev taget meget alvorlig i England. Stephen Glover skrev i 1845: "Penda, den fjerde konge af Mercia, blev ved sin faders død skubbet til side af Ethelbert, monarken af Kent, som gjorde det klart for alle, at han som direkte efterkommer af Hengist besad retten til regulering af succession"

De engelske munke er grundlaget for vor viden om danske vikinge i England, men før dette, også om jydernes ankomst i 449 og anglernes i tiden op til 515. Den angelsaksiske munk Beda levede i Northumbria fra 672 til 735. Han havde et indgående kendskab til jyske forhold, og især til høvdingen Odins slægt. De detaljer han og Nennius giver os er i høj grad medvirkende til, at vi tydeligt kan se at flere af disse efterkommere af Sigge kan placeres på egnen omkring Hvornum. Han skrev Historicum Ecclesiastica Gentes Anglorum, og heri giver han en liste begyndende med Odin som stamfar. Beda skriver: Woden, hans søn Wecta og hans søn Witta som er far til Withgils der er far til den Hengist der kom til England i 449. I Kong Alfreds "Den angelsaksiske krønike" fra 800-tallet læser vi at Wecta er stamfar til kongerne af Kent. I det engelske rige Mercias stamtavle over kongerne opnævnes Wathol Geat, Waga, Withleg, Warmund og Offe, men danske Saxo nævner også Wege, Wigleg, Vermund og Uffe. I landene Mercia, Essex og Wessex anså man den jyske Odin som stamfar til deres konger. Denne Offe byggede i Mercia et værn mod Waliserne kaldet Offas Dyke, med forbillede i jyske Dannevirke hvor hans forfar Uffe havde bygget første del. Offe lavede en port i volden og kaldte den Viglesdoor efter Viglet af samme slægt.

Wegdaeg er stamfar til kongerne af Deira, gennem sønnerne Sigear og Swipdaeg. Foruden munken Beda, har vi også Jordanes der i 500-tallet skrev "Getica" om sit folks historie og er en af de vigtigste kilder til goternes historie. Samtidigt skrev biskoppen og historikeren Gregory af Tours, og sammen med Beda må de anses som utroligt vigtige kilder til vor ældste historie.

Hengist er en kendt historisk figur i England, og beretningen om hans liv er blevet beskrevet i detaljer i flere oldtidsværker som Historia Brittonium af den walisiske munk Nennius der skrev værket omkring 830, samt Historia Regum Britnnia udfærdiget af Geoffrey of Monmouth der levede fra 1095 til 1155. Dertil kommer den angelsaksiske krønike, nedskrevet i Wessex på Alfred den stores ordre i 800-tallet og udgivet i begyndelsen af 900-tallet.

Vi lærer at Woden, der var Sigge, var tipoldefar til Withgils to sønner Hengist og Horsa. En dag løber der en meddelelse ind fra en kong Vortigern af Kent, som anmodede om bistand. Det kunne se ud til at man var bekendt med hinanden i forvejen, siden beskeden var stilet direkte til de to brødre. Romerne havde dengang forladt landet, og nu var Vortigern og hans folk udsat for gentagne angreb fra Picterne i Skotland.

Hengist og Horsa gik straks i gang med at samle folk, og gjorde sig klar til at krydse Nordsøen. Anmodningen er vel derfor blevet hilst velkommen, for det kunne se ud til at det ikke blot var krigere der tog afsted, idet vi ved at Hengist havde sin familie med også. Sønnen Octa og datteren Rowena nævnes som voksne deltagere i togtet, så vi kan sikkert gå ud fra at man her så en mulighed for at slå sig ned i et andet land og etablere sig der. I året 449 landede flåden i Ebbsfleet i Kent. Det var en stor skare af mennesker der ankom, men da familierne var med, var der sikkert for få kampdygtige mænd, for vi ved at Hengist sender bud til Angel efter forstærkninger i krigen mod Picterne, for i Angel boede hans onkel Withlaeg og dennes søn Vermund der havde sønnen Uffe. Der bliver så sendt en større hærstyrke afsted fra Angel, også bestående af saksere, for at bistå Hengist og Horsa, og snart fik de overtaget på slagmarken. Anglerne fortsatte herefter med at sejle til England, hvilket skete i flere omgange indtil omkring året 515 hvor også en større skare af anglere ankom.

Som tak skænker Vortigern brødrene store landområder i Kent hvor de lever i fred i nogle år, og her bliver Hengists datter Rowena gift med Vortigern. Efter kun få år, forsøger de to brødre at overtage herredømmet i Kent, og i disse stridigheder bliver Horsa dræbt, og bliver begravet i en høj et par kilometer fra Aylesford. Herefter bliver der lagt op til et forlig, og et møde bliver sat i stand. Her overrumpler Hengist og hans folk Vortigern og hans nærmeste, og dolker dem alle til døde. Denne episode kom til at gå over i historien som de lange knives nat.

Hengist hersker nu suverænt i Kent, og indtager også dele af Essex og Wessex, men bliver dog til stadighed bekæmpet af Vortigerns sønner der langt om længe efter adskillige år, får taget Hengist til fange. John Elliot Howard beskriver denne hændelse i et studieværk om druiderne fra 1880. Hengist bliver sat i en celle i Caer Cynan ved Doncaster, hvor han holdtes fangen i flere dage. Så stilles han for en dommer ved navn Ambrosius der idømmer ham dødsstraf, hvorefter bødlen Erdiol fører ham hen til en klippekant og hugger hovedet af ham.

I sit historiske værk beretter Bede, at Horsa før sin død havde bygget et fæstningsværk han kaldte Horn eller Hurn, og den omkringliggende bebyggelse fik navnet Hurnum, og senere fandtes lokaliteterne Over Hurnum og Neyther Hurnum, hvilket var landbrugsarealer på hver sin side af Hurnum. Dette må siges at forekomme ret genkendeligt, for på Hvornumsiden af Klejtrup sø, havde man også på dialekt Hurnum med de to landbrugsarealer som vi i dag kalde Nørre Hvornum og Sønder Hvornum, men i sin bog om Klejtrup sogn fra 1925, skriver Søren Vasegård om disse lokaliteter, og kalder dem netop Over Hvornum og Neder Hvornum.

Horsas by lå nær Milecastle ved det gamle Cilvrnym og Halton i Worchestershire i West Midlands. Han nævner et momument for Horsa i det østlige Kent kaldet Horsstead tæt ved Aylesford, som nævnt ovenfor, og byen Hengistbury er opkaldt efter Hengist. Det er dog Nennius der giver os navnet på deres hjemsted. Det var et sted i det midtjyske område som hed Oghill, hvilket leder tanken hen på navnet Othinshille, stedet hvor Odinsalteret lå og som Onsild nok fik navn efter. Oghill blev også skrevet som Wgdall grundet den gamle stavemåde hvor V og W på et tidspunkt erstattede U. Det kunne have drejet sig om vore dages Veggedal som i de ældste tider har heddet Oggeldall og Ugdall, hvilket kan sammenlignes med Uggelhuse som i 1479 blev skrevet som Wgdall, og først i 1600-årene blev til Ogelhuse. Måske findes der hentydninger til navnet i mytologien, for her kaldtes Odin for Ugg og Ygg der betød "den grusomme". Bede nævner ligeledes at brødrene kom fra et midtjysk område, og at det var blevet tæt befolket, hvilket forklarer den udvandring der faktisk skete.

I Northumberland fandtes der flere århundreder før normannernes erobring af England i 1066 en adelsfamilie der bar navnet Oghill, og denne slægt anses for at være efterkommere af Hengist. Navnet Ogilvie siges at have oprindelse i denne slægt. Nennius nævner dem i sin Historia Brittonium for over 1200 år siden og kalder dem Oghull. Byerne Oglestorp og Oglesby skulle være opkaldt efter denne slægt. En fordanskning af Oglestorp ville blive Ugelstrup og der findes et Ugelstrup i Råsted sogn i Ulfborg herred i Hartsyssel, og her har vi den forbindelse, at I Beowulf kvadet, og ligeså i Finsburg Fragmentet, omtales samme begivenhed nedskrevet ganske kort efter det fandt sted. Heri omtales en kong Hnæf der sammen med Hengist kæmper mod Friserkongen Finn. Denne kong Hnæf var Hengists morfar, og han skulle have regeret over Hartsyssel og Ommersyssel som en slags underkonge og Hengist var før han rejste til England hans hærfører, og residerede i Ugelstrup i Råsted sogn. Hengist efterfølger Hnæf som konge i dette område før afrejsen til England i året 449.

Dette område blev senere regeret af Hygelac også kendt som Hugleik, og delvis også af Gervendel der efterfulgtes af sønnen Hartvendel som blev far til den berømte prins Amled, som inspirerede William Shakespeare til at skrive skuespillet Hamlet. Hygelac er nævnt i de Frankiske Annaler som en magtfuld jysk konge der døde i året 515. I Yately lokalhistorie, berettes om Hengist og et plateau kaldet Blackbushe der tidligere var kendt som Hnæfs Shelf. Bogen omtaler jyske kong Hnæf og hans hærfører Hengist der efterfulgte ham som konge før han kom til England. Så nævnes Hengistbury Head i nærheden af Bournemouth der er opkaldt efter Hengist.

Det er velkendt at mange historiske begivenheder på flere måder kan betragtes som sammenhængende, og således er det også her. Vi så at Hengist blev henrettet af Ambrosius Aurelius. Denne var en bror til Uther Pendragon, en konge fra hvem Vortigern tilsyneladende havde stjålet Kent. Uther Pendragon er nok mest kendt som far til legendariske Kong Arthur med ridderne om det runde bord. For ganske nyligt har man gjort arkæologiske fund i det område ved Tintagel hvor Arthur skulle have levet, og som synes at bekræfte at beretningen om Kong Arthur er autentisk historie.

Arthurs mor hed Igraine og var gift med en fyrste ved navn Kaddor. Oldengelske tekster siger at hun var datter af Amlawd, der var gift med en datter af Cunedda der i 400-tallet regerede Manaw Gododdin regionen i det sydlige Skotland, men som på Vortigerns opfordring flyttede til Wales. Amlawd var ingen ringere end jyske prins Amled, der da hans far Hartvendel bliver dræbt af sin bror Fenge, flygter til England, hvor han ganske rigtig bliver gift med en skotsk prinsesse. Igraine giftede sig ved Kaddors død med Uther Pendragon, som bliver far til Arthur.

Senere ses Amled som regent i den del af Wales der grænsede mod Herefordshire. Cuneddas datter der var gift med Amled og mor til Igraine hed Gwen, en afart af det danske Gunvor, der foreslår meget tidlige forbindelse mellem Jylland og England. Amled er på denne måde morfar til britiske kong Arthur, og britiske historikere har ligeledes identificeret Amlawd som jyske Amled. Det er her værd at bemærke, at

Amleds farfar Gervendel står optegnet i kongelisten fra Mercia som Watholgeat, hvilket var deres måde at skrive Vendelgeat eller Gervendel på.

Historien beretter at Gervendel var konge i Vendsyssel, og da han ligger for døden, accepterer han at en mand ved navn Rerik der var en bror til kong Bøki af Angel, skulle forvalte kongemagten til Gervendels sønner Hartvendel og Fenge var gamle nok til at overtage. Reric og Bøki var sønner af Hother og Rerik var allerede sat som regent af området ved Gervendels død. Helge blev betragtet som søkonge, medens hans bror Roar sad i sit Lejre i Hartsyssel. Da Helge er død, arver hans enke jord i Vendsyssel og en del jord ved Viggedale, som vi kan gætte på er Veggedal. Hartvendel gifter sig med Reriks datter Geruth, og de bliver forældre til prins Amled. Senere dræber Fenge Hartvendel, og Amled forlader landet og rejser til England. Da Amled forlader Jylland, gifter Fenge sig med Amleds mor Geruth der er datter af Rerik. P.F. Suhm mente at Fenge var bange for Rerik, men stolede på, at han ved at gifte sig med dennes datter kunne føle sig sikker. Ifølge Suhm, flyttede Fenge til en borg i Viborg, hvor han lever i stilhed indtil Amled vender tilbage fra England og dræber ham i den store kongsgård, hvilket også kan læses i "De Danske Kongers Historie" udgivet af Lindenbrogius, for her fortælles det at Amled vender hjem fra England og dræber Fenge i Viborg, og det samme beretter Arild Huitfeldt i midten af 1500-tallet. Herefter vender Amled tilbage til England. Så dør Rørik og ifølge nogle tekster bliver han dræbt af Rolf Krake. Det er så Viglet der tager magten i Jylland, og han er Amleds morbror. I England hører Amled at Viglet har sat hans mor uden for indflydelse og behandler hende dårligt, hvorfor han beslutter sig for at rejse tilbage til Jylland, men denne gang er heldet ikke med ham, og han mister livet i kampen mod Viglet.

De lokale overleveringer der er meget fremtrædende i Vandfuld herred, fortæller at Amled med en mindre hær gik i land ved kysten i Fjaltring og indtog hvad der i dag er Ramme sogn. Her kom det til kamp, men det lykkedes Amled at få overtaget, så Viglets folk måtte trække sig tilbage til Måbjerg hede, til et sted der hed Holmgårds Knopper. Her blev kampen genoptaget, men Viglet havde fået forstærkninger fra Viborg, så kampene strakte sig nu helt op til Gudum, og her tabte Amleds hær hvor de fleste mistede livet.

I egnen omkring Fjaltring og Ramme, var der tidligere mere end 60 gravhøje men nu kun 15 tilbage, og ved Fousing var der op imod 50 høje. Her har der også fra gammel tid eksisteret en forsvarsvold der er mere end 2½ km. i længden i nord og sydlig retning, kendt som Rammediget. Det bemærkelsesværdige er, at voldgraven har vendt mod øst, hvilket lader til at fortælle at man har villet forsvare sig for en fjende der kom fra øst. Denne forsvarsvold synes imidlertid at passe bedre ind i beretningen om Bøki, der i kampen mod Helge må forskanse sig ud mod havet.

Kong Arthurs forbindelse til den ældste danske historie kan virke overraskende. Kong Arthurs danske rødder var dog velkendte i 1700-tallet, for Suhm nævner i sin Danmarkshistorie at Arthur ejede en provins i Jylland, hvilket tyder på arvegods efter hans morfar Amled. Suhm skriver ligeledes at Vermund, søn af Withleg, havde en bror ved navn Guitlach. Geofrey of Monmouth skrev i første halvdel af 1100-tallet i sit værk "The History of the kings of Britain", at den engelske kong Arthur sejlede til Danmark fordi Guitlach nægtede at betale ham afgifter, hvilket ender med at Guitlach bliver dræbt og at Arthur nu bliver i Jylland, og bor i Hald ved Viborg. Her bliver han gode venner med Guitlachs søn Eskille. Dette skulle være hændt i 515, det samme år hvor Hygelach blev dræbt, og andre engelske tekster meddeler netop, at han blev dræbt af Arthur ved den Frisiske kyst. Da Arthur drager hjem til England rejser Eskille med ham. Han ansættes ved Arthurs hof, og deltager sammen med Arthur i et stort slag i 542 hvor de begge omkommer. Hygelach bliver efter sin død bragt hjem og gravlagt i Hygletsbjerg i Hyllested ved Rebild, men havde ligeledes tilknytning til Heorot. De Frankiske annaler beretter ligeledes at Hygelach blev dræbt ved den Frisiske kyst. Geoffrey beretter ligeledes at i året 523, får Rolf Krake besøg af en af kong Arthurs jarler ved navn Reff, Denne bliver godt modtaget og bliver hos Rolf Krake en tid, og får så foræret et område i Thy, der senere bar hans navn, hvilket må være Reffs herred. Måske vi også her får en hentydning til at Amleds borg i Viborg, i virkeligheden kunne være en borg opført i Hald, og dermed er det ældste Hald, meget ældre end hidtil antaget.

Storfilmen "Beowulf" blev en stor sucess, men filmen omhandler historiske begivenheder i Jylland. Desværre er det således, at navnet Gotland altid forbindes med Sverige, hvorfor man tror at Beowulf er svensk konge. Beowulf var ganske rigtig konge i Gotland, men dette navn kendes i de ældste tekster som Geateland og Reidgotland som var gamle navne for Jylland og det var her han var konge. Vi lærer fra Beowulf kvadet, at manden der skrev kvadet, personligt var til stede ved Beowulfs ligfærd i Jylland.

Da Beowulf var død, arrangerer hans væbner Viglaf hans ligfærd. Han havde ifølge gamle tekster regeret fra Mæthælsholm, hvilket må betyde en ø et sted i Middelsom herred i Viborg amt, i områderne hvor vi finder Skjern borgen og Mammen. Dette herred hed oprindelig Mæthælsom hærrit. Beowulfs ønske var imidlertid at blive begravet på sin hjemstavn, hvilket Viglaf sørgede for. En ældgammel lokal tradition vil vide at Beowulf ligger begravet i Ryses høj ved Vammen, og at Wathum som byen hed i gamle dage var hans oprindelige hjem. Digtet fortæller at Beowulf blev stedt til hvile i en stor høj der kunne ses af alle de forbipasserende både, hvilket på daværende tidspunkt har været muligt i Vammen. Der nævnes også et sted kaldet Hronenæs, hvilket betyder Ørnenæs, men det er ikke helt klart om der sigtes til begravelsesstedet, eller blot et sted i nærheden, idet der står at han begraves ved Hronenæs. Faktisk findes der ved Vammen en Ørnhøjvej, og meget tæt på Hersomgård findes et område kaldet Ørndrup, og her udgravede arkæologer i 2010 hustomter fra bronzealderen og beskriver i den forbindelse området. Ved samme lejlighed fandt man ligeledes en lang grøft, ca. 70 cm. dyb. Den var spidsbundet og havde i toppen en bredde på 170 cm. hvilket arkæologerne studsede meget over. Grøften udgjorde en rektankel der indrammede et område på 58 x 92 meter. Dateringen af denne er meget usikker, men grundet fund af teglrester, kunne det tyde på 1200-tallet. På den anden side, kan der også være tale om en bygning af tegl, opført på samme sted hvor en tidligere og ældre bygning har stået. Denne rektankel var beliggende i landskabet på et næs med udsyn over ådalen, og lige syd for fundstedet var ådalen relativ bred. Der er dog også nogle der mener at Beowulfs høj skal søges ved Mariager fjord. Her ligger Kongehøjen, og her skal en konge ved navn Wulf ligge begravet, og denne ligger netop i et område hvor et næs rager ud i fjorden på et sted kaldet Ørnedalen. Dette modsiges dog til en vis grad af Strafford Riggs der i 1933 skrev en historisk afhandling. Han beskriver den jyske topografi, og nævner at i de helt gamle dage, var folket der levede her kendt viden om for deres store frygtløshed, både til havs og til lands. Landet blev kaldt Geatland og kongen hed Hygelac. En af Hygelacs krigshøvdinger hed Wulf, og kongen havde en nevø kaldet Beowulf. Her lærer vi at Wulf og Beowulf ikke var den samme person, så den gamle tradition der knytter Beowulf til Vammen, ser ud til at kunne være holdbar, og så må omtalte Wulf være ham der ligger i Kongehøjen.

Man nævner at der i Hersom i 1974 blev udgravet rester af en jættestue, og denne gang resterne af en rundhøj. Stedet er beliggende på et højdedrag lige nord for

Skalsådalen på et næs med udsyn over ådalen hvor denne er ret bred. Dette er netop hvor vejen fra Hersom fører over den gamle fjordbund til Vammen. Beskrivelsen af et næs, hvori ordet ørn indgår i navnet, og med udsynet til og fra ådalen ligner meget den gamle beskrivelse af Beowulfs høj. Dette er på Hersomsiden af den daværende fjord, men man kan igennem tiden have forvekslet navne på nogle gravhøje, og måske lå Rysehøj i virkeligheden her, for lydmæssigt minder Rysehøj og Gyrrishøj om hinanden. I nogle versioner af historien sættes Beowulf i forbindelse med Gyrrishøj, som også kaldes Gøtrikshøj.

Forskellige historikere har gennem tiden forsøgt at vise, at der på et tidligt tidspunkt i historien, blev skabt en magtfuld elite her i det midtjyske område. Gennem den nordlige del af Midtjylland, strækkende sig fra Thy og Mors og dele af Vendsyssel, og hele vejen ud mod øst til Ommersyssel og Himmersyssel og ud til Kattegat, fandtes det store område der fra forhistoriske tider, fungerede som hjemsted for Sigges efterslægt. Det er her historien om vore første konger skal findes.

Dette midtjyske område fik på et eller andet tidspunkt, i takt med slægtens ekspansion, nære forbindelser i Sverige, og sikkert også gennem ægteskaber, for der må have eksisteret en kongeslægt der havde sidegrene i Sverige. Dette kunne fra gammel tid være efterkommere af Yngve-Frej, Friggs bror Ingvor. Vi ser det fra indskrifter på runestene fundet i Vestergotland, Østergotland og Småland der taler deres tydelige sprog, og peger hen imod en kongeslægt der må have været bosiddende i områderne Ommersyssel og Hartsyssel, idet det tyder på at de personer der bliver omtalt på stenene må have haft et helt specielt forhold til den danske kongeslægt.

På adskillige af disse sten optræder epitetet Harta-Godan eller Gothan, og en optælling viser at epitetet er anvendt på hele 23 sten i Vestergotland, og på 10 sten i Jylland, fortrinsvis i området mellem Randers og Mariager fjord. Der findes 5 sten i Skåne, men kun en enkelt på de danske øer. De sten hvor epitetet optræder, peger på en konge med afstamning fra Hartsyssel og Harterstammen i Nordjylland, siger historikeren Karsten Krambs. Denne konges slægt og broderskab "Felag" kaldte sig Hartegon, og det var netop den benævnelse den danske konge Svend Estridsen i

1070 anvendte da han berettede om sin slægt til Adam af Bremen, men denne misforstod og skrev at Gorm den Gamles far hed Hartegon.

I årene 982-83 generobrede Svend Tveskæg Hedeby i Slesvig, og på Hedebystenen møder vi epitetet Hartha-Godr, hvor der samtidigt nævnes Felaga sinn. Karsten Krambs siger endvidere at runesten med billeder af "Det store dyr" relaterer til Gorm den gamles slægt der anvendte det som symbol. Teksten på Olsbrostenen i Ulværuth og stenen ved godset Wigby i Sverige nævner også Hartha Godr og Felaga sinn, og det samme gør sig gældende med 2 sten fra Mariager Fjord området, og på Olsbrostenen er billedsiden udført i den såkaldte Mammen stil.

Da man for ikke så længe siden var i gang med en udstykning i Hørby ved Hobro, gjorde man betydelige arkæologiske fund. Man fandt 4 jordfæstegrave fra vikingetiden indeholdende gravgaver. Den ene var en meget rig kvindegrav, der vidnede om en gravlæggelse af en meget fornem kvinde, tilhørende vikingesamfundets absolutte elite. Med dette fund er der fundet fire vognfadinger i Hobros nærmeste omegn. På Fyrkat gravpladsen er der to grave og i Sdr. Onsild er der også en sådan grav. Vi har en grav i det midtjyske område, en skibssætning i Vejerslev dateret til år 600. Direktør for Moesgård Museum Mads Kähler, betragtede fundet som tegn på en stor magtelite i området, og det mest markante gravmonument fra den periode.

I Næsby syd for Løgstør, fandt man en såkaldt ryttergrav. Undersøgelsen fra 2009 viser billedet af en meget rig og fornem slægt der sikkert har haft magten i dette område. Denne slægt kan meget vel være efterkommere af de oprindelige og unavngivne ejere af områderne ved Vitskøl. Netop dette område spiller en stor rolle med hensyn til ryttermiljøet. På den nordlige side af Bjørnsholm å tæt på klosteret, ligger en stor gård der kan dateres tilbage til vikingetiden, og vi ved at der i Vitskøls bagland inde ved den sydlige del af Vilsted sø, er fundet 2 særdeles fornemme sværd. Det er her interessant, at det var Valdemar den store der i 1158 forærede Vitskøl til munkeordenen Cistercienserne, og det står skrevet at gaven var taget af hans fædrene arv. Der var med andre ord ikke tale om krongods, men om jordegods der havde tilhørt hans slægt som patrimonium. Kong Valdemars bedstemor var dronning Bodil, gift med Erik Ejegod, og hendes bedstefar var Galicie Ulv, som kong

Svend Estridsen havde gjort til jarl i Midtjylland, og som var stamfar til landets mest magtfulde slægt kaldet Thrugotsen, som havde hovedsæde i Glenstrup. Det er da også af fagfolk blevet nævnt at man måske her i Næsby har fundet et sværd der har tilhørt Galicie Ulv, og han kan så udmærket have haft en oprindelig bopæl ved Næsby.

Ved Toftum Næs, 15 km. vest for Viborg, har man gjort et usædvanligt fund. Man fandt spor efter nogle ekstremt store haller, som uden sammenligning var de største bygninger der er udgravet i hele Jylland. Desuden har her stået et ti meter højt tårn som en del af indgangen til en kæmpestor aristokratisk boplads fra omkring 700-tallet. Den var helt unik i sin konstruktion, og hidtil ukendt i dansk arkæologi. Ved Stoholm, også i Viborg området udgravede man ligeledes en hidtil ukendt vikingeborg der må have huset en stor vikingehøvding eller lokal konge. En af de største møntskatte man nogensinde har fundet i Danmark, blev opgravet på en mark ved Sdr. Rind, bestående af 6673 mønter, og ligeledes ved Byrsted og Blenstrup i Himmerland er der fundet rige grave, og ved Bendstrup blev der på en mark opgravet værdifulde importerede ting.

Et af de mest kendte fund, må være Mammen graven der viste sig at være umådelig rig. Man konstaterede at en stormand blev begravet her i vinteren 970-71. Med sig fik han sin meget kostbare dragt og en sølvdekoreret økse. Han lå på en pude fyldt med dun, og ved hans fødder lå der 2 økser. På kistelåget stod en bronzespand, og mandens dragt var prydet med purpur og rød silke og broderier i rødt og blåt. Arkæologerne har debatteret dette fund ekstra meget, og konkluderet at han må have tilhørt inderkredsen omkring Harald Blåtand, og kunne også have kendt Gorm den Gamle.

Hvis vi ser os omkring på egnen, så var der slotte og borge ved Korrup, og Gaardsens vold i Solbjerg sogn, Frisdal slot i Valsgård sogn, Hvarre slot i Vebbestrup sogn og borgen i Katbjerg, nu glemte steder, men alt sammen i Mariager Fjord området. P. Storgård Pedersen har skrevet, at kongeslægten utvivlsomt har haft meget jordegods i Hartsyssel og Ommersyssel som er gået i arv, således at de kongesønner der ikke kom på tronen fik del i arven. Den svenske forsker Anders Blomstrøm mener at der fra Rollos tid sidst i 800-tallet, fandtes et større magtcentrum der strakte sig fra Limfjorden og helt over til den vestre del af Vestergotland. Magtens egentlige centrum skulle findes inden for Mariager fjord- området. Dette centrum forskød sig først senere imod Randers og Viborg, hvilket umiddelbart peger mod Hvornum og Klejtrup i de ældste tider, og senere Glenstrup.

I tidligere tider, blev sejlløbet fra Nordsøen til Limfjorden betragtet som utrolig vigtigt. Det var så vigtigt at Ferring, Hygum og Engbjerg samt hele Harboøre landet altid havde sikret kongemagten den fulde kontrol, og således har det uden tvivl været helt tilbage til de dage i 800-tallet, hvor Regnar Lodbrog og sønnerne herfra drog på det ene vikingetogt efter det andet, og satte sig som konger i Irland og dele af England. Dette sted i Limfjorden virkede som en naturlig havn, hvorfor højst sandsynligt Sjørring og Ferring borgene har været en bestanddel af dette sø-imperium. Man havde flere havne i området, som i Humlum og Skibsted og ligeledes Vestervig. Dengang gik to fjordarme fra Limfjorden ind i landet, den ene næsten lodret ned til Rold skov hvor arkæologerne har fundet rester af et skibsværft. Her byggedes skibene hvorefter de blev sejlet til Skibsted, hvilket navnet afslører.

Skibsværftet i Rold Skov blev opdaget i 2012, da en gruppe fritidsarkæologer tilknyttet Nordjyllands Historiske Museum, kom på sporet gennem en såkaldt "skatteliste" kaldet en "engbog" fra 1683. Heri bemærkede man et stedord "Snekens Dall". En snekke var et større skib, ofte anvendt i krigsførelse. Der er ikke tidligere blevet udgravet værftlokaliteter så langt inde i landet, med ca. 30 kilometers sejlads til Limfjorden. Museumsinspektør Nørbach kalder fundet en sensation, og en helt ny brik i forståelsen af Himmerland. Snekke-navnet daterer sig helt tilbage til 700 årene, og dendrologiske dateringer af fundne genstande placerer de ældste netop i 700 årene, mens andre stammer fra 1200 årene, hvilket fortæller os om stedets betydning gennem mere end 500 år.

Det siges at politisk ledelse afspejles gennem vidnesbyrd om et samfunds elitære grupper. Det er klogt blevet sagt, at kontinuitet viser et formodet mål hos eliten, om at opretholde et samfundssystem der kan videregives som arv til senere generationer, og når så dette er sket, vil det komme til udtryk ved centrale pladser og områder med lang kontinuitet. Særlige gårde eller bygninger udskilt ved størrelse, type, samt store tofter kan ligeledes tolkes som spor efter elitære grupper i samfundet, høvdinge, småkonger og konger. Stormandsgårde lå som regel på samme plads igennem århundreder, hvor de er genopført flere gange. På samme måde afspejler vore runestene ligeledes de elitære grupper, hvorfor vi alene ud fra disse ting kan se at det midtjyske område har udgjort et magtens centrum. Ud fra de mange forskelligartede fund der er gjort netop i dette område, er Nationalmuseet nået til samme konklusion, og nævner her Mariager fjord- området. Her er gjort de fleste fund og her står de fleste runestene.

Set ud fra ovenstående, burde der findes erindringer om et magtfuldt kongesæde her, hvilket ikke synes at være tilfældet i dag. Man havde tidligere en tradition der beretter om en stor konge der levede her, men ingen husker det mere, idet vore lærde for længe siden afviste dette som et utroværdigt sagn. Det drejer sig endog om en af de helt store og særdeles magtfulde konger. Han var så magtfuld, at selv Kejser Karl den Store vægrede sig ved at gå imod ham, hvorimod det modsatte ikke var tilfældet. Han sendte ved flere lejligheder sin flåde til den Frisiske og Franske kyst for at vise kejseren at han ikke var bange. Han kendtes som kong Godfred. Han var konge fra ca. år 800 til 810 hvor han blev myrdet af en af sine egne, netop som han var i gang med et angreb på Frankerriget. Han omtales i de Frankiske Årbøger i perioden 800 til 810.

Han var kendt viden om, og vor egen Saxo skrev om ham og kaldte ham Gøtrik. Det har været diskuteret hvorfra Gøtrik regerede landet, idet den slags sjældent fandtes nedskrevet. Man ved om ham at han satte et større reparationsarbejde i gang af Dannevirke, som var af ældre dato selv på hans tid, og slet ikke opført af Thyra Danabod som man har lært i skolen. Man har derfor ment at han må have boet i Sønder Jylland, måske i Hedeby, som han havde grundlagt som handelsstation. Vi har en beretning om ham, hvor han siges at være redet hele vejen til Dannevirke for at besigtige arbejdet med reparationerne, hvorefter han rejste hjem igen. Man ville formodentlig ikke have udtrykt sig således hvis han boede lige i nærheden, og dette er netop blevet påpeget af nogle af vore ældste historikere.

I Vammen kendte man i gamle dage Gøtrikshøj. En ældgammel tradition beretter at Kong Gøtrik sad på sin borg i Wathum, hvilket er det gamle navn for Vammen. I en præsteindberetning fra 1771 beretter præsten i Foulum, P.L. Kraft, at der i præstegårdens eng i Foulum Kær fandtes en næsten firkantet høj, og at han havde kendskab til gamle beretninger om en borg der skulle have stået her. Højen kaldtes

Gyrrishøj og her skulle kong Gøtrik have boet, og på denne borg skulle den berømte Holger Danske også være født. Holger Danske er ret faktisk søn af Gøtrik, så sagnet er i hvert fald så langt historisk korrekt.

En af Danmarks tidligste, og mest grundigste historikere hed Christian Pedersen. Han blev født i 1480 og gjorde sig bemærket ved sin store begavelse. Han blev teolog og historiker, og grundet sin sprogmæssige begavelse blev han oversætter, og var den første der oversatte Saxos værker fra Latin til dansk. Han tog en magistergrad i Paris i årene 1508-15. Efter at have oversat Saxo, blev Christian Pedersen af kongen opfordret til at søge efter mere dansk historie i Paris. Han stødte på flere interessante tekster, herunder de Frankiske Annaler. Han opdagede at kongen, Christian 2. var en direkte efterkommer af Kong Gøtrik der havde sønnen Holger Danske. Kong Gøtrik og Holger Danske nævnes i flere franske tekster. Holger var en meget kendt skikkelse i Frankrig og var kendt som Ogier le Danois. Som ung var han blevet givet Kejser Karl den Store som gidsel og garanti, i forhandlinger mellem kejseren og Gøtrik for at undgå en storkrig. Senere besluttede Gøtrik sig alligevel for at angribe Frankerriget, og det var nærmest et mirakel, at Holger ikke mistede livet på grund af dette. Nogle indflydelsesrige kvinder gik i forbøn for ham, og han endte med at blive en god ven af kejseren og kom i dennes tjeneste og blev en af hans berømteste krigere. Holger var bl.a. med en hær sendt til Spanien for at bekæmpe muslimske styrker der var i landet, hvilket gjorde ham umådelig populær også i Spanien.

Den danske journalist Erik Haaest var for omkring 50 år siden på ferie i Spanien, hvor han fra den lokale befolkning blev fortalt flere anekdoter om Holger Danske, hvilket han skrev en længere artikel om. Herhjemme findes en talemåde der siger at når fjenden kommer, vågner Holger Danske op fra sin søvn og redder landet, og for nogle århundreder siden havde man et helt lokalt sagn på Viborg egnen, der nævnte at der inde ved Viborgsøerne groede en tjørnebusk, og at når landet stander i våde, da kommer Holger og tøjrer sin hest ved en tjørn ved Viborg sø og redder landet.

Thorkild Gravlund skrev i 1930 i "Herredsbogen" at Holger Danske blev født mellem Tangen og Halvrimmen i Vammen sogn på Gyrrehøj lige ved Tinghøj. Gravlund fortsætter med at fortælle at ved Gyrrehøj skal have været et voldsted i kæret, og ovre på Sønderlyng siden i Foulum findes et lignende voldsted kaldet Sortholm, og begge steder har hørt Holger Danske til. Folkemindesamleren Evald Tang Kristensen skrev i slutningen af 1800-tallet at Holger Danske havde boet på Sortholm, men at nogle mente at han havde boet på Gjørrehøj lige neden for gården Sønderup, og at han skulle sidde i Almind Hule.

Professor Peter Lawætz har arbejdet med stoffet omkring Gøtrik og Holger Danske, og han mener ikke at navnet Holger var i brug på dette tidspunkt. Han kunne måske have heddet Helge, og det ser ud til at han var Gøtriks ældste søn, og efterfulgte ham på tronen, men døde efter nogle få måneder, hvorfor han ikke er nævnt i kongelisterne.

Et årsskrift fra 1984, beretter at der i Foulum enge ved Tjele å, var blevet registreret spor efter et gammelt voldsted, men dette må være en omtale af et fund gjort ca. 50 år tidligere da stedet blev fredet. Sagnet om Gøtriksborg var ikke glemt på det tidspunkt, men de fleste manede til forsigtighed, idet det nok ikke havde noget på sig, for således sagde de lærde. Da Hedeselskabet så igangsatte en regulering af Ingstrup bæk og Tjele å, med det formål at sænke vandstanden med 90 cm. gjorde man store øjne. Selve afvandingen medførte at området kunne bearbejdes med redskaber, og under pløjelaget blev der konstateret siv og flæg, som viste at her engang havde været åbent vand. Op af det moseagtige terræn hentede man en række egestammer, der viste sig at have været en del af en landgangsbro til netop det voldsted man kaldte Gøtrikshøj. Voldstedet bestod af en næsten cirkelrund midtbanke, 44 meter i nord sydlig retning og 42 meter i øst vestlig retning. Den var omgivet af en ca. 10 meter bred grav, og uden for denne var der spor af en ringvold i 7 meters bredde. En række 3 meter lange egestolper havde været en del af et broanlæg over åen til land på Sønderupsiden, og der sidder endnu bropæle i kanten af åen. En meget længere bro markeredes i sin tid efter en anden regulering af åen, og denne gik i øst sydvestlig retning til landsiden mod Foulum. Her findes der på land en mindre holm der udmærket kunne have været stedet hvor en borgport engang havde været. Det store antal palissader der dels er opgravet og dels synes at have ligget i voldgraven, er 30 cm. brede og ca. 10 cm. tykke, hvilket viser at her engang har ligget en meget betydelig borg.

Vi ser her at borgen har været strategisk placeret, idet strækningen fra Tinghøjvej til Hobrovej er en del af en østlig afgrening af den gamle hærvej der gik op gennem Jylland. Tidligere blev den kaldt Vandskillevejen, fordi den ligger i vandskellet mellem

Skals å-dalen og Tjele å- dalen, og Skals å er jo de sørgelige rester af en gammel fjord, som løb igennem Vammen på det tidspunkt Gøtrik må forventes at have boet her.

Navnet Vammen er en modernisering af det oprindelige navn Wathum, hvis betydning sigter til et meget fugtigt eller vandigt område, og um-endelsen fortæller at navnet er omkring 2000 år gammel. Det siges at der engang var hav langt op i Pederstrup dalen, helt op til Løvel bro. I Pederstrup lokalhistorie kan man læse:" I Bjerregrav var der en stor sandbanke helt nede ved engen der hed Bjerget. Omkring dette har der altid verseret en historie om et skib der strandede på bjerget. Byen Bjerregrav har navn derefter, fordi skibet strandede og nogle fandt sin grav".

I dag kan vi se hvordan åen der tidligere var en fjord, slyngede sig over hele dalen fra Vammen bro ved Hersomgård over til Pederstrup og tilbage igen til Hvolris og Bjerregrav og så til Pederstrup. Vest for åen fortsatte så det samme mønster helt ud til fjorden. Efter reguleringen var der kun søer tilbage, Rødsø, Øris sø, Klejtrup sø, Ingstrup sø og Tjele Langsø. Reguleringen blev foretaget i 1901-4 udelukkende for landvindingens skyld, og søerne har alle afløb til nuværende Skals å. Vi kan altså konstatere tilstedeværelsen af en fortidig fjord, der har strakt sig gennem de største jyske tunneldale der flere steder har en bredde på op til en kilometer. Flere af disse var meget lange og kan følges op til omkring 60 kilometer i landskabet, eksempelvis den store dal hvor den østlige havdækkende ende udgør Mariager fjord. Herfra fortsætter den videre mod sydvest i det dalstrøg der rammer Klejtrup sø, Rødsø, Loldrup sø, Viborg søerne og slutter med Hald sø sydvest for Viborg. Herfra har fjorden fortsat til Hjarbæk, netop hvor Skals å falder ud i Limfjorden.

Moderne topografiske kort viser en rekonstruktion af det gamle landskab, hvor vi lidt syd for Mariager fjord ser en anden fjordarm, der løber vestpå ind i landet og indeholder Glenstrup sø og Tjele Langsø, men var i forbindelse med førnævnte vandløb. Limfjorden har ligeledes snoet sig langt ind i landet, og tilsyneladende været i berøring med Vinkel by, hvor der stadig kan opgraves muslingeskaller og hvor man for år tilbage har opgravet et skib. Denne fjordarm havde forbindelse til Mariager fjord, hvilket gjorde Himmerland til en ø omgivet af Kattegat mod øst, der tidligere nåede helt ind til Hadsund.

Limfjorden mod nord og vest og Mariager fjord mod syd, med dens forlængede forgreninger skabte et helt anderledes landskab end vi kender det i dag. Området var faktisk kun landfast med Jylland ved en smal strimmel land der yderligere blev gennemstrømmet af Skals å og Klejtrup bæk.

Ser vi tilbage i tiden, til 800- årene hvor Godfred regerede til 810, hvorefter hans sønner blev udfordret af en anden gren af den kongelige familie, ser vi at de alle stredes om magten. Derfor kunne der ikke blive plads til den tredje gren af familien hvor vi finder Regnar Lodbrog og hans mange sønner. Disse valgte derfor at blive såkaldte sø-konger. På trods af at de sikkert havde arvejord til rådighed, så valgte de havet som deres kongedømme. Regnar Lodbrog har med meget stor sandsynlighed opholdt sig ved Limfjorden, Thy og Mors, og det kunne sagtens være ham der residerede på Sjørringborgen, for som sømand var dette det helt ideelle sted at opholde sig. Her var flere havne og ikke langt derfra var det store skibsværft i Rold skov, og Regnar havde brug for mange skibe. Fra de beretninger vi har om ham fra de Frankiske Annaler og Engelske krøniker, ved vi at han engang sejlede op ad Seinen imod Paris med henved 200 skibe, og vi har lignende historier andre steder fra. De Frankiske annaler kan eksempelvis berette at Lodbrog i året 847 sejler op ad Seinen med 120 vikingeskibe og 6000 mand og belejrer Paris. De erobrer og plyndrer byen, og trak sig først tilbage efter at de var blevet betalt en løsesum på 7000 Livre, som svarer til 2570 kilo i guld og sølv af kong Karl den Skaldede. Han nævnes gang på gang i historiske værker, og især i de frankiske årbøger. Her nævnes datoer for hans angreb, stednavne, hvor mange skibe og hvor mange folk han medførte og hvor stort et udbytte han hentede de nævnte steder. Det forekommer derfor bemærkelsesværdigt, at flere historikere i tidens løb har sat spørgsmålstegn ved hans eksistens.

En af Regnar Lodbrogs yngre sønner, kom til at spille en større rolle i den danske kongerækkes tidligste sammensætning. Regner Lodbrog var engang på vej ind mod den engelske kyst i et slemt uvejr, hvor han til sidst lider skibbrud. Dette var en af de få gange hvor han sejlede uden sin store eskorte. Dette blev bemærket af kong Ella og hans folk. De så hvad der skete og benyttede sig af denne mulighed, for de kendte til Regnars styrke og grusomhed. Det lykkedes dem at tage Regnar til fange, hvorefter kong Ella lod ham kaste i ormegården, en dyb grav på kongsgårdens gårdsplads hvori det vrimlede med giftige slanger. Regnar Lodbrog overlevede ikke dette, men der gik nogen tid før det rygtedes i England og kom hans sønner for øre. De mødtes i Dublin hvor de besluttede at hævne deres far. De angreb kong Ella, indtog hans store kongsgård, fik fat i ham og fjernede hans tøj på overkroppen. Med en økse skar de hans ribben løse så de kunne dreje dem ud fra kroppen ligesom vingerne på en fugl, og de gjorde det vel og mærke mens han var i live. Kong Ella overlevede ikke, men Lodbrogsønnerne forblev på kongsgården i nogen tid. Medens de opholdt sig her, havde Sigurd, den yngste af sønnerne, set sig lun på kong Ellas unge datter kaldet Blæja Helluna. Han tvang hende flere nætter i træk til at sove hos sig, hvilket endte med at hun blev gravid. Sigurd havde tilnavnet Ormiøje, vist nok fordi han havde et ormelignende medfødt mærke i det ene øje. Dette skete i året 869, og i 871 ser det ud til at der bliver et område ledigt hjemme i Nordjylland.

Sigurd Ormiøje sejler da hjem medbringende Blæja Helluna og deres lille drengebarn. Han besluttede nu at slå sig ned i Hartsyssel, hvor han sikkert har haft arvejord, og velankommet kalder han sin lille søn Harteknud. Han flyttede ind på Bækmarkgård i Flynder sogn ved Lemvig, men Sigurd boede her ikke længe. I 873 opstår der uroligheder i området. Landet var ikke et samlet kongerige, så der kæmpes om magten. I 873 fik området en ny konge. Han hed Sigfred, og var søn af Harald Klak. Sigurd stikker til søs igen, men sørger godt for Blæja og sin lille søn. Han finder en fosterfar til lille Harteknud, en mand ved navn Guthrum, søn af norske Sigurd Hjort og en datter af Harald Klak. Det er ved samme lejlighed at vikingen Rollo forlader Jylland sammen med sin far Ketil, der var sønnesøn af Gøtrik.

Her på Bækmarksgård, vokser lille Harteknud op de første år af sit liv, indtil han er omkring 7 år gammel. Blæja ser ud til at have været en godhjertet religiøs kvinde, for hun iværksætter et primitivt kirkebyggeri i Måbjerg ved Holstebro, der hvor Måbjerg kirke nu står. Her forbliver hun hele sit liv, og da hun føler at livet rinder ud, udvælger hun sig en sten som nu står ved Vedersø, kaldet Blæja stenen. Den blev i gammel tid flittigt besøgt af pilgrimme, for i traditionen blev Blæja husket både som en fornem og godhjertet kvinde. Ligeledes ved Bækmarkgården blev hun mindet, og her blev der rejst et stenkors til erindring om hende.

I 877 ser Guthrum sig af uvisse årsager nødsaget til at rejse til England. Han bliver muligvis kaldt derover for at bestyre Sigurd Ormiøjes ejendomme medens denne er på langfart, men Guthrum medbringer fostersønnen Harteknud. I England bliver Guthrum et stort navn og ender som konge, først i Østangel og senere i Northumberland med hovedsæde i byen York. Her vokser Harteknud op, og bliver også på et tidspunkt konge i York.

Omkring 893 bliver Harteknud far til en lille dreng som han opkalder i sin fosterfar Guthrum, der forkortes til Gorm. Guthrum beholdt store ejendomme i Hartsyssel og delvis også sin titel som jarl eller underkonge over området. Da han dør i 891 arver hans fætter Harald dette, idet han selv var barnløs.

Det var ham der blev kaldt Klakharald, søn af Sigfred der var søn af Harald Klak. Sigfred blev konge i 873, og han var Guthrums onkel. Klakharald havde tidligere siddet som jarl i det sønderjyske område, men havde sidst været jarl i Ommersyssel og måske også Himmersyssel. Denne Harald havde en datter ved navn Thyra, og hende stifter vi bekendtskab med senere, da hun bliver gift med Harteknuds søn Gorm.

Harteknud bliver en kendt og indflydelsesrig skikkelse i England, men det gør hans søn Gorm også. Der findes adskillige dokumenter der bærer Gorms underskrift fra årene 927 til 934. Gorm havde overtaget store godser og landområder i England, men havde også fra sin far og farfar arveretten til Thy, Mors, Hartsyssel og Ommersyssel.

Gorms tilstedeværelse i England fremgår af dokumenter udstedt af kong Aethelstan, hvis regeringstid var 925 til 939. Northumbria blev styret af danske konger fra 867 til 954, og vi ved at de danske konger og embedsmænd i Danalagen lovede Aethelstan ikke at gribe til våben, så længe de kunne bibeholde deres store godser og indtægterne derfra. I perioden 928 til 934, er den mest fremtrædende jarl blandt underskriverne netop Gorm sammen med flere andre danskere. I 934 forsvinder de danske jarler som underskrivere, og dette skyldtes efter Peter Lawætz mening, at Gorm i hast måtte forlade England fordi hans hustru Thyra var blevet taget til fange af tyskerne, og holdt som gidsel. Dette viser at Gorm skiftevis må have opholdt sig både i Jylland og England fordi han havde store økonomiske interesser begge steder, men også at Thyra måske har styret landet i hans fravær, sandsynligvis med bistand fra sin far Klakharald.

I 934 hedder det i annalerne om den tyske konge Henrik Fuglefænger, at han overvandt Danerne og gjorde dem skatskyldige, og det drejede sig netop om det tidligere jarledømme Ommersyssel, men da dette ikke blev accepteret fra jysk side blev Thyra pågrebet og holdt som gidsel. I 936 ankommer den tyske ærkebiskop Unni til Jylland, og her mødes han med Gorm og dennes svigerfar Klakharald. Unnis ærinde var at få tilladelse til at missionere i Danmark mod at Thyra blev frigivet. Gorm ville ikke lade sig diktere, så han sagde nej. Nu trådte Klakharald i karakter, og han tvang Gorm til at acceptere, for på den måde at redde sin datter Thyras liv. Det resulterede i at man senere, på kirkemødet i Ingelheim udnævnte tre missions biskopper for Slesvig, Ribe og Århus. Thyra blev dog ikke straks frigivet af den grund, men forblev i Tyskland som gidsel.

Denne nye ordning med at skulle betale skat til tyskerne, var midtjyderne ikke tilfredse med. De betalte kun det første år, hvorefter de nægtede at betale yderligere. Dette resulterer i at Henrik Fuglefænger ser sig nødsaget til at statuere et eksempel, så han beordrer Thyra henrettet. Imidlertid dør Henrik Fuglefænger i 937, og allerede året efter tager Gorm magten i hele Jylland. Det tyder dog på at han med sin fars hjælp har været på banen allerede fra 920, og omkring 925 etableret sig som konge i det nordjyske område.

Det menes at Gorm vender hjem til Jylland og tager permanent bopæl her omkring 934, hvor han allerede er gift med Thyra. Ifølge de ældste traditioner, bosætter Gorm sig på Mors som var en del af hans arv. Han flytter ind på et større gods der kendtes som Gammellund. Det lå på sydspidsen af Mors tæt på Hestør odde. Her var der to store forhøjninger, og oprindelig havde man bygget en stor gård på den sydlige forhøjning og en betydelig borg på den nordlige. På et senere tidspunkt kom her til at ligge en stor herregård omgivet af brede voldgrave, og dette sted blev kendt som Lundegård eller Lundsgård. Det havde været kendt som kongens faste borg, kaldet Gammellund, og lå ved den vigtige adelvej der fra Thyholm gennem Mors førte til Jegindø. Et godt stykke derfra i nordlig retning lå Blåbergdalen i Legind bjerge, og her lå også en betydelig gård kaldet Blåborg.

Gorm synes dog i nogle år at have levet i ensomhed på Mors, idet Thyra formodentlig bliver dræbt i 936 eller tidligt i 937 mens Henrik Fuglefænger stadig levede. Gorm har da været alene med to små sønner, og "Gesta Wulinensis" oplyser at Knud Danaast bliver født i 931 og Harald fire år senere. Samme gamle bog, kan ligeledes berette at Gorm flere år senere, har en frille der føder ham en søn kaldet Toke, som formodentlig bliver født i 950, og han har en datter der ikke vides noget om, udover at hun var gift med en Olaf Sigtrygson, på den anden side af Nordsøen kendt som Amlaib Cuaran, og det var netop ham som Harald og Knud havde besøgt da Knud mister livet ved Limfjorden på hjemturen. Harald Blåtand gør Toke til konge i Skåne, og da Harald dør i 986, vælges Toke til konge i Danmark. Dette gør Svend Tveskæg aldeles rasende, så han tager kontakt til sine svenske forbindelser. Den korte version af en ellers lang redegørelse er, at det ender med store uroligheder i Sverige, hvor Toke Gormsen bliver forrådt af Sibir Jarl, og kort efter mister livet i slaget ved Fyrisvall mod Erik Sejrsæl i 986 eller 987. Han var konge i mindre end et år, og nævnes ikke, for Tveskæg erklærer nu sig selv for konge.

Tokes tilhørsforhold til Midtjylland fornægter sig ikke, idet han blev begravet i Års. Lidt syd for kirkegården findes en mindre høj, hvorpå der står en sten med teksten: "Asser satte denne sten efter Valtoke, sin drot. Stenen forkynder at den længe vil stå her og skal nævne Valtokes varde". Han kaldes Valtoke fordi han døde i Fyrisvall, eller døde på Valen som en slagmark kaldtes. Der står andre sten i Sverige der ligeledes nævner ham, og en af disse nævner ham som Gorms Toke. Han vides også at have været jarl i Pommeren, det gamle Venden. Dette finder bekræftelse ved at hans søn Odinkar år 1000, bliver indviet biskop i Ribe stift der dækkede hele Jylland på dette tidspunkt. Hans velstand var enorm, og han gav bispestolen en fast økonomisk grundvold, og pengene kom fra den tredjedel han ejede af Vendland, hvilket fejlagtigt er blevet tolket som Vendsyssel. Othinkars store gavmildhed sås ved at han foruden Ribe, også skænkede store gaver til kirken i Viborg. Da han døde i 1043, blev han stedt til hvile i kirken i Ribe, men da man i 1100 årene byggede domkirken blev hans jordiske rester overflyttet hertil. I muren i nordre tværskib har man fundet knoglerester samt en blyplade med hans navn.

Blåborg kædes sammen med Gorms søn Harald Blåtand, og så kan man jo gætte på om det var fra gårdens navn han fik sit tilnavn, eller om det var fordi han stædigt holdt fast i Asa troen indtil han af Kejser Otto blev tvangsdøbt her på sin gård. Han blev kaldt Blotan, hvilket hentyder til en hedensk offerpræst. Han blev først døbt i 974, så hans praleri på Jellingstenen om at han gjorde danerne kristne, kan vi roligt tage med en gran salt, for han var blevet ydmyget af kejser Otto, og måtte se at redde æren.

Noget der taler for at disse to konger har haft hovedsæde her, er at byen Ørbæk øst for Løgstør Bredning altid har været forbundet med kongelige interesser, idet byens navn indgår i prægede mønter slået her i byen, og hvor navnet Harteknud også er præget i nogle af mønterne.

Historiker og amatørarkæolog Finn Rasmussen redegør i en artikel om et betydeligt arkæologisk fund i Hartsyssel. Her lå engang en stormandsgård ved Tim å, tæt på hærvejen og et vadested over Tim å. Her lå Omgård som blev udgravet af arkæologen Leif Christian Nielsen. Han fik kun udgravet ca. 20% af området, men fandt 150 huse hvoraf de fleste var langhuse fra forskellige perioder, men de ældste stammede fra 600 årene. Det kunne ses at der engang i 800 årene blev anlagt en meget anselig stormandsgård her, måske en kongsgård, hvilket der var meget der tydede på. Der blev fundet tegn på både handel og håndværk, og der blev udgravet hele 12 grubehuse fra 800 årene, men det interessante var at det havde eksisteret siden 600 årene.

Finn Rasmussen forsøger at identificere den stormand eller konge som kan have boet her. Han tyder ordet Om til at have oprindelse i ordet Orm, og foreslår at jarl Guthrum også kaldet Guthorm eventuelt har boet her, og nævner så den mulighed at da Guthorm er død, kan stedet være blevet overtaget af hans arvtager og fætter Klakharald. Udgravningerne viste i hvert fald at der i slutningen af 800 årene skete en større udvidelse af Omgård. Der blev bygget 15 langhuse, værksteder og stalde. Grubehusene forsvandt, så stedet er tydeligvis blevet moderniseret, og nu blev den store bebyggelse delt i tre tilstødende afdelinger der var adskilt af palissader. Måske var det Sigurd Ormiøje der stod for denne modernisering.

Der er adskilligt der taler for at både Gorm den Gamle og sønnen Harald Blåtand regerede fra Nordjylland. I Olav Trygvesons saga nævnes der hele tre tilfælde hvor Klakharald skal til julegilde hos Gorm og Thyra, og hver gang nævnes det at han begiver sig på vej nordpå i retning af Limfjorden, hvilket passer udmærket med at han var jarl i Ommersyssel og havde bopæl der, men knap så godt hvis Gorm og

Thyra havde boet i Jelling. I øvrigt var Klakharald gift med Elgiva, en datter af den engelske kong Aethelred der levede fra 831 til 871. Dette forhold havde Saxo misforstået, idet han gør Thyra til en datter af Aethelred.

Jomsvikingesagaen beretter om en episode, hvor Harald Blåtand og hans ældre bror Knud Danaast sammen var på vej til deres forældre. De havde været i Irland for at bistå deres svoger Amlaib Cuaran, og her dræber Harald sin bror ved Limfjorden. Vi kan ligeledes læse i det for nyligt genfundne manuskript "Gesta Wulinensis" at Gorm havde taget sin ældste søn Knud Danaast som med-regent og at de regerede landet i fællesskab fra det nordlige Jylland. Heri får vi også forklaringen på hvorfor Harald blev bekriget af sønnen Svend Tveskæg. Haralds bror Knud Danaast var gift, og ventede barn med sin hustru Tove da Harald dræbte ham. Harald gifter sig herefter med hans enke og bliver således stedfar til hendes søn Svend, hvor det er hans bror der var den biologiske far. Niels Hybel der har en doktorgrad i historie, påpeger at Adam af Bremen der levede i 1000 tallet, var den første der skrev at Svend Tveskæg var søn af Harald Blåtand. Der er ingen samtidige kilder der nævner dette slægtskab, så reelt har vi kun en enkelt persons ord for at det forholder sig således. Ikke i en eneste af disse tekster er navnet Jelling nævnt. Finn Rasmussen fortæller at Orme eller Omme å løber igennem Sdr. Omme og danner grænsen mellem Jarlæz herred og Jarlyng herred mod nord, og oversætter Jarlæz til Jarlens og Jarlyng til jarlens hede, det sidste danske jarledømme der senere blev kaldt Jelling.

I Jelling findes de to høje, Nordhøjen som kaldes Thyras Høj, og Sydhøjen kaldet Gorms Høj, men ingen af disse kan påvises at have indeholdt de jordiske rester af Gorm og Thyra. Nationalmuseet har tidsfæstet Nordhøjens færdiggørelse til 965, medens Sydhøjen på dette tidspunkt stadig er under opførelse. Først mente man at Thyra var begravet i Sydhøjen, og Gorm i Nordhøjen, og på et senere tidspunkt flyttet til en nybygget trækirke der lå hvor nu stenkirken findes. Her har man fundet skeletrester under gulvet, men disse menes at have tilhørt en mand der var ca. 35-40 år gammel og kan således ikke være Gorms jordiske rester. Thyra døde adskillige år før Gorm, så hvorfor er hendes høj ikke færdig før 965? Der er noget her der slet ikke stemmer. Den 35-årige i Nordhøjen kunne vel være Gorms ældste søn Knud Danaast, der kortvarig har hvilet her før han overflyttes til kirken. Med andre ord, så er Gorm og Thyra slet ikke begravet i disse høje. De er opført længe efter Gorm og Thyras død. Thyra døde omkring 936 og Gorm i 958, hvilket kun kan betyde at de har været begravet et andet sted. Dr.Phil Lis Jacobsen skrev i 1913 at Thyra var død mellem 935 og 940, og at den sten Gorm satte over sin dronning, fandtes på Sydhøjen i 1591, hvor den lå væltet med forsiden opad. Altså var man tidligere overbevist om at det var sydhøjen der var Thyras høj. Sandheden er muligvis, at højene blev opført med henblik på at overflytte Gorm og Thyras jordiske levninger hertil fra en oprindelig begravelsesplads, sandsynligvis på Mors.

Hele Jelling komplekset som først blev opdaget for få år siden, vidner bestemt ikke om at der har boet konger her. Tidligere havde man kun højene og runestenene, men så fandt man spor efter et tidligere indhegnet område. Der blev fundet et ret stort område der har været omgivet af palisader. Indenfor indhegningen har der ligget syv huse, men ingen af dem i en størrelse der kunne lede tanken hen på en kongshal. Træet fra palisaderne blev dateret til 969, og altså arrangeret elleve år efter at Gorm var død. Det syvende hus er anbragt hen over palisadeafgrænsningen, hvilket bekræfter at Jelling ikke kan have været noget særligt når man ikke har vedligeholdt palissaden. Den lille Jellingsten som Gorm skulle have sat over sin elskede Thyra, er også lidt af et mysterium, idet den blev fundet eller rettere genfundet liggende som et trin uden for kirken. Hvorfor blev stenen efter at have stået på Sydhøjen, senere fjernet og anbragt som trædesten til kirkeindgangen?

Her har Peter Lawætz også været inde over, og han ender med at konkludere, at Jelling har mistet sin status som mulig kongebolig, og kun kan betragtes som et mausolæum, hvor faktisk kun en enkelt person er begravet. Den 22. august 2009 kunne man i Vejle Amts Folkeblad læse en artikel med overskriften: "Hvad er der galt med Jelling". Man drager nogle sammenligninger med Lejre, og nævner den manglende kongshal i Jelling, hvorefter artiklen konkluderer "Måske boede de her slet ikke". Harald Blåtand var sikkert i gang med at skabe et nyt kongesæde, men fik det aldrig færdiggjort. Resultatet endte som blot et momument. Så hvad blev der lige af Jellingdynastiet og kongernes Jelling, de kendte floskler som vi er blevet fodret med i årtier.

Ligeledes udtaler arkæolog Mads Holst: "Vi kan vist godt glemme drømmen om en kongelig borg, men der er nok sket noget helt afgørende i Jelling på Harald Blåtands tid, men vi ved ikke hvad Jelling er, men det var næppe kongens by". Vi kan med andre ord her konstatere at Jellings store berømmelse, og ideerne om et Jellingdynasti kun kan skyldes tidligere teorier som blev gjort til historiske fakta, trods manglende dokumentation. Saxo nævner blot at Harald begravede sine forældre, og nævner ikke Jelling med et eneste ord. Svend Aggesen fra Glenstrup der skrev ca. 25 år før Saxo, siger i sin "Brevis Historia Regum Dacie" at Harald overlevede sine forældre og lod dem begrave efter hedensk skik i tvende lignende høje. Svend Aggesen citeres for i anden anledning, at nævne Jelling som kongeby. Dette er ikke korrekt, idet han skriver "Secus Regis Curiam i Jelling", hvilket er blevet oversat til "Kongens gård", eller borg. Skulle der imidlertid have stået kongeborg, ville der have stået Regium Castrum. Ordet Curiam kan oversættes til Hof, kongens Hof eller Ret, hvilket hentyder til noget lovgivningsmæssigt, så Svend Aggesen skriver egentlig at de bliver stedt til hvile der hvor beslutninger tages, eller med andre ord et Tingsted, og et sådant fandtes i Jelling. Vi bemærker ligeledes her, at han skriver at Harald begraver sine forældre efter hedensk skik, hvilket bekræfter Haralds tvangsdåb på Mors i 974, for da han begravede sine forældre var han ikke døbt, og ønskede ikke at være det, og han begravede dem åbenbart ikke i Jelling.

Hvis Gorm og Thyra boede på Mors, kunne man forestille sig at Thyra også blev begravet der i 936, eller 937, altså mange år før der bygges høje i Jelling? Vi har oven i købet beretningen om at Gorm satte en sten over sin Thyra. Det var jo den sten der blev fundet nedgravet som dørtrin til kirken i Jelling, hvilket vi hverken kender årsagen til eller tidspunktet for. Hele historien ligner at Harald var i gang med at skabe et nyt hovedkvarter i Jelling, hvor han lagde ud med kasserne bygninger og palisade hegn, men han fik aldrig færdiggjort sit forehavende. Det har sikkert været hans hensigt at få forældrenes jordiske rester til Jelling og genbegrave dem i de nyopførte høje, men han nåede det ikke. Han har sikkert ikke selv boet i Jelling, men noget kunne tyde på at han har boet et stykke vej derfra, således at han kunne overvåge det nye byggeri i Jelling. Omkring 35 kilometer nord for Jelling i Sdr. Vissing, har Harald Blåtands kone rejst en runesten til minde om sin mor. Hvorfor ville hun gøre dette hvis hun boede i Jelling. Meget tyder på at Tove, Haralds hustru, satte en sten her fordi moderen var begravet her. Stenen skulle nemlig have stået på en gravhøj der lå på det sted hvor kirkens våbenhus senere blev opført. Dette kunne gamle folk i byen huske for et par hundrede år siden. Højen blev sløjfet og jorden anvendt til opfyldning i en nærliggende dam.

Stenen som Gorm satte efter sin Thyra, har sikkert oprindeligt stået på Mors. De gamle tekster beretter, at Harald på et tidspunkt blev meget upopulær blandt sine hærførere, fordi han engang de var i krig, valgte at sende en stor mængde krigere afsted nordpå. De skulle hente en meget stor sten der stod på en strand og fragte den til Jelling. Både Saxo og Svend Aggesen nævner dette. Dette kunne være netop den sten som Gorm fik rejst over Thyra, og den kunne have stået på stranden på det sydlige Mors hvor adelvejen netop var, og det var altid ved sådanne trafikerede steder at man rejste runestene, så de kunne blive set af forbipasserende. Det har ligeledes været meget debatteret, hvad Gorm mente med Danmarks bod, som han på stenen kaldte Thyra. Vore historikere har oversat dette ord til "pryd", for hun ville jo i Gorms øjne virkelig have været Danmarks pryd eller fryd. Når Gorm nu anvender ordet "Bod", ville det så ikke være en bedre forklaring at han netop mente at hun var blevet Danmarks bod, idet hun betalte med sit liv for landets ære. Man kender jo betydningen af ordet bod, og det giver god mening her, at Danmark måtte betale en bod, som så blev Thyra. Thyra blev sikkert oprindelig begravet på Mors, og det gjorde Gorm sikkert også, idet hans høj i Jelling stadig var under opførelse i 965. Harald kunne sammen med Gorm tidligere have planlagt det nye anlæg i Jelling, som ikke nåede at blive færdiggjort, og af samme årsag fik Harald heller ikke flyttet sine forældres jordiske rester til Jelling, hvilket sikkert havde været planen.

Troels Brandt skriver at der har hersket stor forvirring om tilblivelsen af Danmark. Om kongeslægterne fremgår det af de ældste kilder, at Danmark bestod af flere kongeriger. Kredsen omkring Absolon manipulerede "skik fra gamle dage" ved at forlænge Lejre slægten til at regere et samlet kongerige allerede før Kejser Augustus tid. Troels Brandt skriver videre:" I 1800-tallets national romantik gik dyrkelsen af disse sagnkonger over gevind. Kildekritikken fra professorerne Kristian Erslev og Curt Weibull var berettiget, men blev snart efter vendt på vrangen. Uden andet end to Jellingesten, som slet ikke nævner et kongesæde, erklærede professor Erik Arup i 1925: "Sikkert er det at Gorm omkring 950 var konge, og at hans kongesæde var Jelling". De to lærde herrer kæmpede om hvor landets første kongesæde havde været, og dette måtte være enten Jelling eller Lejre. Disse to stædige eksperter, så ingen andre alternativer, og havde tilsyneladende heller ingen tidsregning med i billedet, men deres påstande fik uheldigvis lov til at danne grundlag for et såkaldt historisk faktum, som aldrig havde været til stede.

Teorien om at Gorm den Gamle boede på Mors og var konge i Ommersyssel og Hartsyssel, er slet ikke ny. Omkring 1580 skrev den danske historiker Arild Huitfeldt der ikke blot var historiker, men også landets rigskansler, en Danmarks Riges Krønike. Han var altid velforberedt, idet han havde adgang til Hans Svanings indsamlede tekster og i kraft af sin stilling også adgang til alt hvad kongehuset havde gemt af vigtige og meget gamle dokumenter, og Arild Huitfeldt skrev at Gorm den Gamle var konge i Ommersyssel. Det tyder således på at ideen om at Gorm boede og regerede i Jelling, er af forholdsvis nyere dato, måske først betragtet som en formodning der så efter Erik Arups hårdnakkede udsagn, bliver vedtaget som et faktum.

Med Ommersyssel, tænker man uvilkårligt på egnen mellem Randers og Mariager fjorde, altid kaldet Omungærsyssel. Syslet omfattede også egnen ned mod Viborg, således at Rinds herred i gamle dage var en del af Ommersyssel. Dette gamle syssel blev delt mellem Viborg og Randers amter, og i dag er det kun den del der kom til Randers der benævnes Ommersyssel. Både syssel og herredsgrænserne har igennem tiden ændret sig flere gange, så vi ved ikke nøjagtigt hvordan det så ud fra begyndelsen. Rinds herred var på et tidspunkt et selvstændigt len som f.eks. Predbjørn Podebusk havde i forlening i 1497, men i 1542 blev det lagt ind under Hald len, og i 1687 blev Rinds herred lagt under Gislum herred som fra 1660 havde været en del af Hald amt der tidligere havde været Hald len.

Det synes dog at være temmeligt sikkert at Hartsyssel og Ommersyssel i de tidligste tider på trods af eventuelle grænser, har været en stor samlet enhed. Gudmund Schytte skrev, at på egnen mellem Randers og Mariager fjorde, eksisterede der en betydelig stamme-personlighed, en forestilling om en særegen stammeart kaldet Ommerboerne eller Ommingerne, og at denne syntes at kunne spores tilbage til en oldtidsstamme der levede i de første århundreder efter Kristus. Denne gamle stamme synes på et tidspunkt at være blevet delt, således at en del af den fortrak sig længere vestpå. Han mente at Harboerne i Hartsyssel først havde haft hjemsted netop mod øst på egnen mellem Randers og Mariager fjorde, og derfor tilhørte hvad der kaldes Ommingerstammen, hvorfor det vi i dag kender som Ommersyssel, Hartsyssel med Salling Thy og Mors med Fur, faktisk havde udgjort en meget stor samlet magtenhed der strakte sig som et bælte fra vest til øst, og som sikkert også på et tidspunkt har haft deres fælles konge. Vi finder faktisk her en indirekte bekræftelse på at kongevældet og dansk historie havde oprindelse i disse egne, hvor Sigge fra første færd etablerede sig.

Folk udefra kendte det som en meget tilbageholden egn, hvor alle var i slægt med hinanden. Dialekten var i de ældste tider uforståelig for de fleste udefra, og egnen var kendt for sædvanemæssige slagsmål mellem drenge og unge mænd to byer imellem. Familiebåndene var stærke, og man giftede ikke sine døtre bort til folk udefra, en skik der indtil for et par hundrede år siden, stadig blev praktiseret i egnene omkring Nørre Onsild. Alt dette harmonerer meget godt med at det var Sigges efterkommere der var bosat netop i Hartsyssel og Ommersyssel. Disse havde jo medbragt et sprog, der uvilkårligt må være blevet blandet med en eksisterende dialekt på disse egne, sikkert indført af Jatfolket for flere tusinde år siden. Dette område var magtens centrum, og var det i mange århundreder lige fra Sigges ankomst, op gennem den tidlige historie, henover vikingetiden og langt op i middelalderen.

HVORNUM OG OMEGN

Egnen omkring Hvornum og Klejtrup næsten bugnede med adelsgårde, adskillige beboet af nogle af de højest estimerede adelsslægter. I Hvornum boede i meget gammel tid flere familier der tilhørte adelsslægten Brassen, også kaldet Brase og Bratze. Denne slægt kendes senere under sit andet navn Saltensee, som på Randersegnen havde en gren kaldet Saltensee af Linde. Fra 1400 årene kendes en Just Ibsen der også ejede en gård i Brøndumdal og en i Tobberup. Samtidigt boede der adelsmændene Niels Pedersen og Jes Poulsen. Niels Pedersen var sandsynligvis ud af Gyldenstjerne slægten og nok en søn af Poul Nielsen Quie, hvis far var gift med en kvinde fra slægten Gyldenstjerne. Ligeledes Jes Poulsen, kan have tilhørt samme familie og kan have været en søn af Poul Nielsen Quie. Han kan dog også have tilhørt Benderup slægten, idet en herredsfoged ved dette navn, og af denne slægt kendes i Hvornum. Vi har også en Christen Ibsen der var gift med en søster til Jes Quie, så det ser ud til at Ibsen slægten har været en del af denne slægt gennem giftermål. Jes Quie var lensmand på Riberhus fra 1476 til 1486, og slægten Gyldenstjerne er slægtsrelateret til Niels Bugge til Hald.

En af de mere kendte slægter, var herredsfogedslægten Benderup. Dens medlemmer var gennem et helt århundrede de herredsfogeder der havde sæde på herredsfogedgården i Hvornum. De blev også kaldt Quortrup, og ejede adskillige store gårde i Sdr. Onsild, Hvidsten og egnen omkring Glenstrup. Den lovkyndige Thord Degn der skrev et tillæg til Valdemar Sejrs Jyske Lov af 1241, skulle ifølge historikeren Klevenfeldt høre til denne slægt, og han boede på Bjerregård i Hov. I 1424 nævnes en Johannes Poulsen i Hvornum i forbindelse med Hvornum bro og Vasehus, og i 1518 nævnes adelsmanden Peder Brassen der nok var i familie med Jacob Brassen i Gedsted. I 1515 nævnes et tingsvidne af Onsild herredsting, der viser at velbyrdige Svend Olufsen Banner, havde indvordet ejendommen Kjellerup med lovhævd. Vidnerne var Per Børialsen fra Svenstrup, Morten Andersen fra Snæbum og Morten Sørensen fra Hvornum.

I 1541 hører vi om en Christen Faske og dennes bror Niels Faske, der måske egentlig hed Faskjær i Hvornum. Samtidigt nævnes Poul Andersen og Christen Grøn der havde brødrene Jens og Erik. Deres mor var Dorthe Juel, datter af Ejnar Juel til

Kokholm og Kirsten Stenfeldt. Christen Grøn er nok den samme der skrev sig til Hvolris i 1515.

De ældste adelsgårde i Hvornum er der en del tvivl om. Man er ikke sikker på hvilke der har været tale om, men Taarupgård ved Hjarbæk fjord og Vingegård ved Tjele, viser sig at have skabt nye aflæggere i Hvornum. I slægtsregistre nævnes Kirsten Ovesdatter Juel Kruse, født på Vingegård i Hvornum omkring 1440. Hun var datter af Ove Tagensen Reventlov, ejer af Vingegård i Nørre Vinge. Kirsten var gift med Enevold Kruse til Balle i Onsild herred. Taarupgård ejedes siden starten af 1400 årene af slægten Kaas, og senere af Tønne Juel der arvede den fra sin mor. Taarupgårds aflægger i Hvornum var beliggende på bakken i Sdr. Hvornum og ejedes for et par generationer siden af Chr. Gert Sjørring. Godset Trudsholm skulle have ejet Fjeldstedvang.

Tønne Juels mor var Ingeborg Parsberg, og hendes familie havde Lynderupgård. I 1665 arvede Tønne Juel Hvornum bro og Vase. Han ejede hele fem gårde i Hvornum og iblandt dem var herredsfogedgården på matrikel 7. som han solgte til Anders Sandberg. Trudsholm gods havde allerede i 1381 to gårde i Hvornum. Den største gård der kan nævnes i Hvornum er Trinderup. De gamle beretninger omtaler tre gårde og to huse, og det var i 1400 årene. Der nævnes en Las Maltesen, der skulle have ejet to af gårdene fra engang i første halvdel af dette århundrede. Han havde sønnen Malte Lauridsen der overtog ejerskabet. Dennes datter Maren bragte ved ægteskab gården til Mogens Mogensen Stampe, der skrev sig til gården fra 1480 til 1502. I 1500 blev datteren Else Mogensdatter Stampe gift med Stig Poulsen som da får gården. Denne Stig Poulsen nedstammede fra den berømte Marsk Stig som blev dømt for mordet på kong Erik Klipping i Finderup lade i 1286. Han efterfølges af sønnen Poul Stigsen i 1527, og denne havde store ambitioner med udvidelse af gården. Han menes at have delt ejendomsretten til gården med sin stedfar, Else Stampes anden mand Niels Krag, og derefter med dennes søn Henrik Krag. Efter Poul Stigsens død i 1566 erhvervede Krag hele gården, og gennem sit ægteskab med Kirsten Munk, fik han tillige Klostergården i Trinderup, der nogen tid i forvejen var blevet købt af hans svigerfar Otte Nielsen Munk til Gjessinggård.

Henrik Krag udvidede sine besiddelser og gjorde Trinderup til en herregård. Det er dog af interesse her at der nævnes tre gårde, og at Las Maltesen havde to af disse. Den tredje gård skulle have tilhørt en Niels Ged, som i 1443 solgte sin part til

Glenstrup kloster. Niels Ged var ud af en herredsfoged slægt der stammede fra Skivum, Suldrup og Gedsted, og flere fra denne slægt havde haft posten som herredsfoged i Års herred. Slægten kendes fra 1380 og var muligvis beslægtet med den Benderup slægt der var herredsfogeder i Hvornum, men også med slægten Kruse og Brochenhus som kendes fra Øls hovedgård og Tostrup hovgård. Niels Ged var beslægtet med herredsfoged Søren Ged, og med slægten Hørby, og ligeledes med herredsfogedslægten Bloch fra Hobro egnen, oprindelig fra Hørby. Søren Ged var gift med en datter af den kendte Fru Inger Jepsdatter Benderup, kaldet Fru Inger af Suldrup hvis bror og far havde været herredsfogeder med bopæl i Hvornum.

Det ses at før Las Maltesens tid, var gården ejet af hans far og bedstefar, og det er interessant at se at de i forskellige tekster kaldes henholdsvis Stisen eller Stifeldt. Det sidste kan helt sikkert afvises. Der vides så godt som intet om slægten Stifeldt, og slet ikke her i landet, men den nævnes i Norge. Når den kaldtes Stisen kan det kun hænge sammen med at Maltesen slægten, må være beslægtede med en Stig, og den ældste dokumenterede bærer af navnet Stig, er Skjalm Hvides sønnesøn Stig Tokesen, der levede i 1100 årene. Det var ham der oprettede Essenbæk kloster i Randers, og han var gift med Valdemar den Stores søster. Han mistede livet i 1151 i borgerkrigen hvor også Valdemar deltog. Længere op i middelalderen, finder vi navnet repræsenteret i en række adels og stormandsfamilier, der alle nedstammede fra Skjalm Hvide. I nyere tid dukker navnet så op i bondeslægter på Djursland, Salling og egnene omkring Vorde og Ginding og selv i Rinds herred.

Når navnet Stifeldt kom til at figurere blandt de første ejere af Trinderup, skyldes det nok en misforståelse, for navnet Steenfeldt dukker nemlig op blandt de slægter der forbindes med Øls hovedgård og Tostrup hovgård, og vi vil lidt efter lidt se at ejerskabet på disse to gårde, er fordelt på slægter der også kendes fra Trinderup.

Der findes ikke meget litteratur vedrørende de første ejere af Trinderup, men i 1943, udgav førstelæreren i Hvornum Peder Fløe en bog om sognet. Han havde flittigt gjort brug af landsarkivet i Viborg, og var nået frem til at før slægten Maltesen, havde der i 1391 været en ejer ved navn Poul Stigsen, og han skulle ifølge Fløe stamme fra Hvideslægten, og det var helt korrekt, for det var en hans efterkommere der giftede sig med Else Mogensdatter Stampe. Peder Fløe og mange andre kaldte Marsk Stigs slægt for Hvideslægten, hvilket var den almindelige opfattelse dengang, men dette forhold har vore historiske slægtsforskere pure afvist i over 70 år. Marsk

Stig var ikke en Hvide, men blev kaldt således fordi han tre gange var gift med en kvinde fra denne slægt, sagdes der. Samtlige opslagsbøger samt internettet, oplyser da også at marskens far ikke kendes, men at det er sandsynligt at slægtens ejendomme især har ligget i Åbosyssel. Vi ved at Marsk Stig ejede ejendomme der, f.eks. Møllerup gods, men det tyder også på at han har haft godset Holbækgård i Ommersyssel hvilket hans slægtning Rane Jonsen overtog efter ham. Samme Rane Jonsen skulle også have ejet de to Vordegårde og Sødal ved Rødding.

Det er ganske rigtigt at marsken var gift fire gange, og de tre med en kvinde af Hvideslægten, hvilket ikke udelukker, at han selv var af samme slægt. Aage Brask skrev for en del år siden om herregården Tordrup som marskens slægt havde haft, og her nævner Brask, at idet marsken hed Stig Andersen, så burde det være indlysende at hans far har heddet Anders. Desværre gik Brask ikke videre med spørgsmålet, men konstaterede blot, at hvis der ellers havde været nogen i føromtalte Stig Tokesens slægt der hed Anders, så ville det passe kronologisk godt. Brask havde ret i at det var oplagt at søge i Stig Tokesens nærmeste slægt. Stig Tokesen havde fem børn, og blandt disse er der sønnen Toke, opkaldt efter sin bedstefar. Han hed Toke Stigsen, og han havde faktisk sønnen Anders Tokesen Hvide, og denne Anders var gift med Kirstine Stigsdatter af samme slægt. De får to børn, en pige Sofie Andersdatter som gifter sig med Peder Lauridsen Saltensee, med hvem hun får datteren Edel Pedersdatter. Denne datter bliver i et af sine tre ægteskaber gift med Peder Jacobsen Skram, som vi netop møder i den slægt som en Johannes Friis til Klejtrupgård kan forbindes med, idet Peder var stedbror til Johannes Friis.

Vi ved ligeledes at Anders Tokesen får sønnen Stig Andersen, og det må være ham der bliver rigets marsk. Kronologisk passer det fint, så vi kan hermed konstatere at Marsk Stig var en vaskeægte Hvide. Hans mor Kirstine er søster til Juris Stigsen hvis søn Peder Jurissen bliver far til Stig Pedersen Skovgård, der var høvedsmand for Vendelbo skibsrede og ejede Linderumgård ved Hjørring, samt Villerup og Boller. Han fik tilnavnet Skovgård fordi han byggede en gård i Vendsyssel, og kaldte den Skovgård efter en gård af samme navn, slægten havde ejet på Sjælland. Stig Pedersen Skovgård havde sønnen Niels Stigsen, og han byggede gården Egebjerg vest for Linderumgård, der ligeledes var opkaldt efter en slægtsgård på Sjælland. Stisenslægten, der er forbundet med disse først kendte ejere af Trinderup, møder vi igen på herregården Albæk ved Suldrup og Skovgård lidt nord for Nørager i Sønder Hald herred, for disse to gårde var udflyttergårde fra Vendsyssel hvor der lå to gårde af samme navn, nævnt ovenfor, og det er netop Las Maltesens slægt vi ser på Albæk. De beboede ikke gårdene i Trinderup, men havde bortfæstet disse.

Kort efter at Peder Fløe sammen med Johan Sulkjær udgav bogen om Hvornum sogn, opstod der en del polemik med henholdsvis godsejer Aage Brask til Kjellerup gods, der var meget historisk interesseret, og havde forfattet bøger der vedrørte forskellige godser på egnen, samt landsarkivar Carl Lindberg. Aage Brask mente ikke at Niels Ged kunne have ejet Trinderup, men derimod landsbyen af samme navn i Mariager landsogn som i en længere periode hørte under Mariager klosters len.

I sit svar til Brask, indrømmer Peder Fløe, at dette godt kunne være en mulighed. Lindberg påpeger her at tilskødningen til Nørre kloster, som var det oprindelige navn for Glenstrup kloster, og som overgik til Mariager kloster, lød på Trinderup og Trinderup Fang, og ikke en gård i Hvornum. Der findes ingen anden kilde for meddelelsen om at Niels Ged har ejet Trinderup, end registret over Mariager klosters breve fra 1585. Efter at Fløe og Sulkjær havde udgivet bogen, opdagede man på Trinderup gamle dokumenter der havde været gemt der, det ældste fra 1480, og her nævnes Niels Ged heller ikke. Det er så til gengæld interessant at se, at Aage Brask i samme anledning påpegede at oplysningen om at Niels Ged havde ejet gården, passede dårligt med andre underretninger efter hvilke den jyske Hvideslægt ejede Trinderup både før og efter 1443, netop det årstal Fløe havde angivet som året hvor Niels Ged afgav gården til klosteret. Carl Lindberg gik også i rette med Peder Fløe der skrev at Poul Stigsen der boede på Trinderup i 1391, begærede en vidisse dette år af Rødding herredsting af et testamente som velbyrdige Gotskalk Skarpenberg, Niels Bugges svigersøn, havde gjort med sin søn Henrik. Her mener Lindberg at dette måtte bero på en misforståelse, fordi en senere Poul Stigsen af samme slægt, og som virkelig havde ejet Trinderup, i 1530 optog en vidisse der netop angik et testamente oprettet i 1391 af Gotskalk Skarpenbergs enke, og Lindberg udelukker hermed at en Poul Stigsen skulle have haft Trinderup i 1391, hvilket der så var delte meninger om.

En af de tre gårde i Trinderup kaldtes Møllegården, fordi her på et tidspunkt havde stået en mølle, hvilket der sikkert gjorde indtil 1582, hvor Henrik Krag af Trinderup købte Lille Mølle i Hvornum. Kort efter, samme år, fik Henrik Krag fem gårde i

Hvornum by gennem et mageskifte med kongen, hvilket måske skyldes at disse havde hørt under Glenstrup kloster indtil reformationen, og året efter fik han endnu en gård i Hvornum. Møllegården overgik efter reformationen til kongen, hvorfor den nødvendigvis må have været klostergods. Den solgtes senere til en Niels Markvardsen, og det var før 1555 da han og Niels Krag delte "Lunden" som Trinderup krat blev kaldt, imellem sig og fik foretaget en regulering af vejene i området. Poul Stigsens datter var gift med en Knud Sørensen af slægten Markvardsen.

Striden vedrørende Niels Geds ejerskab af Trinderup, kunne have været opklaret, idet man ved at der i 1422 blev oprettet et såkaldt skelbrev, hvor Niels Ged skulle have været en af parterne i en skelstrid. Derfor tyder det virkeligt på at Niels Ged har ejet en af de tre gårde. Han kan jo udmærket samtidigt have ejet det område ved Mariager der blev kaldt Trinderup. Ligeledes kunne det se ud til at det var Møllegården på Trinderup, som blev kaldt Klostergården. Det ser derfor ud til at Niels Ged i 1422 ejede Trinderup Møllegård og havde en skelstrid med slægten Maltesen Stisen der havde de to andre gårde. Når Møllegårdens historie ikke kan føres længere tilbage end 1555, hænger det vel sammen med at den fra 1443 til reformationen var i klosterets besiddelse og derfor ikke nævnes i godsregisteret på Trinderup, og i øvrigt kaldtes Klostergården.

I et dokument fra 1565 omtales "Voldbakken" i Trinderups vestre toft, som sandsynligvis var tomten af en gammel borg. Det var her Møllegården lå. Det har nok været den gård der er blevet opført hvor tidligere en borg havde ligget. Det har efter alt at dømme været et større forsvarsværk med store volde og en tilhørende havn fordi fjorden gik herop forbi. I et gammelt bogværk, hvori ældgamle historier er samlet, læser vi: "I gamle dage har søfolk ligget i havn og søgt vinterleje oppe ved Trinderup, hvortil fjorden dengang skal have gået op. Man kan endnu se spor af den, såvel som i dalen hvor den skal have flydt, som højt oppe på nogle omkringliggende bakker kaldet Basdai, hvor man stadig kan finde muslingeskaller af samme slags som dem man finder ved fjorden". Ved Øls dengang kaldet Aulnæs, fandtes en havn som man kaldte Saalfard, hvilket kan oversættes til "Sejlplads".

Som nævnt, så boede hverken Las Maltesen eller sønnen Malte Lauridsen på Trinderup. I 1480 beboes de to gårde af Per Eskildsen og Svend Nielsen, og i 1502 af Jep Jensen og Jes Svendsen, sidstnævnte nok søn af Svend Nielsen. Gårdene har altså været bortfæstede. Den i 1480 nævnte Per Eskildsen tilhørte slægten Eskildsen, hvor Jep Eskildsen sammen med broderen Niels ejede Tjele. Niels ejede hovedgården Tjeleris, medens broderen Jep sad på Tjele bys sædegård. Fra dem gik den i arv til Laurids Mogensen Løvenbalk, som var halvbror til Christiern Eskildsen Basse, den sidste mand af slægten der døde barnløs som Johanitter munk.

Las Maltesen Stisen boede således ikke på Trinderup, men havde fæstere på begge gårdene. Han var gift med Christine Galskyt og de boede på herregården Albæk tæt på Rebild. De har en datter Gyde der bliver gift med Las Viffertsen, hvorved Viffertslægten overtager dette gods. De får så sønnen Malte Lauridsen Viffert, som bliver gift med Anne Albretsdatter Skeel, hvis mor var Kirsten Nielsdatter Krag fra Trinderup, og dem finder vi senere på Øls hovedgård. Malte dør 1552 og hun måske allerede året efter, for da står hendes børn Albret Maltesen Viffert og datteren Dorthe som ejere af Øls. Dorthe var gift med Peder Kruse til Balle i Sønder Onsild. Albret ses senere som ejer af både Øls og Albæk, men også af Møllerup gods på Djursland som hans hustru havde arvet efter sin mor, og dette gods havde tidligere tilhørt Marsk Stig.

Den Jep Jensen, der i 1502 var fæster på den ene af gårdene i Trinderup, var en sønnesøn af en ældre Jep Jensen, og de kaldte sig Skovgård. Denne Jep Jensen Skovgård var søn af Jens Nielsen Skovgård hvis far var Niels Stigsen, søn af Stig Pedersen der var høvedsmand på Vendelbo skibsrede. Stig var født i 1241 og hans far var Juris Stigsen Hvide. Vi ser her at fæsterne på gårdene i Trinderup, var beslægtede med ejeren Las Maltesen Stisen. Så Hvideslægten var godt repræsenteret på den gård.

Ovennævnte Niels Stigsen Skovgård, har sønnen Stig Nielsen der ejede betydeligt gods i Ålestrup, Gedsted og Vesterbølle. Han har datteren Mette Stigsdatter der er gift med Christiern Jensen Hørby. Deres søn Bertel bliver gift med Maren fra slægten Benderup, og sønnen Anders gifter sig med Inger Jepsdatter, også af slægten Benderup. Hun er mest kendt som Fru Inger af Suldrup, og hendes far Jep Poulsen var herredsfoged i Onsild herred og boede på fogedgården i Hvornum. Han efterfulgtes på posten af sønnen Poul Jepsen der ligeledes boede i Hvornum. En anden søn Mourids var gift med Else Steenfeldt, hvis navn kan sættes i forbindelse med nogle af ejerne af Øls Hovedgård og Tostrup Hovgård. Med andre ord, havde

Peder Fløe helt ret i at Hvideslægten i 1300-årene var repræsenteret på Trinderup, men både som ejere og fæstere.

Slægten Galskyt sad på Odsgård ved Viborg og havde vist slægtsforbindelser til slægten Løvenbalk på Aunsbjerg, hvis stamfar var kong Christoffer 2. gennem et forhold til en Jomfru Lunge. Slægtsforbindelserne fornægter sig ikke, for vi har Sofie Løvenbalk gift med Jon Viffertsen.

Det er ret tydeligt at Hvideslægten er særdeles godt repræsenteret i Jylland, og vi ser at Malte slægten også stammer fra Hvideslægten. Vi ser at navnene Malte og Laurids spreder sig til Viffertslægten, men også til slægten Skadeland i Rinds herred. Denne slægt menes indvandret fra Vendsyssel, fra de områder hvor Hvideslægten havde deres godser og være beslægtet med dem. Navnet Skadeland skulle de have taget efter navnet på en gård deroppe i nærheden. Vi ser da også at de i slutningen af 1400 årene tager navneforandring til Pors, idet denne slægt var en sidegren til Hvideslægten på mødrene side, og grene af denne slægt fandtes overalt i det midtjyske.

De to Vordegårde ved Hjarbæk fjord menes blandt flere andre gårde, at have haft Rane Jonsen som ejer. I haven til den vestligste af dem, er der en mindre forhøjning, det sidste synlige minde om et voldsted. Voldbakken bestod af en rektangulær banke på 25 x 32 meter som var omgivet af 10 meter brede grave. Rane blev fanget i Roskilde, radbrækket og lagt på hjul og stejle på torvet. Normalt kaldes han Rane Jonsen til Gørlev. Dette skyldtes at han arvede denne gård, for ellers fandtes hans godser og jordområder i Jylland.

Så langt tilbage som i Knud den stores tid omkring 1025, boede der en ridder Rani på Rudgård i Sønder Hald herred. Han ejede hele Nørager sogn, og gården var i Hvideslægtens eje indtil sidst i 1300-tallet. Gården kaldtes henholdsvis Rudgård, Rygård og Ruggård. Han var en forfar til Rane Jonsen, og han fik opført en høj på sin gårdsplads hvor han sammen med sin hustru ville begraves. Han ville ikke modtage kristendommen, og forblev hedning til sin død. Efter hans død lod hans hustru Karen sig selv og børnene døbe, og der blev opført en slags kapel over Rani, hans frue og børnene, hvor der mange år frem, blev holdt sjælemesser for dem. Gården lå lidt nord for Nørager i det gamle Randers amt, og her lå også Tustrup.

I lyngbakkerne ikke så langt derfra, lå for nogle århundreder siden, ruinerne af en gammel stærk bevogtet borg kaldet Skovgård der også var bygget af Hvideslægten. Rougsø var i de helt gamle dage en ø, helt omflydt af vandløb, og her lå en røverborg, der menes at være en forgænger til godset Holbækgård. En gammel tradition vil vide at navnet Rougsø kommer af Rovsø, altså øen hvorfra der blev bedrevet rov. I 1395 nævnes Johannes Jonsen, en kammersvend der dette år var på Gjerlev herredsting, og han besegler året efter et vidne om noget strøgods i Rougsø kaldet Bispegraven, som Rane Jonsen havde haft i len. Johannes Jonsen var væbner og tilknyttet Christiern Vendelbo på Trudsholm. Johannes var gift med en datter af Mogens Jensen som tidligere havde givet godset i pant til Christiern Vendelbo. Denne Mogens Jensen var sandsynligvis identisk med Mogens Jensen Løvenbalk, lensmand i Asmild. Han var gift med en datter af Svend Udsen og Kirstine Andersdatter Hvide, hvis far var Marsk Stigs sønnesøn. Hendes far Anders Offesen Hvide gav enorme gaver til Essenbæk kloster der var oprettet af Stig Tokesen Hvide. Udsen slægten sad herefter på gården i flere generationer, og denne slægt var en gren af Strangeslægten fra Thy, som landshelten Niels Ebbesen tilhørte.

I 1531 var Tostrup Hovgård ejet af Erik Steen af Steenfeldt slægten. I 1595 var den ejet af Johan Brochenhus, en dattersøn af Erik Steens fætter. Øls hovedgård var i 1562 ejet af Dorthe, datter af Anne Albretsdatter Skeel, og hun var gift med landsdommer Peder Kruse, og en af deres døtre blev gift med Ebbe Lauridsen Udsen. Ebbe Lauridsens farfar var gift med en søster til Else Mogensdatter Stampe fra Trinderup. Ebbe Lauridsen Udsen havde først haft Tulstrup hovedgård som havde været i Hvideslægtens eje. Hans søn Laurids Ebbesen Udsen var en utrolig ambitiøs mand. Det sagdes at hans slægt var på fallittens rand, og ved hans fødsel godt på vej til at synke ned i bondestanden, men i 1587 ægtede Laurids den 20 år ældre Ellen Andersdatter Gøye, der havde mange gode forbindelser. Hun dør efter få år, men da er Laurids blevet lensmand på København slot og blev det også på Skanderborg slot. I 1624 noteres han for en god godsmængde, over 1200 tdr. hartkorn. I 1627 gifter den da 68-årige Laurids sig med 19-årige Elisabeth Arenfeldt, men hun afgår ved døden allerede i 1632. Han havde som lensmand Åkjær og Ålegård i forlening, og i 1637 ejede han hele seks hovedgårde, nemlig Tulstrup, Restrup, Lyngballegård, Perstrup, Tostrup hovgård og Øls hovedgård. I 1625 tilskødede han jordegods til Otte og Maren Kruse, der var børn af hans fætter Mogens Kruse, og til Christen Krag der var søn af hans kusine, og denne Christen

Krag ser vi ejede Hørbygård, hvis jord muligvis stammede fra Øls hovedgård. Slægterne på Trinderup, Øls Hovedgård og Tostrup Hovgård ses her uadskillelige.

Laurids kaster sig gang på gang ud i store godshandler, men han siges at have mistet omkring halvdelen under Jyllands besættelse under Kejserkrigen, men han var ikke manden der gav op. Da han er 76 år gammel gifter han sig for tredje gang med Sofie Staverskov. Hun havde tidligere været gift med Otte Kruse som han tidligere havde tilskødet gods, så det fik han på denne måde tilbage og tillige var Sofie niece til rigsråd Niels Krag, hvorfra hun også havde fået gods. Laurids dør barnløs i 1646.

I 1683 nævnes Tostrup hovgård som øde og sikkert ubeboet, og fra 1731 hører man heller ikke noget til Øls hovedgård. Disse to gårde forsvandt, og man fristes til at tro at en del af jorden må være kommet til Trinderup for i 1731, må Øls hovedgård have været en del af Trinderup, idet det er Trinderups ejer Friederich Muderspach der pantsætter eller sælger gården til amtmand F.L.Woyda. Nogen tid efter var gården forsvundet uden at efterlade sig spor, så man er i dag ikke sikker på hvor gården har ligget.

Efter Henrik Krags død ejedes Trinderup af hans børn Niels Krag og datteren Maren, der var gift med Bagge Griis. Deres søn Palle Griis sælger gården til Erik Grubbe på Tjele. Dennes berygtede datter Marie Grubbe bringer gården til Palle Dyre da de i 1673 bliver gift. Palle Dyre sælger år 1700 Trinderup til forvalter Frederik Olufsen på Mariager kloster, og 30 år senere sælger dennes enke til F.C.Muderspach. I 1790 køber Laurids Ring gården. Han stammer fra Gunderup ved Glenstrup fra den kendte slægt Kjeldsen, der i løbet af et par generationer skabte 6 godsejere. De kom bl.a. til at eje Rørbækgård, Volstrup og Lynderupgård.

Efter ham drev sønnen gården, og dennes forvalter M.P. Wandborg fra Vammen købte senere gården. Han var gift med Johanne Stenild der efter mandens død overlod den til sin svigersøn Jens Kjeldsen, der kort efter overtog Lynderupgård hvorefter Trinderup gik til en anden svigersøn H.C.D. la Cour.

KLEJTRUP

Når der tales om Klejtrup historisk set, tænkes der først og fremmest på Klejtrupgård, der også refereres til under navnet Brattingsborg. Dette navn har igennem tiderne været forbundet med utallige sagn, hvilket i sig selv afslører at der må findes en virkelig historie tilknyttet gården, og at betydningsfulde mennesker må have boet her. Man ved at der for nogle århundreder siden, har boet adelsfolk på gården, og så ikke meget mere. Det er sagnene der fylder mest, men under tiden viser det sig at sagn ofte rummer en kerne af sand historie, men heri er ikke alle historikere enige. Gårdens historie under navnet Brattingsborg, har været genstand for flere uheldige misforståelser. Vi ser navnet i forskellige afskygninger, som Brattingsborg, Birtingsborg og Bertangeborg. En version er sagnet om at Niels Bugge af Hald, belejrede Niels Ebbesens Brattingsborg, hvor belejringen blev opgivet fordi disse belejrere blev narret af, at man trak den samme ko rundt iført forskellige kohuder. For det første, så har Niels Bugge aldrig belejret Brattingsborg i Klejtrup, og han ville næppe have gjort det hvis det var Niels Ebbesens borg, idet Niels Bugge var dennes morbror, og der er intet der tyder på at Niels Ebbesen nogen sinde har ejet borgen. Desuden er historien om kohuderne og belejringen en gentagelse af et sagn om Kalø slot, og derfor sikkert et af mange vandresagn. Historien om en belejring, sammen med Bugges navn, kunne stamme fra da Valdemar Atterdag belejrede Niels Bugges borg Hald, der også undertiden refereres til som Brattingsborg.

Historien om de syvsindstyve der drog fra Hald til Brattingsborg, tilhører Didrikssagaen, der som historisk forbillede havde kong Theodorik den Store der indtog Bern, og har intet at gøre med gården i Klejtrup. Dette blev blandet med den gamle tyske Nieberlungenlied, og en historie om Isung fra Brattingsborg i Brovst også kaldet Bratskov, og der findes flere steder med navnet Brattingsborg. Valdemar Sejr havde et slot ved det navn i Sverige på øen Ifø. Dette slot led samme skæbne som det i Brovst ved at forsvinde i vandet der omgav dem. Brattingborg på Samsø er en tilsnigelse, idet stedet hed Søllemarksgård indtil Griffenfeldt købte den i 1674, og kaldte det Brattingsborg, og endelig blev det ældste Hald ved Viborg også kaldet Brattingsborg, hvilket muligvis fejlagtigt er påført stedet.

Navnet Brattingsborg anvendes udelukkende om forsvarsværker som borge, hvorfor udtrykket må have baggrund i militæret. Engelske forklaringer går på at en Brat er en ung mand oplært i militærbrug, med andre ord en infanterist, "an armybrat". Så forklares det at Brat er en betegnelse for bogstaverne BDSM, der dækker bondage, disciplin, dominans etc. hvilket er en god beskrivelse af militæret. Med andre ord må udtrykket Brattingsborg betyde en forsvarsborg og tilflugtsborg.

Vi kan sikkert konstatere at stedet fra ældgammel tid var en stor gård, sandsynligvis et gods, og i de ældste tider anlagde man volde og grave som forsvar for adelsgårde, så de fremstod som borge. Møldrup avis bragte i 1937 en artikel om et hjemstavnsstævne afholdt i Viborg i 1929. Her hentydes til en beretning skrevet på gammeldansk hvori det nævnes at Klejtrupgård har været en af landets største gårde, og omtales som et gods. Gården eller borgens oprindelige navn, har uden tvivl været Klæktorp, som Klejtrup navnet stammer fra. I L. Boths "Danmark" fra 1872, læser vi: "Ikke langt fra kirken ses tydelige spor af en borgplads med volde og grave. Her skal der have stået en gård der kaldtes Klejtrup".

Hvor gården Brattingsborg nu ligger, findes også et voldsted der tydeligvis er resterne af en gammel borg. Om voldstedet siger "Trap Danmark": "På en odde i den sydvestlige del af Klejtrup sø, ligger det meget anselige Klejtrup voldsted. Det består af to stærk fremtrædende borgbanker af den ældste type, anlagt højt i fast terræn. Den mindste, nærmest søen, har brat fald til denne med kampestensgrund. Ved den større banke synes det ene hjørne afskåret fra den øvrige del ved en grav".

I "Samlinger til Jysk historie og topografi", fra 1906, skriver oberst Emil Madsen, at voldstedets form viser at det er levninger af en borgfæstning fra den tidligste middelalder fra før den tid hvor man byggede borge i sten, men alene af træ og jord.

Emil Madsen skriver: "I midten og på den nordre side af næsset, findes to voldsteder, der begge må hidrøre fra en meget gammel tid. Det nordligste, der ligger lige ved kanten af søen, synes at være udskåret af selve bakken, så der er fremkommet ligesom en kæmpehøj med meget stejle sider, der på den sydlige landside er begrænset af en meget dybt udskåren, i bunden omtrent 15 fod bred grav, som derefter fortsætter sig efterhånden mindre udskåren på den østre og vestre side, medens den derimod ganske mangler på den nordre ud imod søen. Selve højen, der er en smule langagtig i retning fra øst til vest, har forneden et tværmål af noget over 30 alen og hæver sig vel omtrent 30 fod over gravens bund. Selve toppen er noget affladet. Stedet har i egnen navnet Troldhøj. Meget betydeligere viser sig det omtrent 50 alen sydligere liggende voldsted, som på stedet kaldes Ruinen. Det danner ligesom det førstnævnte en af stejle sider begrænset høj, der ligesom Troldhøj har været begrænset af en grav, af hvilken der dog nu ikke findes stort mere end spor. Højen synes ved kunst ophobet over det omgivende jordsmon og hæver sig, med et tværmål af henved 40 alen, omtrent 30 fod over, hvad der tidligere var den omgivende gravs bund."

Obersten gør sig her sine tanker om både type og alder, og som militærhistoriker har han bemærket detaljer andre måtte overse. Han siger videre: "Voldstedernes form viser tydeligt hen på, at man her har at gøre med levninger af en borgfæstning fra den tidligste middelalder, da man endnu ikke byggede borge af sten, men alene af træ og jord. Efter det kendskab vi har om befæstninger af denne art, må det formodes at det større voldsted har båret en bygning af træ, der på en gang var kernen og det fornemste opholdssted i befæstningen. Øverste del af højen må antages at have været omgivet af et palisadehegn, og sandsynligt har der også på det andet voldsted Troldhøj, været indrettet et anlæg af lignende art. Vistnok har der på stedet oprindeligt været flere værker, af hvilke tiden nu har udslettet alle spor. Der kan have været en lavere vold eller brystværn af jord på den udvendige side af graven, og der kan have sluttet sig til kernen i anlægget et eller flere fladerum, omgivne af volde, palisader eller måske kun hække, således at hele næsset på de fra land tilgængelige sider, bestemte til under truende forhold at optage befolkningen i omegnen, samt deres og besiddernes husdyr. På en tegning i Nationalmuseet udført af Kruse i 1840, findes antydet levninger af volde, desuden en slags vej med rester af egepæle på siderne fra borgpladsen ud til en rundagtig forhøjning i engen sydvest for voldstedet. Heraf kunne intet ses ved et besøg i august 1904."

Herefter nævner Emil Madsen at der findes nærmere beskrivelser af tilsvarende befæstninger i England i bogen "Qarte Medieval Military Architecture In England", udgivet i London i 1884. I disse tekster kan man læse at disse engelske anlæg netop af denne art, stammer fra det 8. og 9. århundrede og menes at være anlagt af de indvandrende jyske vikinger. Der hentydes ligeledes til ældre fæstningsværker som f.eks. Dover Castle.

I "Viouet Le Duc dictionaire raisonne de Tarchitecture", findes afbildninger af hvorledes et fæstningsværk af den art som vi finder i Klejtrup har været indrettet. Man ser her hele den øverste top, der ligger i midten af det befæstede område, med en tårnlignende bygning i flere etager. Omkring denne ligger flere bygninger der formodes at være stalde, forrådskamre og værksteder.

Emil Madsen med sin militære baggrund, så naturligvis på borgen i Klejtrup med forsvarsmæssige øjne idet han skriver: "Særlig ejendommelig ved Klejtrup voldsted og temmelig enestående, er at der her findes to højder, af hvilke den nordligste er således beliggende indenfor et pileskuds afstand fra den sydligste, at den ikke godt har kunnet angribes, så længe den sidst nævnte har kunnet holde stand, medens den samtidigt, så længe den kunne forsvares, forhindrede et angreb på hovedvoldstedet fra den side der vendte mod samme, og dermed til dels også et omsluttende angreb på det sted hvor Kæmeti (ledelsen) i befæstningen fandtes".

Et voldsted af denne type betegnes som en dobbelt motte, jordhøje omgivet af vand eller voldgrav, hvor der oftest fandtes et trætårn med broforbindelse mellem de to banker. Her er altså tale om et betragteligt forsvarsanlæg, med hele to tårne, og den gamle historiker P.F. Suhm der omkring 1760 beskrev voldstedet, nævnte at der også havde været en havn, hvilket af strategiske årsager ville have været en nødvendighed. Amtmand Rosenørn skrev: "De mærkelige levninger af denne borg, kaldtes endnu for få år siden for Høwvolden". Suhm nævnte også en "vase" på stedet. En vase var som regel en betegnelse for en opdæmning eller vold der blev lavet hvor en bro skulle bygges over et vandløb, og det giver god mening idet borgen har været omgivet af vand på alle sider.

Den lokalkendte forfatter Søren Vasegård der var født i Hærup, udgav sin bog om Klejtrup sogn i 1925, og heri giver han også sin beskrivelse af voldstedet, om end en smule anderledes. Han skriver:" Det består af to meget skarpt afgrænsede forhøjninger med bratte skrænter ned mod siderne, hvorpå der gror græs, men der mærkes næsten overalt, at der er murværk under, så det holder sig godt mod tidens gnavende tand. Hvorledes denne middelalderlige borg har set ud, savnes alle efterretninger om, og det er vanskeligt at tænke sig forbindelsen mellem de to forhøjninger, da bunden af gravene mellem dem nu ligger betydeligt over den højeste vandstand i søen. Derimod er det sandsynligt, at hele det parti, som ligger derude, i sin tid har været omgivet af vand, så de nuværende grave har været voldgrave om den gamle borg."

Det er bemærkelsesværdigt at han fortæller at man næsten overalt kan mærke at der under grønsværen er murværk, idet Emil Madsen må have været der ganske få år før Vasegård udgiver sin bog, i hvert fald efter 1904, som obersten selv nævner. Emil Madsen nævner ikke noget sådant, og man må vel betragte ham som en bedre iagttager. I øvrigt skriver Vasegård at navnet Brattingsborg tilhørte en stor banke på den modsatte side af søen, og her henviser han til Bratbjerg på Hvornum-siden af søen.

Voldstedet findes omtalt flere steder, og interessant nok får man får nye oplysninger hvert sted. I Wikipedia for eksempel læser vi følgende:" Den nordlige banke ligger helt ude ved søens bred, og ind mod land har der været en 6 meter bred voldgrav, som formentlig har været vandfyldt. Syd for denne banke ligger endnu en borgbanke, der hæver sig 7 meter over det omkringliggende terræn. Denne banke har også haft en voldgrav, som nu er helt udjævnet."

I denne beskrivelse får vi at vide at voldgraven er 6 meter bred, hvilket Emil Madsen ikke nævner. Herefter nævner Wikipedia at der sydvest for gården Brattingsborgs have, har ligget det voldsted der betegnes Klejtrup Volde, og at der er knyttet en del sagn til dette voldsted. Dette må vist være en misforståelse, idet dette sted lidt sydvest for gårdens have, knapt nok bemærkes. Det kan have været en del at det anseelige voldsted, men kan eventuelt også være en rest af et endnu ældre voldsted, men man må gå ud fra at Klejtrup Volde er de ret store volde som obersten beskriver, selvom resterne syd for haven kan have været en del af forsvarsanlægget.

På Trap.Lex, der kalder sig Danmarks Nationalleksikon, kan man læse den originale fredningstekst fra 1937: "Voldsted (syd for Klejtrup volde). Voldstedet består af en ca. 2 meter høj, nærmest cirkulær banke og et ca. 10 meter syd for denne beliggende, ca. 1 meter højt aflangt plateau. Banken er omgivet af voldgravsagtige sænkninger hvorover i øst fører en lav og smal dæmning til det højere land, hvorfra det aflange plateau udgår. Det fredede areals form og udstrækning fremgår af vedlagte skitse, hvorpå fredningsgrænsen er angivet".

I denne redegørelse er stedet syd for haven, benævnt beliggende syd for Klejtrup Volde, ikke som Klejtrup Volde, men beskrivelsen foreslår dog med det nævnte plateau, en klar forbindelse til disse. I øvrigt fandt den første officielle fredning af området sted den. 24. oktober 1850. Fredningsteksten fra 1937, følges op med en datering af stedet som værende fra 1067 og fremefter, hvilket på ingen måde findes underbygget. Resterne af volden syd for haven, kunne eventuelt have været landforbindelsen til borgen. Her kunne have stået et tårn hvor vagtmandskab fandtes, og herfra kunne dige eller broforbindelsen have været anlagt, som foreslået i Trap. Mest sandsynligt er nok, at der fra landsiden gik en dæmning ud til den nu lave vold i haven til gården, og at der herfra har fandtes broforbindelse ind til borgen, måske en bro der kunne hejses op i lodret tilstand så der kunne sejles her. En af Suhms forklaringer går også på at en havn skulle være anlagt ved Vasen, hvilket må være ved dæmningen. Vi ved dog at tegningen fra 1850, nævner bropæle i området hvor nu adgangsvejen til gården findes, hvilket sandsynligvis er en senere bygget vej, efter at vandstanden var betydelig sænket, og sejlads til og fra søen ikke længere muligt.

Borgens beliggenhed og størrelse, såvel som opførelse med et ekstra tårn for den type borganlæg, peger helt bestemt i retning af et anlæg der ikke kan have tilhørt en almindelig storgård eller hovedgård. Det tyder meget mere på en borg hvor der har boet konger. Der er i Danmark registreret omkring 800 voldsteder, og hvis kun et af disse, som det siges, fra gammel tid var udstyret med to tårne, må dette bestemt betegnes som værende unikt. Desuden var det anlagt på en ø, hvor en ydre voldgrav var unødvendig.

Navnet Klejtrup, senere kaldet Klejtrupgård, dækkede over mindst 4 gårde, idet der på et tidspunkt var 4 fæstere. Det menes at disse gårde var Provstegården som nu ligger på Skårupvej 44, og som før udflytningen lå på Kirkealle nr.1, der nu er en ejendom uden jord. Den næste gård var Skallemosegård der nu ligger på Skårupvej 62, men det vides ikke hvor den lå før udflytningen. Den tredje gård skulle være Sjørringgård der blev flyttet til Herredsvejen 186, hvor den oprindelige placering heller ikke kendes. Den fjerde gård skulle så være den nuværende Brattingsborg på Søvej 16, der nok altid har eksisteret der. De fire gårdes beliggenhed, har der længe været delte meninger om. I et ældre skrift udgivet af Klejtrup Borgerforening kan man læse: "Efter 1685, var den gamle hovlade tilbage, den blev i fællesskab brugt af de fire fæstebønder, som da dyrkede jorden. Deres tæt sammenbyggede gårde lå på den gamle borgplads". Det lyder tvivlsomt at der har været plads til fire gårde på det område hvor nu gården Brattingsborg ligger, for i så fald er gårdene jo udflyttet derfra. Der findes dog et gammelt kort, hvor der netop i dette område vises flere små parceller med hele seks forskellige matrikelnumre, så udelukkes kan det ikke. Men således kan det ikke have været fra gammel tid hvor området var borg og borggård. De fire gårde må dog heller ikke betragtes som en rettesnor for antallet af de gårde der i tidligere tider udgjorde Klejtrupgård.

Omkring år 1000, begyndte der at indtræffe kulturændringer i Danmark. Kristendommen var på fremmarch, de hedenske templer forsvandt og kirker blev bygget, men altid hvor der tidligere havde stået et hedensk tempel, hvilket efter gammel skik som regel stod på høvdingegårdens gårdsplads. Dette fortæller os at den ældste Klejtrupgård, skal findes meget tæt på hvor Klejtrup kirke nu ligger. Brattingsborg ville sikkert have været bygget samtidigt, og fungeret som hovedgårdens forsvarsanlæg. Hovedgården kunne have haft både repræsentative og militære formål, men må have været placeret over for kirken, på det sted hvor der indtil for ikke så længe siden var tømrerforretning, og vi ved at der ved begyndelsen af 1900-tallet faktisk lå en gård netop her. Denne gård ville efter det ældgamle løbenummersystem have haft nr.1, hvilket også ville have fulgt gården da matrikelsystemet indførtes, og gamle kort viser da også at arealet kaldet matrikel 1, netop går op til denne gård. Matrikel 1 i Klejtrup by dækker det flade område hvor nu Brugsen, CS Solutions eller den gamle Sparekasseplads, Købmandsgården samt området hvor det tidligere Hvilehjem og Klejtrup Bageri var placeret, og denne jord må have tilhørt gården på Kirkebakken fra gammel tid. Derfor kan der godt være sket ændringer og udskiftninger senere hen, ligesom opdelinger og nye numre er en mulighed. Et gammelt kort fra 1700-tallet viser at der netop lå bygninger placeret her i midtbyen neden for kirkebakken, men det er en gård på bakken der må have været den oprindelige. Dette er i kirkens nærhed, så gården lige overfor har været hovedgården hvor kirkegården har udgjort en indhegning med gudetemplet i midten i de førkristne tider. En af gårdene kunne godt have været Provstegården før udflytningen da denne lå på Kirke Alle, og her har den måske senere fungeret som kirkelade. Den næste af de fire gårde, kunne man forestille sig placeret hvor nu

Klejtrup Mølle ligger. Det kunne have været Sjørringgård, idet Sjørring kommer af "Sjørinde", ved søens ende. Den kan have været en halvdel af Møllegården, der da de blev delt blev flyttet til Sandstrædet. En større gård ser også ud til at have ligget nogenlunde hvor nu brugsen findes, men der kan udmærket have været flere gårde. Chr. Sørensen Testrup skrev omkring 1725: "Jens Bertelsens moder i Klejtrup har fortalt mig, at i hendes ungdoms- tid stod endnu den store lade som havde været hovlade på Klejtrup hvorudi alle mændene endda lagde deres korn, efter at gården var besat med bønder".

Vi kender gården som Klejtrupgård, men måske var gårdens navn oprindeligt kun Klejtrup. Professor Johannes Steenstrup udgav i 1908 en afhandling om danske stednavne, og heri skriver han: "endelsen TRUP er mest almindelig når det drejer sig om en herregård. Den enkelte gård, måske med nogle andre gårdsæder som i sin tid udgjorde en torp, kan være vokset op til at blive en adelig sædegård. Når den til eksempel tidligere var bleven betegnet som Gården i Randrup, fik den nu navnet Randrup". På lignende måde kunne man have talt om enegården i Klejtrup, der så senere kaldes Klejtrup, et navn som den meget senere by overtager. Vi har gamle tekster der beretter at gården var en af de største i landet, og så taler vi om enorme landområder, og derfor sandsynligvis kongens gård.

I Erik af Pommerens regeringstid, tilhørte al jorden imellem Hejring og Snæbum denne konge, der valgte at forære en gård med tilhørende 400 tønderland til en adelsmand fra Pommeren ved navn Gert van der Lanken. Der var dog den klausul at der altid skulle stå fire senge opredt, og til rådighed for kongen når denne kom forbi. Denne greve stod kongehuset nær, og da dronning Magrethe overtager et gods i Thy, kaldet Sigtrygs gods i 1406, var han medunderskriver. Slægten Van der Lanken var en gammel pommeransk adelsslægt der siden 1200 årene havde været bosat på Rügen. Slægten havde våbenfællesskab med slægten Saxe fra Letland som var nært tilknyttet det danske kongehus. Valdemar Sejr gav adelsmanden Voghen Palnisun fra denne slægt Gammel Hald i Viborg i len, hvilket han havde midt i 1200-tallet før slægten Eberstein køber godset, og som omkring 1346 overtages af Niels Bugge. Når der i teksterne står at kongen forærer greven gården, betyder det uden tvivl at greven får den i len. Alshøjgård var en senere del af denne gård efter en opsplitning, og klausulet om opredte senge fulgte med over til Alshøjgård. Al jorden imellem Hejring og Snæbum stammer naturligvis tilbage fra høvdingetiden hvor denne ejede al jorden. Når Alshøjgård var kongens ejendom, kunne man forestille sig at den tidligere havde været en del af Klejtrupgård. Det var i hvert fald kongen der ejede begge. Nærmere søen, skråt over for Alshøjgård ligger Hejring Kirkegård. Den er også af interesse her, idet Hejring Kirkegård fik dette navn fordi der indtil pestens tid havde ligget en kirke her, og denne gård har netop matrikel nummer 1. Dette kunne tyde på at der her har ligget en høvdingegård hvor der på gårdspladsen har stået et tempel som vi har set i flere andre tilfælde. Når man ser på beliggenheden, kunne den have fungeret som en forpost for kongsgården i Klejtrup, som man måtte passere når man sejlede ind fra Mariager fjord, akkurat som det kunne være tilfældet med Hersomgård. Måske var det Hejring Kirkegård som Van der Lanken fik overdraget, og som senere blev skilt og opdelt til flere mindre gårde. Hejring Kirkegård er bygget på tomten af en forsvundet kirke, men denne må til gengæld have været opført hvor der tidligere har ligget en storgård. Ejerlavssystemet giver vide rammer for fortolkninger, og vi kender ikke ejerlavets historie for de enkelte gårde. Man opererede helt tilbage i starten af 1500-årene med begrebet ejerlav. Et ejerlav kunne være betegnelsen for jordejerens små arealer i en landsby, eller en gruppe af gårde. Det kunne ligeledes omfatte to eller flere landsbyer hvis de havde fælles form for dyrkningssystemer. Et ejerlav kunne således dække over dele af to forskellige sogne, og selv i 1600-årene kunne et gods omfatte flere landsbyer, selv om de udgjorde selvstændige enheder. Et gods kunne ligeledes eje samtlige gårde i en landsby.

Hovedgårdsbegrebet opstod i 11-1200-tallet, hvor kongemagten i sine bestræbelser på at opbygge en rytterhær, tilbød skattefrihed til herremændene der stillede mandskab til rådighed. Den typiske hovedgård i 1400-tallet var ikke meget større end 5 til 6 bøndergårde, men det var i samme århundrede at grundmønstret for de følgende århundreders godsstruktur blev til. Allerede i 1300-tallet var mange af de større hovedgårde flyttet ud af de landsbyer hvorfra de stammede. De blev ofte placerede ved store eng og skovstrækninger i ejerlavets udkant, og som beskrevet andet sted, kunne et ejerlav have forskellige størrelser, således at Klejtrupgård meget nemt kunne have haft et tilhørende ejerlav der strakte sig flere kilometer i hver retning. Allerede i 1400-tallet fik en række hovedgårde udskiftet deres jord fra landsbyfællesskabet til et "enemærke". Herefter kunne man så begynde at koncentrere sig om at opstarte en virkelig stordrift.

Professor Anders Bøgh ved Århus Universitet har på opfordring regnet på dette, og han skriver: "Vedrørende Atlas over Danmarks administrative inddeling anno 1682, heri angivet ejerlav. Klejtrup sogn, Hejring, Fristrup, Skaarupgårde, Demstrup, Klejtrupgård med mølle, og Hærup som ejerlav. De enkelte ejerlavs størrelse i antal gårde, huse og tdr. hartkorn, findes i "De danske landbrug" af 1928/1975 side 267. Der var da 25 gårde og 6 huse i sognet boniteret til i alt 146,29 tdr. hartkorn fordelt på 1264,4 tønderland, og heraf disponerede Klejtrupgård over 25,45 tønder hartkorn svarende til 223,4 tønderland, medens Skaarupgård havde 9,63 tdr. hartkorn eller 93,6 tønderland. På nævnte Atlas anno 1820 findes flg. Ejerlav: Hejring, Fristrup, Skaarupgårde, Klejtrup og Hærup. Jeg tænker at sidstnævnte er dem der anvendes den dag i dag". Her ser vi at Klejtrupgård kun er godt dobbelt så stor som Skaarupgård, hvilket umuligt kan have været tilfældet i tidligere tider hvor flere adelsmænd så kun havde ca. 200 tønderland til deling. Før sådanne registreringer, kunne en gård som Klejtrupgård have haft sit eget private ejerlav, omfattende utallige tilhørende gårde helt fra gammel tid. Desuden kan ejerlavets størrelse have været meget anderledes i tidligere tider.

Samme Anders Bøgh forklarer andet sted, at før den første matrikulering af 1644, eksisterede et system bestående af løbenumre, hvilket blev grundlaget for matrikuleringssystemet. På trods af at dette blev ændret flere gange med få års mellemrum, så forblev udgangspunktet det samme. Den gamle matrikel af 1688 kom så til indenfor de enkelte ejerlav, ligeledes at bestå af løbenumre der stort set svarer til de senere matrikler, men ikke til de nugældende numre af 1844. Anders Bøgh mener at numrene fra første færd skulle afspejle geografien i det givne landskab og at man dengang har haft en fast praksis for hvorledes nummereringen skulle foregå i forhold til dette, og et sådant fast skema er meget ældre end 1844 matrikuleringen. Man kan derfor ikke slutte noget ud fra gårde med samme matrikel nummer, hvis de ligger i forskellige ejerlav, idet selve størrelsen af disse heller ikke har været konstant fra første færd. Landets opdeling har jo skiftende historie, hvor man har anvendt herred, syssel, len, amt, kommuner og sogn, hvilket er ændret adskillige gange.

At numrene skulle afspejle geografien er naturligvis en mulighed, men det kan ikke være en tilfældighed at nummeret 1 altid ses ved præstegårde, for tallet 1 havde fra gammel tid betydningen af den højeste eller største, oprindelig med religiøs betydning, hvorfor tidligere høvdingegårde altid havde dette nummer, som fulgte samme sted efter kristendommens indtog. Høvdingegårdene blev de senere stormandsgårde eller herregårde, og nummereringen fulgte med. Da de gamle løbenumre blev erstattet af matrikelsystemet, arbejdede man stadig med både matrikelnumre og ejerlav. I dag kender vi et matrikelnummer bestående af et stamnummer med højst fire cifre, og som regel et litra eller bogstavbetegnelse. I 1781 var der stadig ingen detaljerede kort som indkredsede disse matrikler, kun en indikation ved hjælp af brugernavne. Det var først i 1804 der blev iværksat opmåling og givet klare matrikelinstruktioner, og det var ikke før i 1826 der kom nye hartkornsberegninger, og skattegrundlaget var ikke klar før i 1844. Det havde da taget 200 år fra man afløste løbenummersystemet med matrikelsystemet, og i denne lange periode havde der altid været rigeligt at være i tvivl om, idet der utallige gange skete ændringer.

Skaarupgård der har matrikelnummer 2a som Klejtrupgård, kan derfor godt have været en del af kongens ejendom helt fra de tidligste tider, for som Anders Bøgh påpeger, er det ikke nummereringen i sig selv der giver svaret, idet en storgård kunne have sit eget ejerlav omfattende alt som tilhørte storgårdens ejer beliggende andre steder. I nogle tilfælde fik en sådan storgård såkaldt Birkeret, og dette tillod gården dens eget lovkompleks. Derfor kan de to gårde tidligere have været en del af samme ejerlav, og nummereringen stamme fra en eller flere jordopdelinger, som vi nu ser spor af i matrikuleringssystemet. I Hejring finder vi også nummer 2a, og det er på gamle kort det største sammenhængende og samlede jordstykke, hvorfor dette ligeledes kunne have været en del af gården hvis den havde omtalte eget ejerlav. Desuden stammer nummeret 2a sikkert fra 1844 matrikuleringen, så dette kan fortolkes på flere måder.

I 1508 ser vi at biskop Erik Kaas i Viborg forlener Mogens Munk med Klejtrup kirkes gård kaldet Skaarup, samt et bol i Hærup der nok er Kirkelund. Både Mogens Munk og hans far Oluf Munk skriver sig til Klejtrup, hvilket betyder Klejtrupgård. Var dette en bekræftelse på at Mogens Munk fortsætter sin faders forlening eller sad han også på en af de fire gårde. Det må han have gjort, idet hans far dør i 1493, hvorefter

Mogens overtager faderens Klejtrupgård. Men vi ser her, at han af Erik Kaas tilskrives Skaarupgård og et bol i Hærup, og det er 15 år senere, hvorfor vi må gå ud fra at han herefter har begge gårde. Dette tilhørsforhold ser vi første gang nævnt i 1100-tallet, hvor "en konge eller herremand" giver dette til en hr. Palle Tygesen, hvilket er ensbetydende med at Skaarupgård på daværende tidspunkt hørte under Klejtrupgård, eller i hvert fald havde samme ejer, nemlig kongen. Dette tyder unægtelig på at den stadig gjorde dette da Mogens Munk får gården, idet Klejtrupgård da var ejet af Viborg domkirke, hvilket vi ser at Skaarupgård også var. Vi ved at Skaarupgård tidligere bestod af to gårde kaldet henholdsvis vester og øster, men Søren Vasegård skrev i 1925 i sin bog om Klejtrup sogn således:" de to Skaarup gårde der tidligere var fire". Dette hentyder til at der oprindelig har været hele fire gårde der samlet kaldtes Skaarupgård eller Skaarup. Sandsynligvis er dette en hentydning til at de to gårde, Poulsgård og Skaarupsminde tidligt i 1800 -tallet også tilhørte samme slægt.

Når der siges at Klejtrup kirke ejede Skaarupgård, så ved vi at gården var anneksgård til kirken. Før reformationen havde præsten sit udkomme af en eller flere gårde. Der var præstegården og dernæst anneksgården. Anneksgården som præsten havde fæstere siddende på, betalte deres afgifter til præsten, og derudover skulle de også give husly og staldplads til præsten, når han havde ærinde i området, og præsten havde foruden Klejtrup kirke, også kirkerne i Hersom og Bjerregrav. I 1718 var Christen Pedersen fæster på Vester Skaarupgård. Fæsteafgiften var herlighedsretten og bondeskylden. Ejer af herlighedsretten var Hr. Sr. Brochmann, medens præsteembedet ejede bondeskylden. I dette år, solgte justitsråd Peder Benzon til Havnø og Korsøgård herlighedsretten som han havde overtaget samme år, til sin fætter Christoffer Rosenørn på Hersomgård. Efter reformationen i 1536 blev kirkerne privateje, hvorfor det er vanskeligt at udrede disse gamle beretninger hvis man ikke har årstal på fortællinger og henvisninger til episoder og begivenheder. I 1406, giver kongen Klejtrupgård til kirken, og ca. 100 år senere giver kirken Skaarupgård i len til Mogens Munk. Vi hører ikke hvor længe Skaarupgård har tilhørt kirken, men det ligner en mulighed at kirken har fået gården ved samme lejlighed som da Klejtrupgård i 1406 gives til kirken, og hvis dette er tilfældet, da har de to gårde hørt sammen i 1406.

Der skete rigtig meget disse år. Nye regler og nye love, så det er vanskeligt at klarlægge de rette ejerskaber med sikkerhed. Ifølge can.mag. O. Nielsen der har skrevet om sysselting i Danmark, tilbage i 1867, så havde man meget tidligt systemer vedr. jordinddeling. I Valdemar Sejrs Jordebog af 1231, er der noget der hedder "Tylter Ed" med vidner der skal nævnes for kongen på tinge. "Hvis en by skilles fra en anden by ved markskel skal man nævne tolv gode mænd af bygden, og de sværge markskel der de vil, se de for Gud hvad de sværge". Oprindelig havde syslerne deres egne love, men de sammensmeltedes gradvis, og blev i Valdemar Sejrs tid til lovbøger, hvorefter der skulle føres markbøger. Al denne bogføring havde naturligvis et formål. Der skulle betales skat. Igennem årene var nye systemer kommet til, men adelen havde hele tiden haft fortrin og privilegier, imod at stille militært mandskab til rådighed når kongen kaldte. Vi ser med al tydelighed at selv nutidige velfungerende systemer, alligevel har en oprindelse i uskrevne love samt skik og brug i gamle dage.

I 1600 årene var landet på vej mod økonomisk kollaps. Kong Christian d. 4. havde brugt enorme summer, ikke blot på sine byggerier, men også på sine krige, og senere i 1657-60 kostede krigen mod svenskerne så meget, at noget drastisk måtte gøres. Rigsrådet foreslog kongen at indkalde til stændermøde, men forhandlingerne gik trægt. Efter mere end 35 dages forhandlinger hvor adelen ønskede at fastholde sine privilegier, tog borgerne og de gejstlige nu til genmæle og gik til kongen med et tilbud. Danmark kunne blive et arvekongerige. Hidtil havde adelen valgt kongen, så Frederik 3. sagde ja tak, og tolkede denne arveret derhen at han var enevældig konge. Så i 1660 blev enevælden indført, og der kunne nu opkræves de skatter der var så stort et behov for. Den 5. november 1660 blev en kopskat pålagt hvert individ over tolv år, gradueret efter skatteevnen.

I 1660 indkaldtes jordebøgerne, og på grundlag heraf blev der udarbejdet en fælles jordebog for alle landets ejendomme, den såkaldte matrikel af 1664. Heri skyldsattes ejendommen i hartkorn som oprindelig var en fællesbetegnelse for alle afgifter, som bønderne skulle yde i naturalier eller landgilde til godserne. De forskellige afgifter, var i godsejerens jordebog anført i forhold til 1 tønde rug eller byg kaldet hårdt korn. Dette viste sig at fungere dårligt fordi ligningen på godserne var forskellige. I 1681 begyndte man derfor udarbejdelsen af en matrikel, der var baseret på jordens ydeevne kaldet bonitering, som sattes i forhold til arealet, og således angav det hartkorn der skulle svares. Man havde dog også før den tid systemer til inddeling.

Middelalderens Danmark var et udpræget landbrugsland, præget af store godsejerslægter. Godsejerne blev kaldt herremænd, et ord der stammer fra at de gjorde krigstjeneste for kongen. Begrebet herremand er tæt beslægtet med ordet herred. Det gamle ord for herred var Hærrath, hvor første stavelse "hær" sættes sammen med anden stavelse "Rath" der betyder folk eller skare, så der er tale om noget militært. Dette kan spores tilbage til dengang landet var opdelt i stammeområder, der fra endnu ældre tid var en høvdings opdeling af jord til slægtninge. Et herred skulle kunne stille med mindst 120 mand til "leding", og hver større gård var forpligtet til at stille med et antal folk baseret på gårdens størrelse. Også i dette tilfælde ser vi at der gennem tiden har været forskellige inddelinger af områder og arealer. Henrik Larsen skriver: "Herredet var ofte, måske altid delt i mindre afdelinger, tredinger eller fjerdinger, og i den sene middelalder var de nærmest skattelæg af selvejerbønderne. I kirkelig henseende var de delt i sogne, men det var ikke sjældent at et sogn omfattede dele af to herreder. Andre inddelinger var ejerlavet, landsbyen og enestegården der udmærket kunne have fællesskab i marker med en anden gård eller landsby. Her har man enkelte tilfælde af at herredsgrænsen gik gennem en by eller dens marker.

I Feldballe sogn, ligger Marsk Stigs gamle gård Møllerup. Om denne siges det i Markbog nr. 1081: "Imellem borggården og ladegården går en bæk, som gør skilsmisse imellem trende herreder, nemlig Sønder herred, Øster Lisbjærg herred og Mols herred, hvoraf borggården ligger udi Sønder herred, ladegården og mesteparten af marken ligger i Mols herred, og en abildhave udi Øster Lisbjærg herred".

Samtidigt har vi en bog om gamle sogneskel af Salomon J. Frifelt som skriver: "Det danske sogn er noget for sig selv. Det danske land er tavlet ind i et fletværk af sogneskel og herredsgrænser. Det er den danske folkestamme der gennem denne særprægede folkeinddeling fra ældgammel tid har sat sit præg på landet. Man siger normalt at et sogn er den kreds af bolav, der søger eller sogner til samme kirke. Det ligger således nær at opfatte sognet som en inddeling samhørig med kristen tro og gudsdyrkelse. Men den, som sysler lidt med stednavne og stedsagn, gamle grænser og veje, vil snart opdage at sogneinddelingen må være langt ældre end kristendommen her i landet. Det synes indlysende at det var ud fra kristendommens behov, at sogneinddelingen blev formet, men da det skete, tog man ikke og knyttede gamle hedenske guders navne til kirkesognet, som eksempelvis Thorsager, Thorsted eller Tistrup. Ej heller gav man sognet navn efter ældgamle hedenske helligsteder eller vier, som de to Vium og Viuf. Deraf ser man at sogneinddelingen og kirkesognets navngivning, rækker tilbage til kultus religiøse forestillinger langt forud for kristendommen i vort land. Forud for den tid var det samlende midtpunkt i sognet et andet samlingssted end kirken: helligstedet, gudehovet, helligkilden, helliglunden, Solhøj, Solbjerg o.s.v."

Love og regler har løbende ændret sig, men det var helt tilbage i jernalderen på Sigges tid, at samfundets magtstrukturer begyndte at ændre sig hen imod den samling af landet som sker i vikingetiden. I jernalderen ser vi høvdinge, der hersker over store områder. En krigerelite med slægter, der knytter bånd til hinanden på forskellig vis, herunder gennem ægteskaber. Under disse høvdinge har der været ledere på flere niveauer, hvilket fortsatte op gennem århundreder, og de tilhørte oftest disse høvdingens slægt. Man ser dog at de sociale skel samtidigt voksede, hvilket man ser i gårdenes størrelser, hvilket stort set forblev uændret. De der ejede mest jord, havde også den største magt. Dette ser meget genkendelig ud, idet det ikke var stort anderledes for blot nogle få århundreder siden.

KONGER I KLEJTRUP OG STORMÆND I GLENSTRUP

Når vi kommer op i 1000 og 1100 årene ser vi stormænd og godsejere der er kongens støtter, og dette var der for så vidt ikke noget nyt i, idet et lignende sammenhold havde eksisteret igennem adskillige århundreder. Hvis kong Niels har boet i Klejtrup, som vore gamle historikere mener at vide, burde der derfor også være en stormandsslægt i området som Niels kunne se som sine nærmeste støtter, og det må man sige at der var. Landets absolut mest magtfulde stormandsfamilie i netop 1000 og 1100 årene var den såkaldte Thrugot slægt, der også kaldtes Thorgunnasen og Trundsen. Familiens overhoved Svend Thrugotsen boede i Glenstrup området, i en større borglignende gård hvor nu den lille landsby Svendstrup er opkaldt efter ham. Han var søn af Thrugot Fagerskind, der havde været leder af kong Svend Estridsens hird, og var gift med Thorgunne Vagnsdatter, hvis farfar hed Agge og var søn af Palnatoke. Thrugots far Ulv Galicienfarer, havde været Svend Estridsens jarl i Ommersyssel og havde haft bopæl i Asmild ved Viborg, hvor Asmildstenen tydeligt peger på slægten med navnene Thorgaut og Thorgunne. Han var muligvis jarl allerede under Knud den Store, og bestyrede dennes kongsgård der nok har ligget netop i Asmild. Ulv var gift med Bodil Haakonsdatter, hvis far var Haakon Ladejarl i Norge. Haakons far Erik Ladejarl var gift med Gyda, datter af Svend Tveskæg og Gyda var søster til kong Svend Estridsens mor Estrid, og de to var dermed søstre til Knud den Store. Erik sejlede i 1015 fra Norge til Vestervig for at slutte sig til Knud den Stores flåde før erobringen af England, hvor han døde i 1024.

Svend Thrugotsen og hans bror Astrad havde været Svend Estridsens søn, Knud den Helliges hirdmænd, og havde kæmpet sammen med denne da han blev dræbt i Albani kirke i Odense i 1086. Til stede var også dennes to brødre Benedikt og Erik Ejegod. Benedikt blev dræbt, men Erik undslap sammen med de to Thrugotbrødre. Desuden blev Svend Thrugotsens søster Bodil gift med Erik Ejegod, som var konge før broderen Niels. Efter Knud den Helliges død valgtes hans bror Oluf Hunger til konge, men han døde i 1095 og blev efterfulgt af Erik Ejegod.

I 1103 tog Erik Ejegod og hans dronning Bodil på pilgrimsrejse til det hellige land, hvor de begge afgik ved døden. Erik Ejegod havde pålagt sig selv at sone drabet på fire af sine hirdmænd, som han havde begået i fuldskab, hvilket skulle ske ved denne pilgrimsrejse. Før afrejsen, tog Erik og Bodil afsked med deres folk på Gammeltorv i Viborg, det der i dag er domkirkepladsen, hvorfor man må formode at de boede på kongsgården i Viborg.

I året 1104 bliver den yngste af Svend Estridsens sønner Niels konge, og skal vi tro vore gamle historikere, så valgte han at bo i Klejtrup hvor hans bror Oluf Hunger tidligere havde boet. Lederen af kong Niels hird hed Kristiern Svendsen og var Svend Thrugotsens ældste søn. Han var i ordets bedste betydning kriger, og en frygtet mand. Historien beretter at han engang i kongsgården, i raseri havde hugget til hirdmanden Thure Dokæ der led en del skade. Dette var et alvorligt brud på vederloven, hvor man i værste fald kunne idømmes dødsstraf. Kong Niels havde ikke modet til at lægge sig ud med denne magtfulde familie, og hans bror havde jo været gift med Kristierns faster, så Niels vælger i stedet at idømme Kristiern en bod på 3 gange 40 mark sølv til kongedømmet og hirdbrødrene og 2 mark til den skadelidte Thure Dokæ. Kristiern ejede store landområder flere steder, og adelsmanden M.H. Rosenørn der i 1800 årene studerede middelalderens historie, mente at vide, at både Kristiern og hans bror Agge ejede jordegods i Thy, og foreslog at en del af det var Ullerupgård nord for Thisted, der var opkaldt efter deres oldefar Ulv Galicienfarer. Slægten har været tilstede i Thy og på Mors, og der står en runesten ved Elsø kirke på Mors med teksten "Thruit".

Rosenørn beretter ligeledes at torperne i det nordvestlige hjørne af Sdr. Hald herred var ejet af slægten. Han nævner Essenbæk kloster, der blev oprettet i Randers af Stig Tokesen Hvide, der var gift med Valdemar den Stores søster. Valdemars bedstemor var Erik Ejegods dronning Bodil, og jorden til klosteret havde været hendes arvejord. Andre dele i området havde Kristiern fået i arv af sin bedstemor Thorgunne, og her fandtes en stor engstrækning kaldet Trundholm ved Kristrup hvortil hørte agerland ved Tjereby og Tjereby Fang. En del af den jord tilhørte Vor Frue Kloster i Randers, der var stiftet af en nonne ved navn Thorgunne, og samme Thorgunne var Kristierns bedstemor. Thrugot havde forstødt hende, og havde giftet sig med Svend Estridsens datter Sigrid, der var blevet enke i ung alder efter Obodritterkongen Gotskalk der døde i 1066. Man mente at Sigrid var Bodils biologiske mor og at Thorgunne var mor til Svend og Astrad. Dette lyder meget sandsynligt, idet der senere kommer et efterspil om Sigrids arv og Knud Lavard, der var Erik Ejegod og Bodils søn. Sigrids arv kaldet Sigridlev, var gods i Vestergotland som Sigrids bror kong Niels ikke ville give til Sigrids søn af første ægteskab Henrik Gotskalksen.

Erik Ejegods søn Knud Lavard opholdt sig ofte hos Niels og hans hustru Magrethe Fredkulla i Klejtrup, og det lykkedes ham på en eller anden måde at frikøbe denne arvelod, som så senere indgik i en kontrovers mellem Lavards datter Kristine og kirken. Dette kan nemlig forklare hvordan Knud Lavard efter at Niels havde udnævnt ham til hertug af Slesvig, bliver "Knees" i Mecklenburg selv om han nok ikke helt var berettiget dertil, men her havde hans mormor Sigrid jo været dronning.

Nonnen Thorgunne er nævnt i Lund kirkes dødebog som "Thurgund langliva moder dicta", og i samme bog nævnes også Svend Thrugotsen og hans hustru Inga. Dette forklares ved at nordens første ærkebiskop Asser, netop var søn af Svend Thrugotsen, og bror til Kristiern som Kristrup ved Randers er opkaldt efter. Da Asser dør efterfølges han af Kristierns søn Eskild som ærkebiskop. Også i Borup ved Randers står der en runesten dateret til 970-1020 der nævner slægten. Desuden var Kristiern og Assers bror Svend først domprovst i Viborg, men blev biskop samme sted i 1132, og var sandsynligvis involveret i opførelsen af den første stenkirke i byen.

I 1882 skrev skolelærer C. Mortensen i Grønbæk en artikel i "Jysk Historie og Topografi" med tillæg ved M.H. Rosenørn flg.: "I Glenstrup har vi landsbyen True, og ikke langt derfra Ulstrup der tidligere hed Ulvs Torp, og vi har herregården Trudsholm i Kastbjerg sogn. Otte Krumpen der levede fra 1521 til 1569, flyttede Trudsholm til den nuværende plads. Man kunne dog stadig se rester af det oprindelige Trudsholm sidst her for nogle få år siden. Det lå få kilometer nordøst for den nuværende hovedbygning. Det er et voldsted med to grave omgivet af banker. Voldstedet kaldes Gammel Trudsholm og skulle oprindelig have heddet Truid og har engang i tidernes morgen været en stærk borg opført og kontrolleret af Truid eller Trundslægten. Fra Mariager Fjord og til voldstedet var der enge der i fortiden var gennemstrømmet af vandrige bække, men fra voldstedet fortsætter eng og mosedraget omkring to og en halv kilometer i samme retning og forbi den nuværende gård og ender først ved vejen der fører fra Hadsund til Udbyhøj, hvor der ligger et bakkedrag og en dal der kaldes Havndal, og her har der i fortiden været en havn. Det gamle Trudsholm var omgivet af vand og lå på en holm som navnet antyder. Her er fundet murlevninger, bropæle og rester af en større båd. På Gammel Trudsholm marker fandtes et sted kaldet Ulvholm hvor der også har ligget en borg, og navnet afspejler jo mandsnavnet Ulv eller Ulf, der var i brug i denne slægt. Det gamle Trudsholms første oprindelse skriver sig tilbage til den tid da Kjærby å gennem den store indsænkning som danner skellet mellem Nørhald og Onsild herreder stod i forbindelse med vandløbene ved Svenstrup og således dannede en sejlbar vej fra Kattegat forbi borgen i Klejtrup til Limfjorden ved Vorde og Hjarbæk. Da nemlig Trud synes at have været den form det norske Thorgaut antog på Jysk er det vistnok dette navn der fremtræder i Trudsholm, ligesom navnet Ulf i Ulvholm, der har været en meget betydelig jordborg der ligger i Kjærby å sydøst for Kvortrup gårdene. Borgen på Ulvholm er at dømme efter navnet og anlægsmåden ældre end Gammel Trudsholm, men ingen kender dets historie".

Voldstedet Ulvholm er af den såkaldte Motte type som voldstedet i Klejtrup. Det der er synligt i dag, er de bevarede overgroede jordværker og voldgrave fra voldstedet. Den 5 meter høje og 34 meter lange kvadratiske borgbanke med flad top, omgives ved foden af en oprindelig våd voldgrav, som sikkert blev forsynet med vand fra den omgivende mose og kilderne i skrænterne syd for voldstedet. Voldgravens yderside blev forstærket med en 1,5 meter høj vold uden palisader. Ved en udgravning i 1953, sås det at voldstedet var anlagt på en mindre naturlig banke, som blev afgravet og forstærket med nedrammede pæle og risfletværk mod voldgraven. Stedet var forskanset med en beskyttende palisade, hvilket sås ved store nedrammede træstolper ved foden af voldbanken. Ved Dyrby lidt syd for voldstedet, omtales en hovedgård tilhørende en Jep Nielsen i 1401.

Byen Truest beliggende i Gjern Herred hørte til Vejerslev sogn. Byen skrives i ældre dokumenter som Truist, Truidstath og Truidsted. Den hører til de gamle adelbyer, ældre end torperne og bestod i sin tid af 12 mindre gårde. Der var et kloster i Vejerslev, men efter reformationen blev Truest taget fra Vejerslev sogn og henlagt til Tvilum kloster sogn.

Svend Thrugotsen havde sit herresæde i Svenstrup, hvilket vi kan se ved at matrikel 1 i True er kirkejord til Svenstrup kirke. I Svenstrup lå tilbage i 1880 en gård kaldet Baggegård, men historien siger at den oprindelig hed Aggesgård, og Agge var Kristierns søn. Ved herregården Kjellerup i samme område står der i indkørslen en runesten der ligeledes nævner navnene Thorgot og Thorgund som relaterer til denne slægt. Den stod tidligere et kort stykke vej derfra, hvor der tidligere har stået en kirke. Gårdens historie kendes kun tilbage til 1299, hvor kong Erik Menved under et forsøg på at slippe ud af en strid med ærkebiskop Jens Grand, tilbyder Paven en femtedel af besiddelserne i Kjellerup. Aage Brask der selv har ejet gården, har studeret dette meget nøje, og bemærker at ved delingen af Thrugots gods, var det skikken at datteren skulle have halvt lod med sønnerne, eller en femtedel af faderens gods, hvilket kunne tyde på at Bodils søsterlod der så vil være gået i arv gennem hendes eneste søn Knud Lavard, og eneste sønnesøn Valdemar den Store, og derefter gennem dennes efterslægt er kommet til Erik Menved, for hvem det er faldet naturligt at benytte sin private ejendom til afgørelse af ærkebispestriden.

Glenstrup kirke er noget helt særligt, en meget anselig og interessant bygning. Hvordan går det til at en så stor og fornem kirke, bliver bygget i et så tilsyneladende lille samfund allerede i slutningen af 1000- tallet? Måske Glenstrup eller Glæthingstorp som det hed dengang i vikingetiden, har haft en meget større kulturel betydning i lokalsamfundet end vi i dag har kendskab til. Kirken er tilsyneladende bygget med henblik på at den skulle være en klosterkirke, hvilket den også blev da et Benediktinerkloster blev grundlagt og bygget der, og påbegyndt nogle år før man gik ind i 1100- tallet. I meget gamle papirer fundet i Mariager kloster, fremgår det at klosteret som fik navnet Nørre kloster, skulle være stiftet af en Svend Bo og hans fru Inga Thytt, og det ved vi er Svend Thrugotsen og hans hustru, som mentes at være af Skjalm Hvides slægt. De er ligeledes nævnt som de adelsfolk der har bygget Stenild kirke og Stenild bro. Svend og hans frue nåede ikke at se byggeriet færdiggjort. Fru Inga døde 1084 men det menes at Svend levede til omkring 1105. Klosteret omtales første gang i 1169, og her nævnes det meget store godstilliggende som klostret ejede, så det har nok stået færdigt omkring 1130 eller tidligere.

Kort efter klostret færdiggørelse, påbegyndtes opførelsen af en mølle på jord der også var doneret til klostret af Svend Thrugotsen, og det er naturligvis Kongsvad mølle. Her var på den tid et vadested man måtte passere fra Onsild siden når man skulle til Glenstrup, og årsagen til at møllen fik dette navn, skulle være fordi kong Niels meget ofte passerede vadestedet, som i lokalområdet fik navnet Kongsvad Niels. Årsagen til kongens jævnlige tilstedeværelse her, kunne måske være at det var kong Niels der har stået for besigtigelsen af klosterbyggeriet efter Svends død.

Kong Niels var jo en kirkens mand ligesom hans brødre og hans far havde været, så dette ville kun være naturligt.

Man får det indtryk at kong Niels må have boet i nærheden, og vore gamle historikere var jo også sikre på at Niels havde boet i Klejtrup, og det var de allerede for næsten 600 år siden. Vi ser ligeledes at da den ulyksalige borgerkrig bryder ud i 1131, da nævnes flere fra Thrugotslægten, men uheldigvis for kongen, ikke på hans side. Det var nemlig kong Niels søn Magnus der fik Knud Lavard dræbt, og dennes mor var jo dronning Bodil af denne slægt. Vi hører at Kristiern fra at være hirdmand hos Niels, er gået over på Erik Emunes side, idet han var Knud Lavards halvbror. Historien beretter, at der stod et større slag i Rønbjerg ved Limfjorden hvor kong Niels blev sejrherren. Her blev Kristiern taget til fange og indespærret i Holsten. Herefter omdirigerer Erik Emune sine styrker og sejler ind ad fjordarmen der går til Onsild. Herfra vil han tilsyneladende med sine folk gå til angreb på kong Niels. At Emune sejler til Onsild, må skyldes at indsejling til Klejtrup sø, på dette tidspunkt ikke længere var muligt. Emune har så valgt at marchere til borgen i Klejtrup med sin hær. Niels havde haft spejdere ude og vidste han var på vej, hvorfor han sendte sine styrker mod Onsild hvor der stod et stort slag ved Onsild bro i engene ved Brobjerggården. Her deltog Kristierns søn Agge også på Emunes side, og detaljerne om dette slag får vi beskrevet af dennes søn Svend Aggesen der skrev sin Danmarkshistorie ca. 25 år før Saxo fik udgivet sin Danmarkskrønike, og her kan man tale om førstehåndsoplysninger da Svend Aggesen fik alt fortalt af sin far der deltog i Slaget. Erik Emune kan kun have haft et eneste formål med at sejle til Onsild, og det har været at angribe kong Niels. Indsejlingen til Klejtrup sø, har på daværende tidspunkt grundet lavvande ændret sig til kun at være et vadested, men hele scenariet her må ses som en bekræftelse på at kong Niels boede i Klejtrup.

I 1132 bryder Emunes folk ind i kirken i Asmild og dræber biskop Eskil ved alteret. Eskil var kong Niels personlige ven, og havde sammen med Niels indviet Hersom kirke den 11. august 1122 Skt. Laurentisdag. Man har ellers hele tiden ment at kirken blev indviet i 1150 af Eskil, hvilket ikke så godt kan lade sig gøre idet han døde 18 år tidligere. I 1548 blev der fundet en gammel messebog i kirken hvori man kunne læse følgende: "Anno Domini MCXX anden Dag, Sct. Laurenti, da blev Hersom Kirke viet af Biskop Eskil, og er disse samme Kirkens rette gave: tre fjerding jord, en lybsk sk. Mønter i Biskopgave, over Hersom og Øris mark. Item Kirken haver der en gaard, Østergaard og en Hoved Eng baade med Vase og Vej og en Aalegaard med hendes Ret". Nævnte Eskil må ikke forveksles med biskoppen af samme navn, som tilhørte Thrugotslægten.

Sagnene om kong Niels i Klejtrup omfatter også hans brorsøn Henrik Skadelår, der altid omtales som boende hos kong Niels i Klejtrup. Henrik var søn af Niels lidt ældre bror Svend, som egentlig skulle have været konge efter Erik Ejegod, men hans helbred var ikke godt, og historien giver det indtryk at han også boede i Klejtrup. Han var opsat på at blive konge, og trods sygdom gjorde han sig klar til at rejse til Viborg for at blive kongehyldet. Vi får at vide at han nåede til Viborg, men her døde han før han kunne blive kronet som landets næste konge, hvorfor eftertiden har givet ham tilnavnet Svend Tronkræver.

Vi ser her at Klejtrupgård allerede på dette tidspunkt må have bestået af flere gårde. Niels boede der med sin dronning Margrete. Sønnen Magnus boede der med sin hustru Rekissa og deres søn Knud. Niels bror Svend boede der tilsyneladende også, og dennes søn Henrik Skadelår boede der sammen med sin hustru Ingrid, og deres børn, heriblandt Buris Henriksen og hans to brødre.

Et andet sagn beretter at Henrik Skadelårs hustru Ingrid stikker af med en anden mand. Det lykkes Henrik at få nys om hvor de befinder sig, hvorefter han sætter efter dem, finder dem i Ålborg, og bringer begge tilbage til kong Niels. Denne episode omtales af Anders Sørensen Vedel, og både han og Suhm ved at dette fandt sted på borgen i Klejtrup. Historien beretter herefter at hendes elsker bliver straffet, og her får vi forskellige versioner af denne hændelse. I en version begraves han i en af voldene. I en anden i engdraget omkring gården, men Arild Huitfeldt der skrev for over 500 år siden, ved at Niels beordrer ham levende begravet i en høj på Hvornum mark, kaldet Bjørnshøj.

Suhm beretter også hvordan kong Niels unge søn Inge i 1121 mistede livet, da en hest sparkede ham ihjel på den vej der var anlagt på en dæmning hen over vandet ind til gården. Hans tugtemester havde været så uforsigtig at lade drengen selv holde tømmen. Tugtemesteren blev som straf levende begravet, eller vel snarere indespærret levende, i Bjørnshøj på Hvornum mark, på samme måde som Ingrids elsker. Suhm lagde ikke skjul på at han havde sine oplysninger fra Parsberg, der i sine detaljerede anmærkninger til Vedels danske oversættelse af Saxo, netop understregede at "hændelsen skete på Klejtrupgård tre mile fra Viborg, ved havnen "Vase". Parsbergs familie var utroligt historisk interesseret, og hans far ejede Lynderupgård, ikke så langt fra Klejtrup. Parsberg var ikke blot lokalkendt, men havde også adgang til gamle dokumenter tilhørende faderen. Parsberg var 1675 landsdommer, i 1676 kancelliråd og i 1684 assessor ved højesteret. Han blev justitsråd og i 1688 etatsråd, så en veluddannet mand, der ikke havde noget at vinde ved at fortælle usande historier, hvorfor vi må gå ud fra at han var velunderrettet.

I 1887 udgav historiker og bogtrykker Mikael Gjørup en historisk beretning om Oluf Hunger, der var konge fra 1086 til 1095. Gjørup beskæftigede sig med historie, og ønskede at viderebringe sande oplysninger til folket. Han havde tidligere udgivet beretninger om herreds og sysselvæsenet, og hvordan det fungerede for næsten 1000 år siden. Han undersøgte ligeledes hvordan de geografiske og topografiske forhold tidligere havde været, og beskrev dette i forbindelse med historiske beretninger, og ligeledes skrev han om hvordan stednavnene havde ændret sig i tidens løb. Han har med sine detaljerede beretninger med sikkerhed haft adgang til meget gamle historiske optegnelser. Gjørup var københavner og på ingen måde lokalkendt i Klejtrups omegn, og antagelig ikke bekendt med lokalsagn.

I Gjørups beretning, hører vi at Oluf Hungers bror Erik Ejegod, opholdt sig i Sverige på kongsgården i Dalby. De var ikke på talefod, idet Olaf Hunger havde været involveret i opstanden mod broderen Knud den Hellige. Oluf blev af denne årsag af sin broder Knud indsat i et fangetårn i Flanderen, hvor Knuds svigerfar boede. Da Knud så blev dræbt, var det Svend Thrugotsen og broderen Astrad der tog til Flanderen og fik Oluf løskøbt. Han blev derefter konge og flyttede ind på kongsgården Gamborg på det nordvestlige Fyn. Her forbliver han et års tid, men flytter i 1087 til Viborg. I forsommeren i 1090 vælger han imidlertid at flytte til Klejtrup, idet han elskede dette sted. Han holdt mest af Jyllands nordlige egne, thi her havde han sine trofaste venner. Det var her oprøret mod hans bror kong Knud den Hellige havde fundet størst tilslutning, og fælles skyld forenede kongen og disse egnes beboere. Oluf elskede at være i Klejtrup, og det samme var tilfældet med hans yngre broder Niels.

Oluf var blevet svagelig og havde det meget dårligt. Han magtede ikke at foretage sig ret meget, hvorfor han havde givet en stor del af hirden orlov, så kun nogle få mænd var tilbage hos ham, sammen med hirdstyreren Bue Vognsen. En dag banker det på porten, og da Bue Vognsen åbner, står der en ung mand ledsaget af en ældre kvinde og beder om at få kongen i tale. De bliver budt indenfor, og her får kongen sig en overraskelse. Det viser sig at Oluf et par år før han var blevet gift med den norske prinsesse Ingerd, var blevet far til en søn med en frille han havde dengang, hvilket han var uvidende om. Oluf behandler dem venligt, og får nu arrangeret det således at den nu ca. tyve år gamle søn kan blive sendt ned til Henrik Gotskalksen i Venden, hvis far havde været gift med Olufs søster Sigrid.

I løbet af foråret 1095, får Oluf flere gange besøg af stormanden Svend Thrugotsen som han så godt kendte. Det var Oluf der i 1089 udnævnte Svend Thrugotsens søn Asser til bisp i Lund. Svend ville overtale Oluf til at acceptere at hans bror Knud den Hellige kunne blive ophøjet til helgen, hvilket Oluf tidligere havde været imod. Svend fortæller Oluf, at dennes bror Erik Ejegod også gerne ville besøge ham på sygelejet, og til sidst indvilger Oluf i at mødes med broderen.

Så en dag kommer Toke Skjalmsen ridende med et mindre følge til kongsgården i Klejtrup. Han medbragte et brev til Oluf fra dennes bror Erik Ejegod, som nu opholdt sig i Slangerup. Toke Skjalmsen var søn af Skjalm Hvide der var jarl på Sjælland. Det er denne Tokes søn der optræder i en gammel vise, om Palle Tygesen på Skaarupgård, hvilket beskrives senere.

Vi bliver så oplyst om at Erik Ejegod drager mod Jylland, og lægger til ved Fiskbæk, hvorfra han med sit følge fortsætter mod Klejtrup til hest. Her modtages han venligt af Oluf, og endelig får de sluttet fred med hinanden. Erik ønsker sin bror bedring, og tager afsked. Olufs helbred ændrer sig ikke til det bedre, og han ved at det snart er slut. Den 18. august 1095, hjælper folk fra Oluf hird ham op på en hest, hvorefter han med et mindre følge rider mod Glenstrup. Måske han ville besøge Svend Thrugotsen, eller se på kloster og kirkebyggeriet, men det melder historien intet om. Kort før de når Glenstrup, er Oluf svag og meget syg, og pludselig falder han af hesten og udånder.

Vi bemærker her at Gjørup kender den nøjagtige dato for Olufs død, hvilket vist ikke findes nævnt andre steder. Mikael Gjørup nævner også kong Niels. Han beretter om episoden med Henrik Skadelår der finder sin hustru og dennes elsker, hvorefter han tager tilbage til Klejtrupgård hvor kongen opholdt sig. Gjørup kan ligeledes berette at Henrik Skadelårs hustru stak af med en vendelbo ved navn Ottar Tolarsøn. Ottar var søn af Tolar Verpil der havde ledet oprøret mod Knud den Hellige.

Michael Gjørup fortsætter: "I ældre dage skar mange fjorde som nu er forsvundne ind i landet. Således har rimeligvis en del af Skalsåens leje været en fjord, der fra Hjarbæk eller Fiskbæk fjord skar sig ind i landet til Klejtrup sø. Her inderst i fjorden er da kongsgården Klejtrup blevet anlagt. Nu ligger dens få spor af volde og grave på et næs i Klejtrup sø, og terrænet har vel på kong Olufs tid haft det samme udseende som nu, kun at det har været skovbevokset og langt mere sumpet. Landsbyen Klejtrup ligger omtrent tre mile nordøst for Viborg, og dens ældgamle kampestenskirke, som nok en af Svend Estridsens sønner har bygget, ser fra bakken hvorpå den står, vemodsfuld ned på kongsgårdens øde tomt. På Klejtrup er der foregået mange bemærkelsesværdige ting, både før og efter kong Olufs tid."

Gjørup går meget op i at fortælle, at både Oluf og Niels elskede kongsgården i Klejtrup mere end andre steder. Noget lignende kunne siges om deres far Svend Estridsen, idet han havde den samme forkærlighed til kongsgården i Søderup i det sydlige Jylland, hvor han også døde i 1076. Svend Estridsen havde mange børn, og de var stort set uægte børn alle sammen, avlet med døtrene til de stormænd som bestyrede hans kongsgårde. At Oluf og Niels havde så stor kærlighed til Klejtrup, må jo næsten have haft en fælles årsag. I Niels regeringsperiode, boede der en engelsk munk ved navn Ælnod i klosteret i Odense. Han forfattede en større afhandling om Knud den Helliges liv, og tilegnede skriftet til kong Niels. Fra Ælnod lærer vi at Svend Estridsens mange sønner, voksede op forskellige steder. Nogle blev sat til at studere de hellige videnskaber, medens andre af kongen blev overgivet til de stormænd der bestyrede hans kongsgårde, for at de kunne opdrages på hvert sit sted. Dette kunne derfor tyde på at både Oluf og Niels kunne være opvokset i Klejtrup, og at de af denne årsag havde så stor kærlighed til gården og stedet. Dette ville i så fald have været på forskellige tidspunkter idet der var stor aldersforskel på de to kongesønner.

Vi får ligeledes beretningen om mordet på Knud Lavard i 1131, et mord der tilsyneladende blev planlagt på Klejtrupgård. Magnus kaldet Den Stærke, der var søn af kong Niels, havde inviteret Ubbe Asbjørnsen, en fætter til kongen og samtidig hans svigersøn, gift med kongens uægte datter Ingrid. Ubbe havde sin søn kaldet Hagen Skaaning med sig, og en Hagen Sunnivasøn kaldet Hagen Jyde var også inviteret. Han var søn af den norske jarl Haakon Ivarsøn og var gift med Knud

Lavards søster Ragnhild, og de var den senere konge Erik Lams forældre. Hagen Jyde var ikke på forhånd klar over hvad der skulle ske, men da han erfarede at det var en sammensværgelse der gjaldt hans svoger Knuds liv, trak han sig med det samme ud af det, men blev tvunget på livet til at sværge at han intet ville røbe. Både Henrik Skadelår og Magnus hadede Knud Lavard af et godt hjerte. Vi ved også at Magnus hadede ham, for Knud Lavard havde flere gange igennem sin opvækst boet hos kong Niels og hans dronning Magrethe Fredkulla. Hun havde ved flere lejligheder måttet mægle imellem Magnus og Knud, hvilket ofte endte med irettesættelser til Magnus. Niels sendte Knud til Tyskland da han var 16 år gammel, for at få militær og politisk opdragelse, og da han kom tilbage gjorde Niels ham til hertug i Sdr. Jylland, så Magnus var uden tvivl jaloux på Lavard.

VALDEMAR DEN STORE I KLEJTRUP OG SAGNENES SANDHED

Historien fortsætter, men i denne fortsættelse stifter vi bekendtskab med en af vore største og kendteste konger. Han er aldrig tidligere blevet sat i forbindelse med Klejtrup, hverken i sagn eller folkeviser, men det er igennem disse sagn og viser vi er i stand til at identificere ham, og han var kendt som Valdemar den Store. Der findes flere sagn om den onde dronning der boede på Brattingsborg. Hun er ligeledes nævnt i flere viser, og hun blev allerede i 1500-tallet identificeret af vore gamle historikere. Hun var dronning Sofie, Valdemar den stores dronning. Vi skal her bevæge os ind i beretningen om en ny borgerkrig, som udspiller sig kun tyve år efter at kong Niels blev myrdet i Slesvig i 1134. Erik Emune der til sidst overvandt kong Niels, var en uægte søn af Niels bror Erik Ejegod, kong Niels forgænger. Han udråber sig selv til konge, men viste sig at være en så grusom person at han aldrig blev populær. Hans halvbror Harald Kesja havde støttet kong Niels i krigen, og nu sørgede Erik Emune for at han blev dræbt, og startede en ren klapjagt på Haralds elleve sønner. I løbet af ganske kort tid havde han dræbt dem alle med undtagelse af en, som havde held til at flygte og holde sig skjult for sin onkel. Han holdt sig skjult i Thy, hvor han blev gift ind i den familie som den senere landshelt Niels Ebbesen stammede fra.

Emune fik kun tre år ved magten, idet han blev myrdet i Ribe af en mand ved navn Sorte Ploug. Herefter blev Erik Lam konge, og han var søn af en søster til kong Niels. Han viste sig at være en svag konge, men ellers fornuftig nok, men han var ved dårligt helbred. I 1146 abdicerede han og gik i kloster hvor han også døde året efter. Så var Danmark atter kongeløs, men der stod allerede tre kandidater rede. De havde på trods af deres unge alder, både modet og lysten til at sætte sig på Danmarks trone. Den ældste var Erik Emunes søn Svend Grathe der var 21 år gammel, og derefter stod Knud Magnussen frem, søn af Magnus den Stærke der var søn af kong Niels, og han var 19 år gammel. Den tredje var Valdemar, hvis far Knud Lavard var blevet myrdet af Knuds far Magnus, og han var kun 15 år gammel. I 1134 da Valdemar kun var tre år gammel, forsøgte Kristiern af Thrugotslægten at overtale Valdemars mor til at lade den lille dreng udråbe til konge, og foreslog at så kunne han sammen med sin bror ærkebiskop Asser være hans formyndere og regere for ham til han var myndig. Dette er så noget af det sidste man hører til Kristiern, for han skulle iflg. Michael Gjørup være afgået ved døden den 20. maj i 1138. Valdemars mor afslog dette tilbud og tog ham med til de russiske områder hun stammede fra. Her forblev han indtil han ni år gammel kom i pleje hos Asser Rig fra Hvideslægten på Sjælland.

De første tre år fik Svend lov til at være konge, men så kom de to yngre rivaler på banen. I begyndelsen var Valdemar på Svend Grathes side, men så at denne var ligeså ond som sin far, hvorfor Valdemar kom i tvivl. Dette udnyttede Knud, og selvom Valdemar allerede havde en kæreste og var far til en lille søn, tilbød Knud ham sin halvsøster Sofie i ægte, og lovede Valdemar en medgift der ikke var til at sige nej til. Knud lovede Valdemar en tredjedel af sin fædrene arv hvis han skiftede over på hans side. Valdemar lovede af strategiske årsager at indgå i dette ægteskab. Knud sørger for at søsteren som opholdt sig hos sin moder i Sverige i dennes tredje ægteskab, kommer i pleje hos Hvide slægten på Sjælland. Hun er da kun 10 år gammel, og først da hun er 16 år gammel i 1157 finder ægteskabet sted. Krigen gør at de tre deler landet imellem sig, hvor Valdemar efter eget ønske får Jylland. I 1157 foreslår Svend at de alle skal mødes til en forsoningsfest i Roskilde, og her bliver Knud dræbt og Valdemar såret, men slipper med Absalon og Esbern Snares hjælp til Jylland, hvor han senere vinder det afgørende slag på Grathe Hede ved Thorning syd for Viborg.

Det er tydeligt at Valdemar villigt indgår i et politisk ægteskab, og visse tekster foreslår, at det var Valdemar selv der stillede krav om en større medgift for at indgå ægteskabet. Dette kunne være rigtig, for han havde på det tidspunkt et barn med sin kæreste Tove, men han havde tydeligvis selv valgt Jylland fordi han havde meget arvejord der, og nu ville han med indgåelsen af dette ægteskab med Knuds halvsøster, kunne øge sine jordbesiddelser betydeligt. Her var med andre ord en fordelagtig aftale lagt på bordet. Vi må gå ud fra at dette sker kort før 1154, hvorefter vi må formode at Valdemar flytter ind på kongsgården med Tove og sin lille søn. Vi ved ikke med sikkerhed hvor store jordområder eller godser der indgik i medgiften, men hændelser og relationer peger i retning af at netop kongsgården i Klejtrup var en del af medgiften.

Krigen fortsætter og Knud mister livet, hvorefter Valdemar undslipper. Da Valdemar er tilbage fra Roskilde, tager han til Viborg og viser stormændende og offentligheden sine sår, fra det baghold som Svend Grathe havde arrangeret. Det varer ikke længe før Svend med sin hær kommer til Jylland, og Valdemar får travlt med at hverve folk, og er i dette ærinde i Randers. Dette har Svend fået underretning om, og samler sine folk og lægger sig i baghold i bakkerne i Vorning. Da de er på tilbagevejen fra Randers, tager Esbern Snare der fulgte Valdemar tilbage til Jylland, i forvejen med en mindre gruppe, og sender spejdere ud. Her opdager de fjenden i Vorning, og her ser vi at Svend Grathe var klar over at Valdemar boede i Klejtrup, for hvorfor skulle han ellers ligge sig på lur i bakkerne i Vorning, nøjagtig på den rute man dengang benyttede fra Randers til Klejtrup, og var langt væk fra ruten til både Viborg og Thorning.

I det sidste slag på Grathe Hede, deltog også Buris Henriksen, søn af Henrik Skadelår, som boede i Klejtrup hvorfra Valdemar må have lært Buris at kende, og Buris havde først kæmpet sammen med Knud Magnussen da denne boede i Klejtrup. Valdemar ser netop derfor ud til at have boet i Klejtrup fra omkring 1154, sikkert sammen med sin kæreste Tove og deres lille søn, for vi ser senere at venskabet med Buris brødre, er etableret længe før Valdemar bliver enekonge.

Valdemars tilhørsforhold til Klejtrup ses på flere andre måder, og her vil vi beskæftige os med sagn der er tilknyttet gården i Klejtrup, samt de ældgamle folkeviser hvis handling netop støtter hvad sagnene fortæller, eller sagnene kunne være affødt af viserne. De gamle folkeviser er forfattet i 1200-tallet, og nogle ganske få i slutningen af 1100-tallet, og derfor skrevet straks efter de begivenheder der omtales. Folkeviserne var datidens underholdning, fremført af skjalde eller sunget på melodi. En af de mest kendte af disse viser der nu er over 800 år gammel kendes stadig i dag, og hedder "Jeg drømte mig en drøm i nat".

Viserne blev samlerobjekt for landets adelsfruer, men så engang i 1600-tallet var der en person der indså at viserne havde historisk værdi, og han brugte hele sit liv på at indsamle dem, så de kunne bevares for eftertiden. Han blev kendt som visesamleren Peder Syv. Der omtales to viser i "Georg Brandes samlede skrifter" fra 1905. Disse to viser stammer fra Karen Brahes Folio, og er forfattet ganske kort tid efter de hændelser de beskriver. Det drejer sig om viserne "Stolt Signelil og Dronning Sofie", og "Mettelil og Dronning Sofie". Vi ved at de begge er forfattet i slutningen af 1100-tallet, så det er ikke vanskeligt at regne ud hvem dronningen er. Hun er Valdemar den stores dronning Sofie, og den eneste dronning der passer til tidspunktet. Og det er netop disse viser der altid har været tilknyttet historien om den onde dronning der boede på Brattingsborg i Klejtrup. Viserne omtaler kun kongens gård, ikke hvor denne findes, men det kan umuligt være en tilfældighed at netop disse viser altid har været forbundet med en ond dronning der boede i Klejtrup som aflivede to uskyldige piger, og at samme dronning fra viserne, af vore historikere for omkring 500 år siden blev identificeret som dronning Sofie.

Signe er dronningens terne, og en aften hvor der er fest i kongsgården og kongen har fået en del at drikke, byder han Signe op til dans, hvorefter han byder hende at synge en elskovsvise for ham. Dronning Sofie bliver jaloux og vred og siger, at hvis hun vil feste med kongen skal hun også drikke. Sofie går så afsides en tid, men kommer tilbage med en tjener der overbringer Signe et glas vin. Der går ikke lang tid før Signe føler sig dårlig, og pludselig segner hun død om på gulvet. Efter nogen tid falder også Mette om og dør, og straks blev der hvisket i krogene om at dronningen havde forgiftet deres vin.

Disse viser er antagelig de ældste viser vi kender til, for A.D. Jørgensen skriver i "Historisk Tidsskrift" bind 6, fra 1891-1892, at viserne genfindes på Island i en selvstændig bearbejdelse ud fra samme emne, og at Island ikke har modtaget en eneste vise fra Danmark, hvis handling ligger efter år 1200.

Dette sagn har altid været tilknyttet Klejtrupgård, om den onde dronning der lod to terner aflive på trods af deres uskyld. Sagnet fortæller at denne onde dronning som bod for sin synd, måtte afgive to gårde i Hejring til Klejtrup kirke, hvilket viser at disse gårde i Hejring tilhørte Klejtrupgård og var beliggende på jorder der hørte under gården.

Herredsfoged Christen Sørensen Testrup (1685-1761) nævner i sin "Rinds Herreds Krønike" denne historie, og tilføjer at samme dronning til gengæld for dette, fik afholdt sjælemesser i kirken til sin sjæls frelse. Der skulle ligeledes ved disse sjælemesser synges en bestemt salme, hvilket var en fast skik helt op til Testrups egen tid, men at det ophørte fordi pastor Rønbech var meget imod det. Testrup fortæller videre, at fæsterne af de to gårde i Hejring, havde til opgave at holde alterlysene i kirken ved lige. Også oberst Emil Madsen kendte historien, og han tilføjer at en afgift også blev tilstået Hersom kirke til indkøb af alterlys, og at dette skyldtes en ond frue på Klejtrup som "sone" for at have ladet to uskyldige piger aflive.

Vi har her det bedste bevis på at sagn ofte er autentisk historie, for vi ved at Klejtrupgård i fordums dage afstod to gårde i Hejring til kirken, så det er ikke fri fantasi. Gårdene nævnes under matrikuleringen af 1662 under Klejtrup kirke. Det drejer sig om matrikel 3, som en Morten Pedersen fæstede i 1676, samt matrikel 2 som i 1664 havde to fæstere. I Klejtrup kirkes regnskaber fra 1650-51 nævnes Morten Børialsen som tidligere fæster af en halvgård i Hejring, og antages derfor at være død før 1650. Matrikel 2 bestod således af to gårde, så der er tale om tvillinggårde, og det må være dem der hørte under Klejtrup kirke sammen med nr. 3. Gårdens landgilde havde været 5 skæpper rug, 6 skæpper byg og 50 skæpper havre. I Hald slots jordebøger nævnes Morten Børialsen i Hejring 1624 til 1637 af matrikel 2, og i jordebogen af 1661-62 nævnes hans part for øde. Herligheden tilhørte da Hald slot, medens bondeskylden tilhørte Klejtrup kirke.

Fæstere af de to halvgårde var fra 1633 til 1650, henholdsvis Morten Børialsen og Chr. Nielsen og fra 1662 til 1664 Chr. Nielsen og Poul Andersen. Fra 1672 nævnes kun en enkelt fæster ved navn Jens Nielsen, og det ser ud til at en Morten Lauridsen har siddet som fæster i en kortere periode, for han nævnes 1655 for ekstra skat til Hald len. En Morten Pedersen der fæstede matrikel 3, får 1676 sammen med broderen Michel Pedersen fæstebrev på en anden ledig halvgård der også tilhørte Klejtrup kirke, og som så må have været en halvdel af matrikel 2. Den var da så forfalden at der blev givet visse lempelser. Morten Pedersen var søn af Peder Mortensen hvis far var Morten Børialsen, og denne Morten Pedersen blev også kaldt Morten Grøn, hvilket viser at de tilhørte lavadelen, idet navnet Grøn førtes af en lavadelsslægt fra Rinds herred som sank ned i bondestanden, og blev betragtet som værende af Rinds herreds knabere. Slægten havde flere gårde på egnen. I 1501 nævnes Christen Grøn til gården Hvolris, og i 1543 til Korsøgård i Simested sogn. I 1488 nævnes også en Christen Grøn til Restrup, så ikke samme person, idet sidstnævnte Christen Grøn menes født omkring 1450 og var gift med en datter af Karen Fasti og Morten Bang. Slægten Grøn kan føres tilbage til en Jens Grøn der nævnes som medbesegler af en vidisse i 1325. Måske slægten allerede på dette tidspunkt har haft gårdene i Hejring i fæste.

Slægten Grøn er sandsynligvis en gren af slægten Skadeland, der netop var beslægtet med Børialsen. Slægten Skadeland tog navneforandring til Pors, fordi de sammen med slægterne Viffert og Stisen havde rødder i Hvideslægten. I 1541 nævnes en Christen Grøn i Hvornum.

De to gårde i Hejring var senere fæstet af slægterne Seerup og Kræmer, der muligvis også var beslægtet med Christen Grøn. I 1726 har vi Niels Nielsen Kræmer som overtager faderens gård, hvorefter han fæster en del af matrikel 4, som tidligere var beboet af oldefaderen Peder Mortensen. Sønnen Morten Nielsen ses som fæster af Hejring Kirkegård med den matrikel der havde nummer 1.

Børialsen slægten optræder tilsyneladende som fæster af gårdene i Hejring allerede i 1400-tallet. En Børial Pedersen født i 1421, var selvejerbonde i Glerup i Vesterbølle sogn. Han beseglede et vidne af Rinds herredsting, i 1464 og i 1468 var han blandt bønderne der beseglede et skudsmål som kong Christian 1. lod tage af Viborg landsting. Han har sandsynligvis haft en af gårdene i Hejring, idet vi ved med sikkerhed at hans søn Poul Børialsen var fæster der, og da han dør i 1532 nævnes hans enke Maren som bosat der. Poul havde brødrene Morten og Jens. De tilhørte Rinds herreds knabere, der havde ord for at være stridslystne. I 1515 blev Morten slået ihjel på vej til kirke af Thomas Skadeland, som herefter dømtes fredløs. Nogen tid efter, bliver Skadeland pågrebet af Mortens brødre Jens og Poul. De viste ingen nåde, men dræbte ham på stedet. Det vides at de begge blev pure frifundet for drabet, da Skadeland jo var dømt fredløs i forvejen. Vi ser så at Poul var blevet adlet tilbage i 1492.

Allerede før mordet på Morten Børialsen, havde Thomas Skadeland fået en dom. I 1507 skulle han betale 60 mark guld til lensmanden, fordi han havde slået en kronbonde ihjel i Hvornum. Disse Rinds herreds knabere var berygtede vidt omkring. I 1644 da svenskerne havde besat landet, red en flok svenske ryttere ud fra Viborg for at proviantere, hvilket foregik ved at plyndre. De ankom til Fjeldsø og omegn hvor de stjal en del kvæg, men de nåede ikke tilbage til Viborg før de blev indhentet af rasende bønder fra Rinds herred. Knaberne gjorde kort proces og dræbte dem alle, hvorpå de tog deres kvæg tilbage.

Gårdene i Hejring blev i begyndelsen af 1700-tallet opkøbt af oversekretær og senere etatsråd Chr. Møinichen i Viborg, der opkøbte adskillige gårde i Rinds herred. Han blev i 1730 afskediget fra sine embeder i unåde på grund af bestikkelse og korruption.

Denne redegørelse kan kun ses som en bekræftelse på dronning Sofies tilstedeværelse på Klejtrupgård, hvilket indebærer at Valdemar den store må have boet der gennem en årrække, sikkert fra 1154 og frem til sin død i 1183.

Der findes også gamle og samtidige viser, hvor vi præsenteres for Valdemars store kærlighed Tove. Før hans politiske ægteskab med Sofie i 1157, havde han kendt Tove, og havde som 17-årig fået en søn med hende som fik navnet Christoffer, så han har uden tvivl boet sammen med Tove og sønnen da aftalen med Knud blev indgået, hvilket har været før 1154. Man ved ikke hvem Tove var, men man mente at hun var ud af fin slægt, og nogle mente at denne slægt stammede fra Thy og ligeledes var udbredt på Mors. Thyboerne synes at have bevaret mindet om Tove, og en anden ting der peger hen på Toves herkomst er Resens Atlas der støtter nogle beretninger om en henvisning til Morsø kirkens minder, hvor det fremgår at Tove skulle være begravet i Vestervig. Adelsmanden og historikeren M.H. Rosenørn mente at vide at hun stammede fra Thrugotslægten ligesom Valdemars bedstemor Bodil, og den havde da også slægtsgrene i Thy.

Folkeviserne betragtes igen i dag af flere og flere, som vigtige kilder til kultur og samfundshistorie, og indeholder desuden værdifulde historiske oplysninger, og da de er næsten samtidige, ses indholdet som troværdig historie. Viserne gik af mode i overklassen i 1600-tallet, men kom så stærkt tilbage i 1800-tallet. I Danmark er der overleveret 539 viser, sikkert takket være visesamleren Peder Syv. Indikationen for en høj alder, er at visernes ordforråd allerede var forældet da man gik ind i 1500-tallet, hvorfor flere ord blev misforstået af dette århundredes skrivere. Flere af disse ord var forsvundet fra det talte sprog før år 1300, og andre ord var tyske låneord knyttet til høvisk kultur, og stammer fra slutningen af 1200-tallet da tysk kultur fik stor indflydelse. Genren var fuldt udviklet i Danmark omkring 1286 da balladen om Marsk Stig blev skrevet. Sådanne viser blev populær underholdning, og blev reciteret og sunget på de store adelsgårde.

En af disse viser beretter om Sofie og Tovelil. Visen fortæller at Tove klædte sig pænt på, og forlod kongsgården og gik ud på stien der førte til den nye kirke. Sofie bemærker dette, og beder sin terne om at kalde Tove tilbage. Her får vi en bekræftelse på at Tove boede på kongsgården, også efter at Valdemar havde giftet sig med Sofie.

Sofie overtaler Tove til at gå med sig i badstuen, men straks da Tove er trådt derind, skynder Sofie sig at stænge døren udefra. Hun beder nu huskarlen om at fyre ekstra godt op, og Sofie havde på forhånd sørget for at der ikke fandtes vand i badstuen. Det ender tragisk, og Tove omkommer i en uudholdelig varme.

En anden vise beretter om hvordan Toves lille søn Christoffer hører sin moders skrig og vil hjælpe hende, men kan ikke få døren åbnet. I samme vise får vi også bekræftet at Tove på Valdemars bøn, var villig til at modtage og acceptere den nye dronning på en god og ordentlig måde. Samtidigt havde Valdemar bedt Sofie om at acceptere at Tove og den lille søn også skulle bo der. Da Tove er død, sender Valdemar deres søn Christoffer til Sjælland, for at blive opfostret hos Peder Thorstensen af Hvideslægten. Denne var gift med en søster til Asser Rig, hos hvem Valdemar selv blev opfostret. Valdemar henter ham tilbage da han bliver myndig og giver ham Sønderjylland i len. Christoffer bliver ikke gammel. Han dør ti år før sin far da han er 24 år gammel. Vi kan da udregne hans fødselsår, for Valdemar dør i 1183, hvorfor sønnen må være død i 1173, hvilket vil sige at han er født i 1149, og må da have været omkring 9 til 10 år gammel ved moderens død.

Der findes endnu en vise der kan tolkes som en bekræftelse på Valdemars tilstedeværelse på Klejtrupgård, og her får vi oven i købet leveret en adresse, som stadig er velkendt i Klejtrups nærmeste omegn. Det drejer sig om visen der handler om Palle Tygesen. Sagnet fortæller at denne Palle Tygesen skulle have boet på Skaarupgård. Et andet sagn kan berette næsten det samme, idet det siges at en stormand gav Skaarupgård og et bol i Hærup til en betroet ven, medens en tredje version mener at det var en konge der gjorde det. Palle Tygesen nævnes i Hoffmanns Fundatser, og Suhm skriver også om ham. Herredsfoged Christen Sørensen Testrup omtaler ham som en adelsmand der boede på Skaarupgård, og at gården dengang var et adelssæde, og Testrup bringer hele visen i sin Rinds herreds krønike.

I visen bor denne Palle på Skaarupgård sammen med sin mor og en søster. Han omtales som en værdig stormand, der fortæller sin mor at han vil gå til Brattingsborg, idet fruen der venter barn, og bliver passet af nogle piger fra Fyn.

Palle ankommer til kongsgården i Klejtrup, og kommer desværre til uvist hvordan, i forbindelse med fødslen at se dronningen uden klæder på. Visen indeholder lidt digterisk frihed, hvor det hedder, at han forklædt som kvinde sniger sig ind i badstuen hvor fødslen skal foregå. Senere afsløres han fordi han havde glemt at aftage sine sporer. Altså små tilsnigelser som skulle højne underholdningsværdien. Under alle omstændigheder bliver Sofie klar over at Palle har set hende nøgen, og bliver aldeles rasende. Hun proklamerer at Palle skal komme til at dingle i galgen for denne fornærmelse. Sagnet beretter så at Palle ganske kort tid efter, virkelig bliver hængt på en bakke et stykke vej fra gården.

Vi erfarer her, at der i disse tidlige tider, må have levet to onde dronninger på gården. Dette ses fordi der findes et andet sagn som beretter at den onde dronning der fik denne mand hængt, på et senere tidspunkt efter sin død, bliver tippet af i grøften eller vadestedet for enden af søen og begravet der. Nu ved vi at Sofie ligger begravet i Ringsted, og for nyligt har været genstand for videnskabelige undersøgelser. Man har ud fra hendes kranie med kriminaltekniske metoder genskabt hendes udseende, så vi har tydeligvis at gøre med to onde dronninger, med mindre begge dronninger fik en mand hængt. Rosenørn meddeler ligeledes at Skaarupgård for længe siden var en adelsgård, men ligesom andre har han heller ikke noget bud på hvem Palle Tygesen var.

På Valdemars tid indtraf der visse ændringer af personnavne. Navne som Tage og Tyge kom til at erstatte det gode gamle navn Toke, hvorfor Tygesen skal læses som Tokesen. Kong Valdemars søster var gift med Stig Tokesen der var Skjalm Hvides sønnesøn, og Stig havde broderen Palle. Stig og Palle var sønner af Toke Skjalmsen, og begge var at finde i Valdemars nærmeste kreds. Toke Skjalmsen, boede ifølge Danmarks Adelsårbog af 1898, på godset Eskebjerg ved Hindsholm i et område kaldet Skaarup på det nordlige Fyn. Det var denne Toke Skjalmsen som tidligere nævnt, besøgte kong Oluf Hunger på Klejtrupgård kort før dennes død i 1095.

I visen lærer vi at Palle nævner at dronningens terner er fra Fyn, så han kan på forhånd have kendt dem, og måske selv været involveret i deres ansættelse på kongsgården. Pigerne stammede måske fra det nordlige Fyn, hvor Palle selv var opvokset, og vi bemærker her at dette var i et område kaldet Skaarup, så måske har Palle overført dette navn på Skaarupgård. At hans mor skulle have boet hos ham, er ikke usandsynligt, idet Toke Skjalmsen dør i 1140. Toke var gift to gange, henholdsvis med Gyda og Ragnhild, men det vides ikke hvilken af disse der var Palles mor.

Skjalm Hvides slægt er genealogisk godt dokumenteret, men i Toke Skjalmsens slægtsgren skete der på et tidspunkt noget uforklarligt. Sønnen Palle Tokesen forsvandt fra slægtsregistret, så nogle historikere tvivlede derfor på hans eksistens. Årsagen til hans navn pludselig forsvandt, skal måske findes i hans uheldige optræden vedrørende dronningens fødsel, men det vides ikke, fordi det aldrig blev omtalt senere hen. Det er faktisk først inden for det sidste århundrede at hans navn dukker op igen. Man blev nødt til at erkende hans eksistens, idet både hans og hans sønners signatur dukkede op på forskellige gamle men ellers glemte dokumenter, så han var levende nok på det tidspunkt. De genealogiske lister hvori hans navn mangles blandt over 200 navne, er "Genealogie Absolonis", og det er vel tænkeligt at hans navn grundet skandalen, er udeladt i ærkebiskoppens genealogi, idet denne hele sit liv, var Valdemars nærmeste ven.

At udelukke Palle Tokesen af historien, ville have været uheldigt. Han fandtes, og det gjorde hans tre sønner også, men vi ved desværre ikke med hvem han havde disse sønner. I Valdemar Sejrs Jordebog kan vi læse at en biskop Tuki af Børglum (1146-1176) havde en søstersøn Aghi der nævnes som deltager i et korstog sammen med Palle Hvides søn Peder Pallesen, og Palle Hvide var naturligvis Palle Tokesen. Han havde sønnerne Peder, Lage og Henrik, og sidstnævnte var i en periode kongens kammermester. Palle Tokesen underskrev sammen med Valdemar den Store et stiftelsesbrev på Tvis kloster, der blev grundlagt af Buris Henriksen, søn af Henrik Skadelår. Næsten samtidigt grundlagdes Vitskøl kloster af Valdemar. Buris og Valdemar var beslægtede, idet deres bedstefædre var brødre. Palle Tokesens søn Henrik var blandt andre medunderskriver af kongens gavebrev til Vitskøl kloster i 1158. Ligeledes har vi en stormand ved navn Palle der i et udateret kongebrev fra imellem 1157 og 1160 optræder som vidne. Her mener historieforskeren og forfatteren Sigvard Mahler Dam, at der kun kan være tale om Palle Tokesen der den 24. marts 1163 skrev under på et dokument sammen med sin søn Lage. I 1182 bevidner Peder Pallesen et såkaldt Absolonsbrev, og i broderskabslisten samme år nævnes Peder sammen med Lage, og samtidigt ved vi at broderen Henrik var kongens kammermester i 1177, så vi kan roligt konstatere at både Palle og hans tre sønner var virkelige nok.

I "Nordic Elites in Transformation" 1050-1250 vol.3, nævnes Peder Pallesen Hvide som medlem af broderskabslisten i Valdemar Sejrs Jordebog, og ligeledes hans deltagelse i togtet til det hellige land i 1191. Historikeren Michael Kræmmer skriver at Peder Pallesen Hvide som er opført på broderlisten, er den samme som adskillige gange bevidnede dokumenter i den periode.

I visen kalder dronningen Palle, "min herres svend", hvilket kunne antyde at kong Valdemar havde givet ham Skaarupgård i len, hvorfor Valdemar må have ejet gården. Skaarupgård nævnes helt tilbage i 1263, og har derfor uden tvivl også eksisteret på kong Valdemars tid cirka hundrede år tidligere.

Der findes flere udgaver af visen om Palle Tygesen. Den kendes også i Norge og Sverige, men selve handlingsforløbet er ikke helt det samme. Medens den danske udgave lader Palle bevidne dronningens barnefødsel, så lader den svenske udgave ham få det råd af moderen, at gå til Brattingsborg og udvælge sig en fæstemø iblandt de fynske jomfruer, og at det blot var et uheldigt tilfælde at han kom til at overvære dronningens barnefødsel. En anden tradition der sikkert også stammer fra en vise, vil vide at Palle i forvejen havde haft et forhold til Mettelil, og der findes også en dansk version der siger at Mette var ved at gøre sig klar til ægteskab med Palle, og at dronning Sofie var involveret i bryllupsforberedelserne. Det er virkeligt bemærkelsesværdigt at der findes så mange forskellige hentydninger i viser og sagn, der tydeligt placerer handlingen på en kongsgård i Klejtrup, og at det virkeligt har været i Klejtrup, ses af flere ting.

Ser vi lidt nærmere på visen, så er der straks en ting der springer i øjnene. Det lader nemlig til at visen er skrevet af en person fra lokalområdet, hvilket afsløres af den anvendte dialekt. Eksempler fra originalteksten som menes at være forfattet kort efter hændelsen lyder: "Palle Tygesen ind å daren tren ------- Palle gik for dem å skænk ------- Før surlen stor op, å det wårer æj læng ------- Da mått han i galgen hæng". Denne dialekt er bestemt ikke fremmed for folk på Klejtrup egnen, så det kunne tyde på at der har boet en digterisk sjæl på egnen, som havde førstehånds kendskab til denne historiske episode.

Det er interessant at Palle Tokesens tilstedeværelse på kongsgården i Klejtrup, sættes i forbindelse med dronning Sofies fødsel. Dronning Sofie føder sin søn Knud i 1163, og vi ved fra flere forskellige tekster at det netop er dette år at Palle Tokesen afgår ved døden. Dette kan ikke være en tilfældighed, men kun ses som en bekræftelse på visen og sagnets sandhed, ligesom vi også ser afhændelsen af de to gårde i Hejring, som nævnes i sagnet, og som kan bekræftes at være givet til kirken netop som sagnet siger.

At Valdemar virkelig lader sin ellers gode ven hænge, kan lyde uforståeligt, hans ellers gode forhold til Hvideslægten taget i betragtning. Hans hirdmand Svend Aggesen omtalte Valdemar som værende for hård ved sine nærmeste, hvilket vel må siges at være tilfældet her. I 1163, er både Palles bror Stig og hans far Toke afgået ved døden, hvilket vel har gjort det nemmere for Valdemar at tage en sådan beslutning, og han havde i forvejen ord for at kunne være en hård mand som krævede loyalitet og respekt. Vi ser da også at der tilsyneladende ikke efterfølgende er uvenskab mellem Valdemar og Palles sønner. På trods af henrettelsen, ser vi Palles sønner underskrive sammen med Valdemar, og ligeledes at sønnen Henrik var Valdemars kammermester efter den tid.

De første beskrivelser af Sofie, viser tydeligt at hun har gjort indtryk på folk. Saxo skrev at Sofie var en meget ærgerrig kvinde, og synes ikke at have haft den store sympati for hende. Svend Aggesen der skrev lidt før Saxo derimod, var nærmest betaget af Sofie. Han skriver: "Hun var i besiddelse af en ualmindelig fager skabning, som naturen have anvendt al sin skønheds kunst på at danne. Ja, til at beskrive hendes skønhed, ville selv Tullius veltalenhed være for mat, Nasos digteråre ville løbe tør og Vergils begavelse ville have svær møje hermed". Disse to ovennævnte herrer beskrev ikke hvad de havde hørt fra andre, for de kendte Sofie personligt, og i hvert fald Svend Aggesen havde sin daglige gang på kongsgården, idet de tilhørte kong Valdemars hird. Svend Aggesen var søn af Agge fra stormandsslægten Thrugotsen fra Glenstrup, hvor han formodentlig også selv boede, og var jo beslægtet med Valdemar igennem dennes bedstemor som tilhørte Thrugotslægten. Saxo var søn af Thorbjørn Pedersen Hvide, hvis forældre var Peder Thorstensøn til "Pedersborg" ved Sorø, og Cecilie der var Skjalm Hvides datter, og dermed en søster til Palle Tokesens far. Både Saxo og Svend Aggesen havde ledsaget kong Valdemar på hans togter til Venden, og Svend Aggesen skriver om Valdemar at han var ordentlig, god og venlig, men måske nok lidt for hård mod sine nærmeste.

Valdemar var meget optaget af at holde Venderne borte fra de danske kyster, og på et tidspunkt omkring 1163 eller 1164, beslutter han at opføre en borg på det sydligste Sjælland, på det sted vi nu kender som Vordingborg. Herfra skulle kampen mod Venderne koordineres, idet dette område havde været ude for utallige vendiske angreb. Man har derfor formodet at Valdemar boede fast i Vordingborg, og det mentes at han opførte denne borg i munkesten. Borgen ved Vordingborg opførtes på et sted hvor der i forvejen lå en stormandsgård, og det var denne der blev udbygget og befæstet.

For ikke længe siden, blev der foretaget arkæologiske undersøgelser på stedet, og de viste med al tydelighed at borgen ikke var særlig stor, og tilsyneladende mindre end man forestiller sig at den oprindelige borg i Klejtrup må have været. Dette kan ses af en model af borgen som er bygget efter arkæologiske anvisninger. Den lå godt beskyttet på en bakke, med havet til en side og beskyttet på de tre andre af voldgrave. Det bemærkelsesværdige er, at den borg Valdemar den Store byggede, blev opført i træ, ikke af munkesten som først troet. Ifølge arkæologerne, synes borgen opført i hast, og dermed ikke fra første færd tænkt som et permanent opholdssted. Senere forbedringer i munkesten må være beordret af Valdemars ældste søn Knud som efterfulgte ham i 1183.

Det var først i midten af 1160rne at danske prælater i Lombardiet lærte teglbrændingens kunst. Det var derfor først i de efterfølgende årtier at der rejstes bygninger af tegl i Danmark, og de første af disse var kirker. Derfor tyder alt på at Valdemar forblev i Jylland, og kun tog til Vordingborg i forbindelse med Vendertogterne, og Valdemar indtager Rügen og besejrer Venderne en gang for alle i 1169. Man må forestille sig at sønnen Knud bosatte sig i Vordingborg, for vi ved at han udbyggede borgen kraftigt, og muligvis anvendte munkesten. Det var dog først under Valdemar Atterdag at Vordingborg blev til noget helt særligt. Vi ved fra Saxo at Valdemar dør i Vordingborg. Han havde planlagt et togt til Swinemünde, men følte sig pludselig sløj, og havde ikke kræfter til at tage med, hvorfor han overgiver ledelsen til ærkebiskop Absolon og sønnen Knud. Besætningen på de jyske skibe, er utilfredse med at kongen ikke selv er leder af togtet. De venter i nogen tid på at Valdemar skal få det bedre, og da dette ikke sker truer de med at sejle hjem. Absolon erkender at han ikke kan tvinge jyderne med, hvorfor togtet må opgives, og ganske kort efter dør Valdemar. Her ser vi tydeligt at Valdemar havde et nært forhold til jyderne, så der er ingen tvivl om at han boede i Jylland, og kun anvendte borgen i Vordingborg som kasserne til brug ved Vendertogterne.

I Jylland kender vi kun et par steder, der kunne have været benyttet af Valdemar mere eller mindre permanent. Historiske tekster fortæller næsten aldrig hvor konger boede, hvilket sikkert skyldes rejsekongedømmet, hvor kongen ikke havde fast opholdssted. Vi må ud fra de foreliggende oplysninger gå ud fra at Klejtrup har været hans faste opholdssted, mens Ribe eventuelt var det andet, idet han sikkert boede der i sin ungdom som hertug før han blev konge, og vi ved at sønnen Valdemar Sejr benyttede sig af Riberhus. Valdemar overtog fra kong Niels et system der tillod et fast opholdssted, idet Niels havde indført et system med ombudsmænd på kongsgårdene, hvilket fritog kongen for alle disse rejser. Vi kan derfor formode at Valdemar har benyttet sig at dette og taget fast opholdssted.

I 1909 skrev J. Magnus Petersen sine erindringer. Dette år fik han udgivet "Minder fra min virksomhed på arkæologiens område fra 1845 til 1908". Heri citerer han fra en ældre tekst, at Valdemar i 1180 stævner biskop Absolon til sig, idet han havde fået underretninger om de skånske bønders opstand mod bispen. Han bemærker herefter at kong Valdemar på dette tidspunkt opholdt sig på Brattingsborg. Dette blev senere gengivet af historikere der henførte Brattingsborg til Samsø, hvor man mente at Valdemar skulle have bygget borg. Brattingsborg på Samsø er ægte nok. Det var Griffenfeldt der i midten af 1600-tallet købte Søllemarkgård på Samsø og omdøbte gården til Brattingsborg. I dag findes der dog kort derfra et voldsted og nogle få bygningsrester, som betegnes Gammel Brattingsborg, et navn det har fået fordi det ansås for at være en oprindelig borg på stedet, bygget få hundrede meter fra det nuværende såkaldte Brattingsborg. Dette gamle voldsted er blevet udgravet, og forekomsten af teglsten, udelukker at det har eksisteret på kong Valdemars tid. Valdemar må derfor have opholdt sig i Klejtrup på omtalte tidspunkt, og dette var kun tre år før han afgik ved døden.

Valdemar den Store dør i 1183, 52 år gammel, antagelig af hjerteproblemer. Fra dette år regerede sønnen Knud 6. fra Vordingborg, og hos ham levede en mand der gennem længere perioder havde sin daglige gang på borgen, hvor han af de tilstedeværende kunne få førstehåndsberetninger om begivenheder der angik

Valdemar den store. Han hed Olaf Thordason Hvidskald, og levede indtil 1259. Han var en brorsøn af Snorre Sturlasson der skrev de islandske sagaer, og var inspireret af denne. Han forfattede hvad der blev kendt som Knytlingesagaen, der bl.a. bygger på førstehånds oplysninger han netop havde fået her ved hoffet. Han giver os detaljer vi ikke får fra Saxo og andre.

Det er fra ham, vi får kendskab til at Knud Magnussen tilbyder Valdemar en tredjedel af sin fædrene arv i medgift ved ægteskabet med Sofie. Han beretter hvem der var Sofies far, hvilket Saxo ikke vidste, og ligeledes at Valdemars søn Christoffer døde 24 år gammel, 10 år før sin far. Saxo fortæller om blodgildet i Roskilde, hvor Knud Magnussen bliver dræbt og Valdemar såret, men Olaf Thordason kender flere detaljer og navne på de personer der var til stede. Vi lærer her at Valdemar og Knud sidder ved et bord og spiller skak, da Tole Hemmingson, Detlev Edlarson og Yngvar Kvæse kommer ind i hallen og går til angreb. Valdemar slår Detlev i gulvet, men Tole hugger Valdemar i låret, hvorved hans ene hånd også bliver beskadiget. Detlev kommer på benene og kløver Knuds hoved helt ned til halsen. Herefter skaffer Peder Thenja der ellers er Svend Grathes mand, Valdemar og hans nærmeste nogle heste, hvorefter de rider til Ramsø og møder Absolon, og derfra videre til Frømose. Esbern Snare skaffer et skib i Vikingvad, og så undslipper de til Jylland.

Om det afgørende slag på Gråheden ved Thorning, lærer vi at Svend Grathe bliver forrådt af en af sine egne. Svend kom i vanskeligheder og forsøger at flygte, forklædt som bonde siges der, men Peder Thenja genkender ham og udpeger ham, og så springer Gwenmar Ketilsøn til og dræber ham. Videre får vi at vide at Yngvar Kvæse faldt i kampen, og ligeledes at det var ham der havde dræbt Sorte Ploug i Ribe fordi han havde dræbt Svend Grathes far Erik Emune. Vi ser ligeledes at Peder Thenja må være fulgt med Valdemar til Jylland, på trods af at han arbejdede for Svend Grathe.

Der findes endnu en vise der omhandler Valdemar, og der findes adskillige sagn om samme emne. Men i dette tilfælde, må visen være forfattet længe efter begivenhederne den omtaler. Der skal sorteres grundigt i indholdet, idet der findes flere sammenblandinger af hændelser der kædes sammen med de forkerte personer. Det handler om Liden Kirsten, Valdemars søster. Historien kort fortalt er, at Valdemars søster forelsker sig i prins Buris. Valdemar har været væk på krigstogt til Venden, og da han kommer hjem fortæller hans dronning Sofie ham at hans søster Kirsten er med barn, og det er Buris der er faderen. Valdemar bliver rasende, og til en fest om aftenen danser han sin søster til døde. Dette lyder dramatisk, og er naturligvis ikke sandt, men der findes flere versioner af historien, der gennem sortering og analyser, kan lede os frem til visse faktiske forhold. Her ser vi hvordan handlingsforløbet afslører at Valdemars søster Kirsten, og Buris tilsyneladende har opholdt sig på kongsgården hos Sofie og Valdemar.

Et gammelt sagn og en lokal tradition vil vide, at Liden Kirsten er begravet i Vestervig i Thy, og at prins Buris bliver lænket til kirken med en kæde, der lige er lang nok til at han kunne gå hen til Kirstens grav. Da Buris dør bliver han begravet hos sin Kirsten. En anden version beretter at Buris fik stukket øjnene ud og derefter kastreret. Vi har også en version der fortæller at Prins Buris er Sofies halvbror, medens en helt anden udgave mener at det var Buris Henriksen, der sandsynligvis levede i Klejtrup, manden som havde oprettet Tvis kloster. Disse to blev grundet navneligheden forvekslet. Andre har så ment at Kirsten ikke kan have været Valdemars søster fordi hun er for gammel, og her tænkes vel på om at hun blev gravid med Buris. Endelig er det foreslået at det kunne være en datter af Valdemars søster Magrethe, som var gift med Stig Tokesen, for de havde datteren Kirstine der en kort tid var svensk dronning, gift med Karl Sverkerson som blev dræbt i 1167, kun 3 år efter brylluppet. Sofies halvbror Burislev kaldet Buris, blev faktisk konge i Sverige i 1167, men efter 1173 hører vi intet til ham, så enten var han død eller flygtet til Polen.

Kirstine nåede lige at blive mor til Sverker den yngre der blev konge i 1196, men da hendes mand var død, vælger hun trods sin ungdom to år senere i en alder af 25 år, at blive nonne i Vreta kloster i Øster Gotland, så både hende og prins Burislev kan vi roligt udelukke. Valdemar havde dog en søster der hed Kirstine som var født omkring 1118 og dermed 13 år ældre end ham. Hun bliver allerede som 13-årig gift med Norges konge Magnus, hvilket der ikke var noget usædvanligt ved dengang. Ganske kort efter at hun er blevet gift, bryder krigen ud i Danmark mellem kong Niels og Erik Emune. På et tidspunkt i begyndelsen af krigen føler Emune sig trængt og flygter til Norge. Kong Magnus vælger at støtte kong Niels og planlægger at pågribe Erik Emune, men det har lille Kirstine fundet ud af, så hun advarer sin onkel, der får held til at stikke af. Kirstine bliver herefter udstødt og sendt tilbage til Danmark i 1133, og herefter hører man ikke meget til hende, ud over at hun i 1141 bevidner et gavebrev som Erik Lam udsteder til Odense kloster. Et par år senere kommer kong Magnus ud for en tragedie. Han pågribes af sin ærkefjende Harald Gille, og får øjnene stukket ud og bliver kastreret, og herefter omtalt som Magnus den blinde. Vi ser her at denne hårde medfart i sagnet, blev overført på prins Buris.

Da Valdemar bliver konge i 1157, skulle Kirstine være flyttet ind hos ham på kongsgården, og det ser ud til at Valdemar konstant har haft mange folk omkring sig, og det er tydeligt at der ikke har været pladsmangel i Klejtrup. Straks efter at Henrik Skadelår meldtes død ved Fodevig i Sverige, rejste hans hustru Ingrid til Norge og giftede sig med kong Harald Gille, men sønnerne rejste ikke med. De hed Magnus, Knud og Buris. Magnus flyttede til Sverige hvor han en kort periode var konge, og Knud blev hertug i Slesvig, et hverv han havde til sin død få år senere, hvor titlen blev overgivet til Buris, som havde kæmpet trofast på Valdemars side på Grathe Hede. Saxo skrev at "Buris blev belønnet med guld og ære" af kong Valdemar.

Man får det indtryk, at Kirstine virkeligt må have boet på kongsgården, og der har lært Buris Henriksen at kende, for han menes at have boet der. Alt ser ud til at have gået ganske udmærket. I påsken 1163 stifter Buris Henriksen Tvis kloster med Valdemars deltagelse, og intet tyder på uvenskab mellem Valdemar, Kirstine og Buris, men omkring 1165 sker der noget der ødelægger det ellers gode forhold mellem Valdemar og Buris. Både Buris og hans bror Knud havde støttet Valdemar siden stridighederne i 1148, men nu havde Buris fået den ide at han havde ligeså stort et krav på kronen som Valdemar. Buris havde taget kontakt til gode forbindelser i Norge, heriblandt den magtfulde Erling Skakke, som efter sigende selv havde påtænkt at tage magten i Danmark. Måske kan det ikke udelukkes at Buris er utilfreds med Valdemar fordi denne har været imod forholdet til søsteren.

Erling Skakke var gift med en datter af kong Sigurd Jorsalfar og var blevet en magtfuld stormand i Norge efter dennes død. Han havde allerede i 1161 henvendt sig hos Valdemar den store og fået løfte om bistand, imod at acceptere Valdemar som sin lensherre, og den aftale ville han ud af. Valdemar satte så magt bag sit krav om overherredømme. Sammen med biskop Absolon sejlede han med flåde og hær til Norge i 1163, og lod sig hylde som konge.

Om Buris og Kirstine har haft et forhold kan vi aldrig vide, men hvis de begge som ugifte gennem en årrække har opholdt sig i Klejtrup er dette vel ikke umuligt. Meget tyder dog på at Kirstine dør omkring 1166, og netop dette år vælger Buris at gifte sig med en anden kvinde, hvilket vel sker på grund af Kirstines død. Han gifter sig med en datter af den tidligere dronning Lutgard von Stade og Herman von Winzenburg, hvilket knyttede ham til nogle af de værste fjender af Henrik Løve, der var Valdemars allierede. Valdemar er på et tidspunkt på et togt til Rügen, som så ofte før. Ved hjemkomsten opfordrer Valdemar biskop Absolon og alle andre der stod ham nær, til at anerkende sin treårige søn Knud som tronarving.

Den slags var aldrig set før, så Buris nægtede, og fastholdt sin stilling året efter. Pludselig modtager Valdemar et brev fra Henrik Løve, der beskyldte Buris for forræderi ved at stå i ledtog med Erling Skakke. Herefter lader Valdemar ham gribe, og så opstod der en del vilde fortællinger. Buris var blevet blindet og Buris var blevet kastreret og indsat i Søborg slot. Så hører vi senere at Buris og Kirstine er begravet i Vestervig, hvor Buris havde været lænket til kirkemuren i flere år.

Faktisk, så findes der en dobbeltgrav ved Vestervig kirke, og den menes at stamme fra omkring år 1200. Traditionen fortæller at her ligger Liden Kirsten og Buris begravet. I 1962 åbnede arkæologer graven og fandt skeletterne af en kvinde ca. 40-50 år gammel, og en mand 50-60 år gammel. Graven bliver omtalt første gang i litteraturen, som Liden Kirstens grav af forfatter Jonas Colding i 1594, og igen i 1618 af Anna Krabbe. Den nævnes i Resens Atlas 7 år før visen om Liden Kirsten bliver trykt i Peder Syvs visebog.

Saxo skrev i 1208 at Buris blev lagt i lænker for majestætsforbrydelse, fordi han stræbte efter kongemagten, og et gammelt håndskrift kan berette at Buris blev holdt fangen på Tvisel, hvor han kunne se klosteret blive bygget. I et manuskript om Vestervig kloster, skriver Peder Moldrup i 1760, at prins Buris blev begravet der i 1178. Han var hensat på Tvis kloster som statsfange siden 1167. Han sad en del år fangen i Tvis og blev senere overflyttet til Vestervig hvor han døde. Slægten Moldrup ejede fra 1698 til 1799 godset Vestervig kloster der dengang også omfattede Vestervig Overgård.

I en afhandling fra 1943 skriver arkivar H. Grüner Nielsen: "Derfor må Vestervig sagnet være en aflægger af det fra Tvis, ikke omvendt". Der eksisterer flere rapporter, for vi lærer at graven også havde været åbnet i 1610 af lensmand Jørgen Lunge, og blev åbnet igen i 1875, og sagen har været beskrevet flere gange.

I Ny Kgl. Samling 743 af 1765, i en beskrivelse af Reffs herred i Thy, om Vestervig og Agger kirker, nævnes graven. Sognepræsten Hr. Anders Albertsen Vinding skriver om Liden Kirsten: "end skiønt hand ey kand eller vil nægte at hun jo er der begraven, så dog tvivler hand paa, at Liden Kirsten just paa det stæd ligger, hvor man foregiver paa Kirckegaarden. Jeg vil ey være Dommer, og meget mindre decidere, i saa Mørck og gammel en Sag. I Vester ende af Taarnet, sidder en Steen med Tvende Ansigter, som skal være en Munk og Nonne, begge kiødelige Sødskende".

I 1875 åbnedes graven under ledelse af arkitekt J.B. Løffler. Stilen hvori gravstenen er udført, svarer fuldstændig til den tid hvori Buris levede, skrev han, og det samme er tilfældet med selve gravkammerets opbygning med granitkvadre, og det er tydeligt at det drejer sig om personer der ikke har indtaget en ringe plads i samfundet der er begravet her. Præstens hentydning til munken og nonnen, skyldtes et andet gammelt og uklart sagn om en munk og en nonne, der havde haft et utugtigt forhold og var blevet indmuret i kirken og senere begravet. Det har man så tilknyttet gravstedet hvor de to personer ikke ligger ved siden af hinanden, men i forlængelse af hinanden. Tidligere skribenter synes dog at afvise dette, for selv om der skulle have været nonner i Vestervig, hvilket ikke er kendt, så ville man næppe have anbragt en så anselig og kostbar gravsten over en bror og en søster der havde syndet imod det sjette bud.

Samme skribenter har dog bemærket påstanden om et søskendeforhold, og der skrives: "Holde vi med folkevisen fast i at Liden Kirsten var Valdemars søster, da har hun og Buris, Henrik Skadelårs søn, såvel på mødrene som fædrene side været næstsøskendebørn, et slægtskabsforhold der dengang ville forbyde ægteskabelig forbindelse grundet deres moralbegreber". Man når så frem til at betegnelsen bror og søster, med udeladelse af egennavne godt kunne betyde en slags hensynsfuld tavshed, men en indirekte angivelse af den brøde for hvilken de blev straffede.

Gravstenen er smal, og så lang at den dækker over to grave i forlængelse af hinanden. Stenen kan dog først være udformet og placeret efter 1178, idet undersøgelserne viser at manden er gravlagt meget senere end kvinden. Derudover viste undersøgelserne at mandens knogler var beskadigede, hvilket svarer udmærket til at Buris ifølge sagnet i sit fangenskab var blevet mishandlet. Samme undersøgelse viste at manden manglede venstre hånd, der så ud til at være blevet skåret af lige over håndleddet. Underlig nok, så var dette ikke nævnt i rapporterne.

Stenen var utroligt slidt af vind og vejr efter alle de år den har ligget der, men man tænker uvilkårligt, at det faktum at den stadig er der efter så mange århundreder, også tyder på at man har været bevidst om at de personer der lå her, havde tilhørt landets elite. Skriften på stenen var næsten ulæselig, men arkitekt Løffler var fast besluttet på at få løst gåden. Han fik derfor en ekspert i latinske skriverier til at gøre et forsøg på at gendanne den nu manglende skrift, hvortil kendskabet til gamle latinske ord var en nødvendighed. Opgaven blev overgivet til en Hr. J. Kinch i Ribe. Efter en større undersøgelse fremlagde han i november 1875 sine resultater. Hr Kinch havde haft held til at sammenstykke den latinske tekst der oversat lød: "Denne grav indeholder to lig af forskelligt køn, men begge af høj byrd, en broder tillige med en søster af de danske kongers slægt."

Man må herefter konstatere, at det virkelig er Liden Kirsten og Buris der ligger begravet i Vestervig. Man har det indtryk at Kirsten og Buris så må have haft et forhold, og at dette muligvis ikke har været almindeligt accepteret, måske oven i købet påtalt af kirken. Dette så man tidligere, da Svend Estridsen på pavens bud måtte lade sig skille af samme årsag. Datidens moralbegreber tillod derimod at bortgifte 12 til 13- årige piger uden kirkens indblanding. Der er intet der tyder på at Liden Kirsten på nogen måde er blevet straffet på grund af forholdet, idet hun afgår ved døden kort før Buris og Valdemar bliver uvenner.

Kirsten og Buris bliver begravet i Vestervig kirke i Thy, som dengang var bispestift, så Vestervig var dengang et utroligt vigtigt sted. I forbindelse med stiftsinddelingerne i 1060, valgte Svend Estridsen Vestervig som bispestift. Vestervig havde dengang en meget større betydning end man i dag kan forestille sig. Dengang var det den betydeligste by i Thy, hvilket var en position der var blevet befæstet allerede i vikingetiden, da Limfjordens åbning ud mod Vesterhavet var den store udfaldsport mod England. Den vestre vig i fjorden var det helt ideelle sted for en handelsplads, der sikkert har været koordineret med en flådehavn, for vi ved at det var her Knud den store samlede sin flåde før togtet mod England, og her havde vikingerne tidligere regeret og sejlet længere ind i fjorden med deres skibe for at ligge i vinterhi. Vestervig blev en kontinental søfartsby, og her lå også en kongsgård.

Vestervig kirke er landets største landsbykirke, hvilket skyldes dens fortid, hvor den indgik som en del af Vestervig kloster, som vi også ser det i Glenstrup. Klosteret påbegyndtes i 1000-tallet og stod klar til indvielse i 1110. Til klosteret hørte en ladeplads eller udskibningshavn ved Krik vig, i området hvor der var åben sejlads til Vesterhavet. I 1110 lå her i forvejen en kirke kaldet Skt. Thøgers kirke, og det var denne kirke der blev gjort til bispesæde. Munken Thøger kom hertil i 1000-tallet og døde i 1065. Kong Niels og hans dronning Magrethe Fredkulla berigede klostrene og kirkerne med gaver, og gav for deres højtelskede søn Inges sjæl, sjetteparten af fiskeriet i Lønborg å til Albani kirke i Odense, hvor kong Niels bror Knud den hellige var lagt i helgenskrin. Her i Vestervig donerede de også til Skt. Thøgers helgenskrin i den oprindelige kirke, hvilket blev overflyttet til den nye kirke i 1167. Indtil 1134 fungerede Vestervig som bispesæde, hvorefter det blev overflyttet til Børglum.

Tanken om at der har levet konger i Klejtrup, kan umiddelbart synes både uvirkeligt og usandsynligt, men dette problem løses bedst ved at se på de historiske sammenhænge og ligeledes slægtsforbindelserne mellem de konger som menes at have boet der. Vi har her en kæde af historiske omstændigheder der samlet set gør det næsten umuligt at kongerne ikke har boet der. Eksempelvis var kong Oluf en ældre bror til kong Niels, og Knud Magnussen der giver Klejtrup i medgift til kong Valdemar, var sønnesøn af kong Niels. Dertil kommer at vi har omkring seks viser der omhandler den onde dronning i Klejtrup, som vore gamle historikere identificerede for over 500 år siden. Dertil kommer borgens alder, for vi har Suhms tekster der omtaler en havn ved borgen, og så må borgen være så gammel at der var sejlads til og fra Klejtrup sø, fra de to fjordarme der eksisterede dengang. Tillige er borgen opført på en ø, hvilket fortæller at den ikke kan have tilhørt en almindelig storgård, hvilket de to tårne også viser at den ikke var. Den kan simpelthen kun have været kongens gård og borg. Hvad kræves der, og hvad forventes der af et sted der kunne være en konge værdig? Klejtrup størrelse peger ikke hen imod en kongeby, men vi taler her om en helt anden tid, hvor man fra et decideret rejsekongedømme, gik over til at kongen havde mere fast bopæl. Man havde i mange år haft et rejsekongedømme, der vel kan siges at have været et alternativ til at have en politisk hovedstad, et permanent centrum hvorfra et kongerige regeres.

Et sådant rejsekongedømme var meget besværligt, idet kongen førte hele eller dele af landets centrale regering med på sine rejser. Man rejste rundt til alle herredstingene hvor store beslutninger blev truffet. Man boede på kongsgårdene der lå spredt ud over hele landet, og vi kan fra gamle regnskaber se enorme beløb bogført, som anvendt til de mange menneskers logi og forplejning. Kong Niels var den første konge der bremsede op for kongens evindelige rejsen rundt i landet. Af sin hird, udvalgte han ombudsmænd der blev placeret på kongsgårdene og skulle varetage kongens og landets interesser. Af samme årsag blev Niels i stand til at have fast bopæl, og vore gamle historikere var ret enige om at han valgte Klejtrup. Vi kan af denne årsag forvente at Valdemar ligeledes tog fast bopæl, med ret begrænset rejseaktivitet. På daværende tidspunkt var Klejtrup ikke en by med huse og gader, men udelukkende en samling gårde, nogle få mindre huse, forrådslagre og værksteder. Det har sikkert været store gårde, og så havde man et borganlæg på den lille ø i søen, som kunne benyttes i ufredstider.

Der fandtes med andre ord ikke byer som vi forstår det i dag, men dog få steder begyndende bydannelser. Randers havde omkring 1340 kun 2000 indbyggere, så det kan ikke have været mange der boede der i Valdemars tid 200 år tidligere. Hobro menes anlagt midt i 1100-tallet, så i kong Niels og kong Valdemars tid, har der ikke været mere at finde der end der var i Klejtrup. Der har sikkert eksisteret nogle få huse ved fjorden, men ellers er bebyggelsen begyndt langs Adelgade og ved den inderste del af Skibsgade. De fugtige områder nord for torvet blev først bosat i 1400-tallet. Mod vest lå der en lav banke omgivet af sumpede enge. Her lå der et voldsted der ud fra egepæle fundet der, er dateret til 1300-tallet. Denne banke blev totalt udjævnet ved anlæggelsen af Rørholmsgade, hvis navn indikerer at der har ligget en holm hævet over det sumpede område, der oprindeligt har været en del af Vestre Fjord. Den ældste gengivelse af banken, finder vi på prospektet af Hobro i Peder Hansen Resens Atlas Danicus fra 1677 under navnet "Ræberhøj".

Man kunne så mene at Viborg ville have været et oplagt sted for en konges faste residens. Byen er jo blevet kaldt landets ældste kongeby. Der har sikkert boet konger i Viborg, men det vides faktisk slet ikke med sikkerhed hvilke konger der eventuelt har boet i byen, kun formodninger. Vi har set Vestervigs store betydning, og noget lignende gjorde sig gældende for Viborg. Arkæologiske udgravninger har vist at den første egentlige planlagte by er fra omkring 1050, og byen blev som Vestervig bispesæde i 1060, uden at der fandtes en virkelig bydannelse. Byens egentlige udvikling til et kirkeligt og politisk magtcentrum tog adskillige år. Det var i Asmild der i Knud den Stores tid fandtes en kongsgård, og det var sikkert denne der senere blev omdannet til kirke og kloster, og det var netop denne kirke der udgjorde det som den første Viborg domkirke. Da Vestervig blev bispesæde, fandtes der kun en simpel trækirke der, mindre end vore dages landsbykirker, så der var hele vejen igennem tale om meget mindre og mere simple forhold, og det samme ville have været tilfældet for Viborg.

Der har dog været flere bebyggelser, og begyndende småbyer i området som nu ikke findes mere. Dette er steder, der i dag kunne have haft Hobros rolle, havde pesten dengang ikke lagt landet øde. Arkitekt Z.K. Zachariassen fandt for mange år siden en kirketomt i Kirkedal syd for Hobro, og efter langvarige undersøgelser fandt man ud af at det ikke som man først troede, var Hobros første og ældste stenkirke. Kirken havde ligget i en landsby der senere er forsvundet, og byens navn var Hubæk. Den er antagelig blevet affolket i pestens tid, hvorefter de få bygninger i landsbyen er faldet sammen. Kirken er så brudt ned hvorefter materialerne er blevet genanvendt. I længere tid mente man at Hubæk fandtes nævnt i gamle dokumenter første gang i 1259, men i bind 3 af Danmarks Riges Breve som omfatter tiden fra 1170 til 1199, er gengivet et paveligt brev skrevet af pave Alexander 3. i Tusculum i Italien den 2. december 1170. Morell Jørgensen gengiver hele brevet, men en del lyder således: ".....giver vi vort samtykke til Eders berettigede forlangender og stadfæster med apostolsk myndighed og bestyrker dette brev....besiddelser af 3 bol i Handest, 1 bol i Homtoft, to trediedele af jorden, skoven og kirken i Als med dens tilliggender, fremdeles bispetiender af det halve Hindsted herred, i Skotorp 2 bol, i Sønder Onsild 1½ bol, i Karlby 1 bol, i Hubæk ½ bol, i Skjellerup ½ bol, i Rold ½ bol, i Fælmyng ½ bol, en fjerding jord, skov...." En del tyder på at en mand ved navn Ho, sammen med en større skare mennesker, på et tidspunkt etablerer sig i Hobro, i området Hostrup som fik navn efter ham, og han skulle være kommet netop fra Kirkedal i Hubæk.

Homtoft er en forsvunden landsby i Nørhald herred, Skotorp en forsvunden landsby i Glenstrup sogn og Fælmyng en forsvunden landsby i Mou sogn. I et andet pavebrev, denne gang fra 1259, er rækkefølgen: Hobro, Hubæk, Skjellerup, Mariager, så man må gå ud fra at Hubæk lå imellem Hobro og Skjellerup. I året 1493 har man en optegnelse om at Fru Gyde Laugesdatter skødede en fjerding jord over al Høebechs mark, og i 1498 lod Mariager kloster sandemænd sværge ret skel mellem Skjellerup og Hoffbro marker, hvoraf fremgår at Høebech ikke alene betegner kirkegårdene, idet en af disse træder frem som en del af Hobros jorder.

Således burde Hubæks beliggenhed være fastlagt. Det vides også at en landsby kaldet Thiele forsvandt i pestens tid, hvorefter al jorden samledes under det som senere blev Tjele gods. Altså har der været begyndende bydannelser i sidste halvdel af 1100-tallet i Hobros nærmeste omegn, og måske endog tidligere end i selve Hobro.

Ved et tidligere gravearbejde i Hobro er der blevet fundet en skakbrik der stammer fra perioden 1150 til 1225, der kunne vidne om at folk af høj status måske var begyndt at etablere sig der. I 1927 fiskede man en seglstampe op af Vestre Fjord. Den stammede fra 1300-tallet og bar indskriften: "Sigillum : gilde : sancti : Kanuti : Hobro". Den har tilhørt et Skt. Knudsgilde, et købmandsgilde i Hobro, så der må have været en sammenslutning af købmænd her i 1300-tallet, men der skulle gå rigtig mange år før Hobro kunne begynde at kalde sig en by, idet en folketælling i 1787, viser at der boede 320 individer i Hobro, hvilket svarer til Hvornums nuværende befolkning. Vore gamle historikere var ikke lokalkendte, men sad i København og skrev om Klejtrup. Hvorfra havde disse mennesker hørt navnet Klæktorp, hvis ikke det var fordi at landets vigtigste person boede her, og hvorfor skiller voldstedet sig ud ved at have haft to tårne, som det eneste voldsted i landet. Ligeledes ejede kongen kæmpemæssige landområder i området omkring Randers og Hobro, og det var alt sammen arvegods.

Da kampene rasede imellem de tre tronkandidater Svend, Knud og Valdemar, hører vi at Valdemar på strategisk vis skifter side, og indgår i et politisk ægteskab mod at få en tredjedel af Knuds fædrene arv, som vi ved lå i det midtjyske område. Arven stammede fra kong Niels der var Knuds bedstefar. Kong Niels havde naturligvis arvet fra sin egen far Svend Estridsen, der havde mindst 13 sønner han skulle tilgodese med arvelodder. Svend Estridsens mor var datter af Svend Tveskæg. Herfra går historien tilbage til Gorm den Gamle og så fremdeles. Dette fører os trinvis og generationsvis tilbage til høvdingetiden, hvor høvdingen ejede alt.

Foruden hvad Valdemar har fået fra Knud, så var hans farfar også en af Svend Estridsens sønner, og hans farmor tilhørte landets rigeste og mest magtfulde slægt, Thrugotterne fra Glenstrup, så Valdemars personlige jordejendom må have været af enorm størrelse. Der kan ikke være tvivl om at Valdemar valgte dette område før han blev enekonge i 1157, fordi størsteparten af hans ejendomme og arvegods netop lå her. Derfor passede Klejtrup perfekt som hans bopæl.

I jordebogen af 1231, ser vi at hans ejendom kaldet Skiuegarthe eller Skivegård, som Skive by hen ad vejen opstod omkring, var værdsat til 40 mark guld. I Sallingsyssel var der godsværdier for 125,5 mark guld. Dette område vurderes i år1400, altså 250 år efter Valdemars tid, til 2.880 tdr.land.

Da Valdemars far Knud Lavard blev myndig, fik han på forskellig vis overflyttet mange af sine arvemidler fra Sjælland til Jylland, hvilket ses i hovedstykket i jordebogen. De sjællandske ejendomme stammede fra Erik Ejegod der var født i Slangerup, og måtte have tilhørt hans far Svend Estridsen. De ejendomme han havde herefter, lå fortrinsvis i Ommersyssel, Himmersyssel og Hartsyssel. M.H. Rosenørn skrev at Valdemars nærmeste slægt var knyttet til Nørrejylland, og navnlig i nærheden af Randers. Valdemars søster havde også store besiddelser her, samt på Fyn og en tredjedel af Veng ved Skanderborg tilhørte hende, og jorden hvor Essenbæk kloster blev opført var sikkert hendes arvelod fra Thrugotslægten.

Valdemar ejede ligeledes jord i Løversyssel, og han havde de i jordebogen opførte godser i Grønbæk sogn i Lysgård herred, samt i Bjerregrav og Aalum sogne i Sdr. Lyng herred og ligeledes ved Velling i Middelsom herred. Hans gods ved Limfjordens indløb strakte sig ind mellem Viborg domklosters og Vitskøl klosters udlagte ejendomme, iflg. Rosenørn. Da Valdemar i 1158 grundlagde Vitskøl kloster, fik abbeden mulighed for frit at vælge den ejendom han følte passede ham bedst, hvilket han gjorde, og arealerne indbefattede landsbyen Vitskøl med jorder og hele Livø i Limfjorden der alene udgjorde 320 hektar.

Vitskøl var et datterkloster af Esrom kloster, og dette var etableret af ærkebiskop Eskild fra Thrugot slægten. I 1176 skøder Valdemar jord i Skåne til dette kloster, og i 1177 stadfæster han hvad han tidligere har givet til Skt. Marie og Skt. Knuds kirke i Ringsted. Han må også have ejet et større jordområde i egnen omkring Rold, idet sønnen Valdemar Sejr ejede jord her arvet efter sin far. I Jordebogen fra 1231 nævnes 26 mark guld i Roldæ og 14 mark guld i Twefthmark. Her udelades dog områder vi senere ser, da Valdemars Sejrs søn Erik Plovpennings døtre i 1263 arver. De bliver ejere af Rold, Skanderup, Trevad, Vester Børsting, Fly, Hillerslev, Mejlby, Rostved og Aistrup. Dette havde tilhørt Valdemar den Store. Dette overgår i 1408 til dronning Magrethe.

Svend Estridsen inddelte i 1060 landet i otte bispesæder, som han støttede med gaver i form af jord så kirkerne var sikret en indtægt, og hans søn Knud den Hellige, udstedte gavebreve til domkirken i Lund i form af store landområder i Skåne og på Sjælland. Han gav ligeledes gaver til mange andre kirker, især kirken i Odense, og alt det nævnte stammede fra kongens private ejendomme, nedarvet gennem mange generationer.

Valdemar havde således jord der stammede fra Kong Niels, Erik Ejegod samt Thrugot slægten, nogle af landets største jordbesiddere. På daværende tidspunkt kendtes udover førnævnte jordejere, kun en eneste stormandsslægt der også vides at have ejet enorme områder, fortrinsvis på Sjælland. Det var naturligvis Skjalm Hvides slægt. Man må dog spørge om, hvorfra deres jordrigdom stammede, for man hører først om dem på Svend Estridsens tid. Skjalm Hvide var Svend Estridsens jarl på Sjælland, og har sikkert ad den vej fået tilskrevet jord, men samtidigt menes det at Skjalm var gift med Signe der var datter af Asbjørn, Svend Estridsens bror. Valdemars farfar Erik Ejegod blev født og voksede op i Slangerup, som søn af Svend Estridsen og en af hans mange friller, sikkert en datter af stormanden der bestyrede kongsgården i Slangerup. Omkring tre kilometer derfra i Jørlunde lå store godser og jordområder, som Skjalm Hvide og dennes slægt ejede, og mon ikke en del af det stammende fra Estridsens forfædre, og tidligere havde tilhørt kongsgården i Slangerup.

Kong Valdemar den Store afgår ved døden i 1183. Vi har desværre ingen efterretninger om hvem der herefter har været bosat på den gamle kongsgård i Klejtrup. Vi må formode at den eventuelt kan have været benyttet af hans søn Valdemar Sejr indtil denne blev konge i 1202, men vi ved det ikke. Gården kan også have været givet i len til slægtninge eller betroede medarbejdere. Vi kan måske få et fingerpeg om dette ved at se lidt på Valdemars efterslægt, specielt hans børn og deres ægtefæller, for vi ved at nogle af disse kom til at spille en afgørende politisk rolle senere hen.

VALDEMARS EFTERSLÆGT PÅ KLEJTRUPGÅRD

Valdemar den stores ældste barn er datteren Sofie der er født i 1159. Hun bliver gift med greve Sigfred af Orlamünde, så det kunne tænkes at hun har fået gården som medgift, eller Sigfred kan have fået Klejtrup som kongeligt len, idet vi ved at han en tid opholdt sig i Danmark. Sammen får de datteren Sofie af Orlamünde og sønnen Albert af Orlamünde. Denne Sofie gifter sig med Lambert 2. af Gleichen, men broderen Albert blev dansk statholder og lensmand og overtog meget jordegods der havde tilhørt Valdemar. Han var statholder i landet under Valdemar Sejrs flerårige fangenskab i Tyskland. Efter Alberts død blev jorden overført til Valdemar Sejrs søn Erik Plovpenning, og en del af denne jord er førnævnte jord i Rold, og en større mængde på Als i Sønder Jylland. Sofie og Lambert bliver forældre til Ernst 4. af Gleichen og Adele af Gleichen. Adele gifter sig med greve Ludvig af Eberstein. Broderen Ernst, var gift med Magrethe Olufdatter Glug, og deres datter Cecilie bliver gift med Anders Nielsen Due, og her bliver det interessant, idet Due slægten er en gren af Skjalm Hvides slægt, og ikke nok med det, en uægte datter af kong Erik Ejegod er også involveret. Erik Ejegods frilledatter Bodil der er født omkring 1080 før han gifter sig i 1095, er gift med stormanden Peder Bonde. De får sønnen Peder Bodilsen der vælger at tage moders navn idet det havde højere status. Peder Bodilsens søn er Peder Pedersen af Borup der bliver gift med Ingefred, en datter af Asser Rig Hvide. Deres søn hedder Alexander Pedersen, og han bliver så gift med Magrethe der er datter af Valdemar den store, og herfra springer Due slægten.

Går vi tilbage til Cecilie og Anders Nielsen Due, så får de sønnen Niels Andersen Due som får sønnen Erik Nielsen Due, og dennes datter bliver gift med Henrik Prip, og han havde måske Klejtrupgård, sikkert hustruens arv, og efter ham får sønnen Erik Henriksen Prip Klejtrupgård som han i 1401 sælger til Christiern Vendelbo, der er svigersøn til Niels Bugge af Hald ved Viborg.

Som nævnt, så er Erik Henriksen Prip der sælger gården i 1401 søn af en kvinde af Dueslægten, og det er netop denne slægt der går igen også i de næste århundreder, og som skriver sig til gården. Det var netop på denne tid at store dele af denne efterhånden store slægt bortkastede navnet Due, og tog nye navne som Lunge, Glob, Dyre, Lykke og Munk, og det er netop disse navne der går igen i adskillige generationer, gennem en periode på omkring 200 år, og det er alt sammen Valdemars efterslægt, og medlemmer af disse slægter skriver sig til Klejtrupgård hele vejen op i 1500-tallet, og i denne periode er det fortrinsvis slægterne Lunge, Munk og Lykke der skriver sig til gården.

Vi ved at Valdemars efterslægt for flere medlemmers vedkommende, opholdt sig i Danmark i det meste af 1200-tallet. Som nævnt, så var Hr. Albert af Orlamünde dansk politiker og en del af tiden statholder her i landet og han er Valdemars barnebarn, hvorfor det må anses som sandsynligt at han kan have boet på Valdemars nu ledige kongsgård. Han forbliver i Danmark til omkring 1230, men straks efter, kommer der en anden efterkommer på banen. Det er greve Ernst af Gleichen, en bror til grev Alberts mor, og han kom politisk til at spille en utrolig stor rolle i Danmark fra 1230 og helt frem til 1270. Han var medbesegler ved Valdemar Sejrs forlig med greve Gunzellin i 1230, men allerede i 1228 var han sammen med grev Albert med ved forhandlingerne om Revals overgivelse til kong Valdemar Sejr. Han vidnede i 1251 da kong Abel afstod sin ret til Ødsel til biskop Herman. I 1257 mægler han mellem kong Christoffer og ærkebispen af Lund. I 1264 besegler han med dronning Magretha Sambiria, Christoffers enke, og i 1267 møder vi ham igen som besegler for den mindreårige Erik Klipping. Det var uden tvivl Ernst der regerede landet efter Christoffers død, indtil sønnen Erik bliver myndig, så det er sandsynligt at han har boet Klejtrup.

Grev Ernst var gennem sit ægteskab med Magrethe Olufsdatter Glug blevet stedfar til hendes søn Niels Tokesen som er interessant her. I Esrom klosters gavebog, nævnes Niels Tokesen til Klapætorp den 2. december 1314. Klejtrup bestod af flere gårde, og det var skikken i disse kredse først at tilgodese sine egne. Hvis Ernst har boet her, og selv hvis han ikke havde, kunne han nemt have givet en del af gården i len til sin stedsøn. Navnet Klapæthorp hentyder almindeligvis til Klæstruplund, men denne gård findes først nævnt i 1366, hvor ejerne var Niels og Anders Jonsen Panter. Vi er her inde i en periode med rigtig mange unøjagtigheder og direkte alvorlige fejl, hvilket gjorde at man senere fandt utallige dokumenter fejlplacerede og i flere tilfælde ment bortkommet. Embederne som foged og skriver var som regel nedarvet igennem slægten i flere generationer, så herredsskriverne var ikke udpegede grundet deres kvalifikationer.

Både personnavne og stednavne sås stavet på vidt forskellige måder fra herred til herred, og der blev rodet gevaldigt meget rundt i navnet Klejtrup, og det samme var tilfældet med Klæstrup og Klarup, hvilket betød at Klæstruplund, Klarupgård og Klejtrupgård alle blev ofre for sammenblanding. I 1365 er Klejtrup skrevet Klæktorp, men i 1380 hedder det Klaptrup og det sker fejlagtigt igen i 1574, hvor bogstavet p er udskiftet med bogstavet b. I 1422 var det Clegthorp, i 1441 Kleytrup, i 1466 Kletrop, i 1471 Kleystrup. I 1472 var det Klæytrup, i 1484 Kleythrop, i 1486 Kliettrup, og sådan kan vi blive ved.

Til sammenligning blev Klarup i 1259 kaldt Klapætorp, et navn der ellers tilhørte Klæstruplund, og i 1478 i to forskellige dokumenter skrevet som Clarup og Klaptorp. I 1366 benævnes Klæstrup Klebstorp og Klaptrup og i 1385 Clæpstorp. Her er helt åbenlyst ikke tale om gradvise forandringer i denne korte periode, men udelukkende hvordan skriverne lydmæssigt opfattede navnene, og så naturligvis deres stavemåder. Der er ikke noget at sige til at dokumenter ofte blev fejlplacerede. Netop af denne årsag ser vi at Diplomatarium Danicum på trods af at Klejtrup blev kaldet Klæktorp i de fleste offentlige dokumenter, sidestiller Klejtrup-navnet med Klaptorp, men placerer så Klaptorp i Rinds herred, hvilket afslører at det er Klejtrup det drejer sig om.

Et godt eksempel, er et skødebrev fra en mand som vi ved ejede Klejtrupgård. Vi har "Item Niels Sleth af vabenn, skiøde breff paa en gaard y Klaptrup til Bispedommit". Dette findes i Viborg Stifts register fra 1540 i originaltekst med skrivemåden Klaptorp, men er en afskrivning af det oprindelige skøde som ikke mere findes, hvorfor vi ikke er i stand til at kontrollere om det er rigtigt afskrevet. Vi ved dog med sikkerhed at der skulle have stået Klæktorp eller Klaktorp, fordi det drejer sig om Klejtrup, idet Niels Slet aldrig har ejet hverken Klarup eller Klæstruplund. Første gang vi ser Klejtrup Mølle nævnt er i 1380, hvor Niels Slet skriver sig til Klejtrupgård og Klejtrup Mølle.

På trods af dette, så ses under M.R.Usin, Stiftstaden Viborg, et notat som lyder:"Brevet antages fejlagtig placeret under Rinds herred". Her var der altså en notar der ud fra navnet Klapætorp mente at vide at det drejede sig om Klæstruplund, og derfor skulle være registreret under Hornum herred. Havde han undersøgt hvor Niels Slet ejede jord, ville han have forstået fejlen. Vi ser ligeledes i 1347 en vidisse af Peder Ludvigsen Eberstein der overgiver pant i to parter i Hald til Hr. Niels Bugge, i skødet på Halds underliggende gods i Nørlyng, Sdr. Lyng, Middelsom, Lysgård, Hids, Fjends og Rinds herreder. Dette dokument er indgivet og registreret i Hornum herreds register på trods af at Hald ligger i Rinds herred.

Desuden kan det bemærkes at Niels Jensen Panter, nævnes til Klæstruplund i 1366, og at han pantsætter det til Peder Andersen Munk i 1385, og videre at godset sælges til dronning Magrethe i 1401 hvor skødet besegles af Peder Andersen Munk, hvorfor Niels Slet kan udelukkes.

Der er derfor gode grunde til at tro at Niels Tokesen må placeres i Klejtrup, og ikke i Klæstruplund der ikke i 1314 findes nævnt i nogen kilder. Man kunne forestille sig at stedfaderen Ernst von Gleichen på en eller anden måde har medvirket til at vi finder Niels Tokesen i Klejtrup.

Klarupgård forveksles også med Klejtrup. Denne gård optræder første gang i kilderne i 1308 i et dokument afsendt til den danske konge Erik Menved fra Norges kong Haakon, der forsøger at varetage de fredløses interesser. Med de fredløse menes naturligvis den skare mænd, der vist uretfærdigt dømtes for mordet på Erik Menveds fader Erik Klipping i Finderup lade i 1286. En af disse fredløse var Jacob Nielsen Blåfod, som i 1285 fik overdraget Klarupgård af Erik Klipping. Blåfods svigersøn var en bror til Rane Jonsen som blev henrettet for mordet på kongen, hvilket måske har været en medvirkende årsag. Erik Menved var ung og uerfaren, og greb til ufine metoder hvilket den norske konge flere gange påtalte.

Der er i nyere tid rejst tvivl om hvorvidt den kreds af stormænd der dømtes, overhovedet var skyldige. Erik Klipping var god ved stormændene, og de havde absolut intet at vinde ved mordet. Han var den første konge der underskrev en håndfæstning hvori han forpligtede sig til regelmæssigt at rådføre sig med stormændene. Desuden havde Jacob Blåfod samme år hjulpet kongen økonomisk, idet han den 5. februar 1286 skøder godset Ormslev til Sorø kloster som pant for 240 mark penge, med hvilke Jacob havde kautioneret for sin konge. Kongen blev myrdet den 22. november samme år, og de dømte stormænd fik deres godser konfiskeret hvorefter de flygtede til Norge, hvor de afventede muligheden for at kunne vende tilbage, hvilket skete ved forlig i 1295.

Jacob Blåfod havde med sikkerhed Klarupgård fra 1285, da han overtager den fra Erik Klipping der var sønnesøn af Valdemar Sejr. Jacob Blåfod var ligeledes beslægtet med Valdemar Sejr, idet han var søn af grev Niels af Halland, som også var sønnesøn af Valdemar Sejr. Blåfods farfar hed også Niels, og han var et resultat af et forhold mellem Valdemar Sejr og Helene Guttormsdatter, Esbern Snares enke. De blev forældre til Niels samme år Valdemar giftede sig med sin dronning Dagmar i 1205. Jacob Blåfod var opkaldt efter sin oldefar Jacob Sunesen af Hvideslægten, som var gift med Estrid, Valdemar Sejrs søster, datter af Valdemar den Store.

Jacob Blåfod er gift med Kirstine, datter af en Niels af Hvideslægten, Niels Erlandsen eller Niels Falster, en gren af Due-slægten. Hans datter Edle var gift med Niels Rani, en bror til Rane Jonsen. Jacobs afstamning bliver endog mere interessant, idet hans stedfar Anders Olufsen Pincerna, er førnævnte Niels Tokesens morbror. Anders Olufsen var bror til Niels Tokesens mor der var gift med Ernst von Gleichen, og det ser ud til at Blåfod og Tokesen har boet i Klejtrup på samme tid.

Blåfods formodede tilknytning til Klejtrup skyldes et notat af Arild Huitfeldt (1546-1609), der beretter at en Hr. Peder Ebbesen på kongens eller rettere dennes formynderes vegne, har konfiskeret Klarupgård fra Hr. Jacob Blåfod, hvorefter Huitfeldt fortsætter:"Da for Hr. Peder Ebbesen til Hr. Jacobs gård, ----hans tredje gård, og tog alt der var deri, så det beløber sig til 600 mark penninge. Fremdeles har kannikerne i Viborg holdt et gods for Hr. Jacob, som hedder Klackerup". Herefter siger Huitfeldt at kannikerne siger at de har fået dette gods af "den konge som nu er", hvilket er en henvisning til Erik Menved. Om Klarupgård skrives "den konge Erik, denne konges fader", hvilket er Erik Klipping. Her står direkte, at kannikerne har fået Klackerup af Erik Menved, og Klackerup er Klejtrup. Intet kan være mere tydeligt. Erik Menved konfiskerede Klejtrup fra Jacob Blåfod, og gav gården til kannikerne i Viborg. Vi ser at ærkebiskop Jens Grand sender klager til kongen over den måde han behandler Jacob Blåfod på, og vi har et testamente fra Jacobs enke af 1308, hvori hun legerer sin slægtning Niels Bonde 3 gårde i Jylland, hvilket godt kunne være Klarupgård og Klejtrupgård, og så en gård i Faistrup i Lading sogn i Sabro herred.

Der indgik mange klager over Erik Menved, og han måtte da også tilbagegive en hel del gods grundet de manglende beviser, og herunder finder vi nok Klejtrup. Historien siger at Jacob Blåfod i både 1305, 1306 og 1307 besegler dokumenter, idet hans segl er genkendelig, og det menes at han dør i slutningen af 1307, hvor vi så i 1308 ser hans enke skrive testamente, hvilket hendes svigersøn Niels Rani skulle eksekvere. Han havde netop været Jacob behjælpelig med at få en stor del af sit mistede gods tilbage, herunder sandsynligvis Klejtrup.

Når Arild Huitfeldt skriver at der var en tredje gård, må vi gå ud fra at det drejer sig om en gård foruden Klarupgård og gården i Faistrup, idet han direkte siger at gården hedder Klackerup, som er beliggende i Rinds herred. Erik Menved har sikkert givet den til Viborg stifts kanniker, der så har måttet tilbagegive gården ved Niels Ranis mellemkomst. Huitfeldt er tilsyneladende den eneste som har bemærket dette, idet det ikke findes nævnt andre steder. Han havde også sit store private arkiv indeholdende både historiske tekster og herredsdokumenter.

At det virkelig drejede sig om Klejtrupgård, synes bekræftet i en passage der siger, at kong Erik af Pommeren i 1406 inddrager en del af det gods som Jacob Blåfod tidligere havde ejet. Dette kan imidlertid ikke dreje sig om Klarupgård, idet denne på dette tidspunkt allerede tilhørte Viborg Domkirke. Til gengæld stemmer det fuldstændig overens med at Erik af Pommeren netop dette år overdrager en gård i Hejring til førnævnte Hr. Gert von der Lanken fra Pommeren, og vel og mærke en gård som hørte under kongsgården i Klejtrup. Det ser med andre ord ud til at det har været denne gård som Jacob Blåfod kan have haft. Det kunne eventuelt have været Matrikel 1 af Hejring, den gård der kaldtes Kirkegård, men denne må først være bygget efter at kirken er blevet nedbrudt efter pestens tid, og må så af den grund have været nybygget. Det kan naturligvis også dreje sig om Klejtrupgård, idet kongen samme år giver denne til kirken i Viborg.

Kirstine Blåfods testamente skulle på Sjælland fuldbyrdes ved hendes svigersøn, som fik en gård i Havnelev i Stevns herred. Til at forestå udredningen i Jylland havde hun valgt sin slægtning Niels Bonde. Hun skriver: "Men det der skal udbetales i Jylland, skal min slægtning Niels Bonde udlægge og udbetale, og for at det hurtigt kan udlægges og min gæld betales, har jeg tildelt samme mine tre gårde i Jylland med alt det gods der hører dem til". Gårdene er ikke nævnt ved navn, og vi ved heller ikke hvor mange rede penge det drejede sig om, men noget tyder på at i hvert fald

Klejtrupgård forblev i familien. Vi ved at Niels Tokesen må have været her samtidigt med Jacob Blåfod, men den sidste gang vi hører ham nævnt er i 1318.

Jacob og Kirstine havde også datteren Eufemia Jacobsdatter af Halland, og hun ville naturligvis have været arveberettiget. Hun var gift med en mand ved navn Henning Podebusk, og de havde sønnerne Predbjørn og Hans Podebusk. Disse to brødre var gift med søstrene Ingeborg og Arine, der var døtre af Ellen Buggesdatter og den magtfulde Christiern Vendelbo, som netop køber Klejtrupgård i 1401 kort før sin død. Eufemia havde desuden datteren Gisela, som var gift med en mand der også hed Henning Podebusk, og nævnes som halvfætter, og navnebror til hendes far. Denne Henning, Eufemias svigersøn, havde en meget fremtrædende rolle i dansk politik. Fra 1350, havde han været gælker i Skåne, og han blev kong Valdemar Atterdags drost og rigets høvedsmand ved kongens fraværelse. Efter Valdemar Atterdags død i 1375, blev han rigsforstander, og det var ham der beseglede dronning Magrethes hyldningsakter på landstinget i Viborg. Det vides at Eufemia og hendes børn i 1357 giver datteren Giselas mand Henning, råderet over alt det af greve Jacob Blåfods gods, som Niels Rani før 1307 havde held til at tilbageerobre fra kong Erik Menved. Her falder tanken jo igen på Klejtrup, og ligeledes på at det er Blåfods efterslægt som her handler sammen med samme Christiern Vendelbos slægt, som køber Klejtrupgård i 1401. I øvrigt havde Predbjørn en sønnedatter der også hed Gisela, og hun var gift med Heinrich von der Lanken, som vi må formode har været beslægtet med den Gert von der Lanken der sad på den store gård i Hejring.

Et dokument viser at Eufemia Jacobsdatters to sønner Predbjørn og Hans, med deres svigermor Ellen Buggesdatter i 1401 sælger gods til kronen og her deltager også en tredje svigersøn Axel Jepsen Thott. Ifølge et siden forsvundet brev der ellers var registreret i kronens arkiv på Kalundborg slot i 1476, så havde Christen Vendelbos enke Ellen Buggesdatter og hendes tre svigersønner ved en tidligere lejlighed, men også i 1401, udstedt et brev hvori de oplader alle breve som de eller deres forældre har haft fra konger og dronninger, eller som de endnu har på kongens len eller gods, slotte eller andet der kunne tilhøre kronen, og vedgår herefter alle brevene "døde" og ugyldige. Desuden afstår de i bevarede breve, godset Brøndum i Salling som Christiern Vendelbo havde erhvervet i 1397, og Korup i Solbjerg sogn i Øst Himmerland som hans far Peder Vendelbo havde erhvervet på lovlig vis ved et kongeligt retterting i 1344 som Valdemar Atterdag ifølge brevet havde overladt ham som len.

Ellen Buggesdatter var datter af den mægtige og berømte godsejer Niels Bugge til Hald. Han blev især kendt for sit mod til at gøre oprør mod sin konge, hvis han følte sig uretfærdigt behandlet. Første gang han dukker op i historien er i 1332, hvor han støtter den holstenske grev Gert, som havde hele Jylland nord for Kongeåen i pant. Bugge begyndte dog senere at se grevens stigende magt som en trussel, og blev en af kræfterne der senere kostede greven livet. Den kullede greve blev dræbt den 1. april i 1340 i Randers af Niels Bugges søstersøn Niels Ebbesen. Dette banede vejen for at Valdemar Atterdag kunne blive den nye danske konge. Han fik da også Bugges støtte langt hen ad vejen, men da han forsøgte at stække adelen og godsejernes magt, opstod der en stærk koalition mod kongen, og her var Niels Bugge i første række. Kong Valdemar havde vist sin store appetit for adelens gods og var meget udfarende, hvilket Niels Bugge ikke ville tolerere, hvorfor kongen føler sig truet. Omkring 1352 belejrede kong Valdemar Niels Bugges borg ved Hald, men Bugge holdt stand mod kongens tropper der til sidst valgte at opgive. Man nåede så efter forhandlinger et kompromis hvorefter Bugge forholdt sig rolig. I 1357 hvor Bugge ikke mente at kongen overholdt sine løfter, gjorde han igen oprør mod kongen der nu begyndte at se Niels Bugge som en fjende. I slutningen af december 1358 blev der aftalt et møde. Niels Bugge red sammen med to andre stormænd til Slagelse for at møde kongen. Hvad der kom ud af mødet vides ikke helt, for på hjemvejen blev Niels Bugge og hans to følgesvende dræbt ved Middelfart. Kong Valdemar var den hovedmistænkte, men bedyrede sin uskyld. Niels Bugges følgesvende var en sønnesøn af Marsk Stig og dennes søn, så ved denne lejlighed mistede tre magtfulde godsejere livet.

Niels Bugge blev anset for at være Danmarks rigeste godsejer, hvorfor han fik tilnavnet Kong Bugge. Han ejede mange store godser, samt et jordtilliggende på mindst 500 bøndergårde. Hans indkomst blev opgjort til 300 læster korn, eller noget over 14000 tønder byg. Blandt hans mange ejendomme var Nørre Vosborg ved Nissum fjord, Spøtrup i Salling, Hegnet Storgård, Lundholm ved Skagen, Ejstrup Hovgård i St. Brøndum, 10 km. Nord for Hadsund og hovedgården Rolstrup ved Nykøbing Mors. Støvringgård ved Randers fjord havde han giftet sig til, og Hald erhvervede han i 1346 fra Peder Eberstein, søn af Ludvig Eberstein. Man må derfor sige at hans datter har været et godt parti for Christiern Vendelbo.

Christiern Vendelbo var en fremtrædende og indflydelsesrig stormand. Han var ridder og høvedsmand på Skanderborg slot. Han var landsdommer og rigsråd, men beskrives som en grådig mand, der ikke altid erhvervede sig gods på helt lovlig vis, men hans magt var så stor at ingen havde lyst til at rage uklar med ham. Dette har nok også været årsagen til at dronning Magrethe der som sin far, altid havde travlt med at samle krongods og stække adelens magt, valgte at vente til efter Hr. Christierns død før hun begyndte at drage hans ejendomsrettigheder i tvivl. Ganske kort efter hans død dukkede Magrethe op i Randers, hvor hans arvinger var sat stævne, for nu skulle der ryddes op. Nu skulle det afklares hvilke efterladenskaber der tilkom kronen, og det er ved den lejlighed de førnævnte handlinger kom til udførelse.

De såkaldte ejerskaber eller ejendomsrettigheder, er hele tiden både tvivlsomme og indviklede. I kilderne læser vi at Niels Slet i slutningen af 1300-tallet giver Klejtrupgård til Viborg Domkirke, men vi læser også at Christiern Vendelbo i 1401 køber gården af Erik Henriksen Prip. Samtidigt læser vi at Erik af Pommeren i 1406 giver gården til domkapitlet i Viborg. At skrive sig til gården var ikke ensbetydende med at man ejede den. Man kunne have den i len, og der var flere forskellige slags len som sjældent bliver forklaret, og et len kunne man handle med. Samtidigt ser vi flere personer være involveret samtidigt, hvilket må skyldes at flere gårde fra de tidligste tider udgjorde Klejtrupgård. Vi kan blot antage at man fra omkring 1406 skifter over fra kongelen til bispelen, i hvert fald indtil reformationen. Det lykkedes samtidigt Valdemar Atterdag og hans datter dronning Magrethe, at få fingre i store dele af tidligere kongers patrimonium og adelens mange godser, og gøre det til krongods, men også her gik det ikke altid ærligt til. Efter kong Valdemars Atterdags død blev mange forulempede herremænd og godsejere tilkendt det konfiskerede gods. Når vi hører om alle de der skriver sig til en gård eller et gods, så vil det i de fleste tilfælde sige, at de havde fået tilskødet en forlening, som man tydeligvis kunne videresælge.

I en process af kong Erik af Pommeren fra 1425 hedder det i vidnesbyrdene, at man aldrig har set eller hørt sige, at nogen dansk konge har givet nogen noget i len, men kun plejede at pantsætte og så atter indløse gårde og borge på en vis tid, eller på livstid. Denne erklæring synes dog ret tvivlsom.

Et såkaldt pantelen betød at kongen gav lenet i pant, mod et lån han modtog fra den kommende lensmand. Lensmanden kunne så beholde indtægterne i panteperioden, indtil kongen indfriede lånet, og fik lenet tilbage. Dertil kom tjenestelen, der kunne gives som belønning for bestridelsen af et embede, som f.eks. landsdommer eller lignende, hvor lensmanden beholdt alle indtægter. Et afgiftslen betød at kongen skulle betales en fast afgift, mod at lensmanden beholdt overskuddet, hvilket sås i 1400 og 1500-tallet. Så var der regnskabslen hvor alle indtægter tilfaldt kronen, der så aflønnede lensmanden med en fast løn og måske også en procentdel af visse indtægter. Endelig havde man fyrstelen, som blev givet til medlemmer af den kongelige familie, der havde selvstændig råderet over et sådant len, og det er ret sandsynligt at det er sådanne fyrstelen der igennem 1200-tallet blev givet til kong Valdemars efterkommere, eller måske tjenestelen eller en kombination af begge. Dette ville have været en mulighed i specielt Albert af Orlamünde og grev Ernst af Gleichens tilfælde, idet de begge gennem flere år arbejdede for kongehuset, som landets mest magtfulde politikere.

Den katolske kirkes gods før reformationen i 1536 kan opdeles i fire kategorier der knytter sig til forskellige kirkelige institutioner. Der er bispegodset som hørte under de forskellige bispesæder, og så havde man klostrenes ejendom. Ligeledes var der kapitelgodset som de gejstlige der gjorde tjeneste ved kirken, de såkaldte kannikker administrerede. Og så var der naturligvis de mange præstegårde og gårde, som hørte under sognekirkerne som tilvejebragte sognepræsternes løn, samt til kirkens vedligeholdelse.

Ved reformationen overgik størstedelen af kirkens ejendom til kronen. For en del af godsets vedkommende blev overgangen gradvis, og en mindre del af kirkegodset blev ikke underlagt kronen, men givet til adelen. Før reformationen ejede kirken omkring 40% af jorden i Danmark, mens adelen ejede nogenlunde det samme. De resterende 20% ejedes af kongemagten, hvilket ikke er meget i sammenligning med størrelsen af kongens private gods tilbage i 1100-tallet, hvor der eksempelvis i det midtjyske område stort set kun fandtes det såkaldte patrimonium, kongens private arvegods, og kun en mindre mængde krongods.

Alle disse forskellige former for forleninger, blev der ligeledes rejst tvivl om. Herredsskriverne havde utroligt svært ved at skelne. Der blev af samme årsag ofte tvivl om hvorvidt et gods var blevet givet til domkirken eller til kapitlet, og efterfølgende hvilken form for forleninger adelsmændene havde lavet aftale om. Reglerne var simpelthen ikke klare nok, hvilket ofte blev årsag til retslige tvister parterne imellem, og således var det også i Klejtrupgårds tilfælde, hvor det kom til en retssag i 1536 ved reformationens indførelse, hvor ejerforholdene kom til at se anderledes ud. I den forbindelse blev det hævdet at gården var blevet købt af Christiern Vendelbo i 1401, og arvegangen herfra til den ene part i sagen beskrives nøje, men modparten Viborg domkapitel får dom for at de har fået overladt godset af kong Erik af Pommeren. Vi ser her at Klejtrupgård må have været opdelt, således at dele tilhørte Domkirken, medens andre dele tilhørte kapitlet, og her kan der også internt have været handlet med aktiverne.

Det nævnes i gårdens historie, at en Johannes Friis i 1365 skriver sig til Klejtrupgård, idet hans underskrift findes på et dokument fra dette år, men det er vist aldrig blevet klarlagt hvem han var. Mon ikke det er samme person der den 28. marts 1338 underskriver sig som Jens Friis, der på sin søster Kathrines vegne tilskøder Niels Odder alt sit gods i Åbo syssel, for hvilket Niels Odder til gengæld skøder Jens Friis alt sit gods i Sallingsyssel og Himmersyssel. Skødet bliver bevidnet af biskop Simon af Viborg, Hr. Henrik Nielsen, Hr. Ove Esgesen, N. Thordsen, Svend Morsing, Lars Hvas, Jon Bentsen, Jens Ovesen, Niels Sommer og Niels Ebbesen. Niels Odder er Niels Jensen Galskyt til Odsgård i Vinkel, og Jens Friis må være identisk med Johannes Friis til Klæktorp, der 14. april i 1365 møder op på Rinds herredsting hvor han sammen med Vogn Nielsen bevidner at Knud Haagensen aldrig har afhændet en gård i Knudstrup i Vesterbølle sogn, beboet af Lars Pedersen, hverken ved pantsætning eller ved skøde.

Vi befinder os her i en tid hvor personnavne stadig undergik forandringer. Johannes blev til Jens, og i Sdr. Jylland til Jesse, ligesom Toke tidligere blev til Tyge og Tage. Og mon ikke også vi kan være sikre på at den Niels Ebbesen der i 1338 underskriver sammen med Jens Friis, er samme Niels Ebbesen der to år senere dræber den kullede greve i Randers den 1. april 1340.

Vi har en Jesse Freese til Arlevad der i 1373 besegler et til Valdemar Atterdag udgivet gældsbrev på Diernæs i Hundborg herred, udstedt af Lydike Arildsen. Han er sikkert også den Jesse Friis der i 1358 medbesegler forliget mellem Valdemar Atterdag og hertuginde Richarda.I 1380 har vi en Johannes Freese der overdrager gods i Haslund i det nordlige Frisland til domkapitlet, og i 1388 nævnes Johannes Friis, der sammen med væbner Johannes Skram besegler ribebispen Jens Mikkelsens testamente. Vi ser atter at skriverkarlene benytter sig af både Jens, Jesse og Johannes samt Freese, Friis og ligeså andre steder af Vreese, hvor der er tale om samme person.

Som Johannes Friis optræder han mærkværdigvis på Skram-slægtens genealogiske lister, og tilskrives også deres adelsvåben. Han ser dog ud til at være kronologisk fejlplaceret, og hans vej til at figurere på deres slægtstavle er kompliceret. Slægten Vreese eller Freese, undertiden stavet med kun et e, var Frislands ældste og absolut fineste højadel, og vides at være stambeslægtet med adelsslægten Juel fra Sdr. Jylland, men hvor navnet Friis nok havde den højeste status. Status var af stor vigtighed. Nogle valgte at bruge moderens slægtsnavn eller våben hvis dette nød større anseelse. Ligeledes så man andre slægters våben benyttet hvis der blot fandtes en smule familieskab. Nogle ønskede ikke at støde familierne, hvorfor man antog flere adelsnavne så som Kaas-Sparre, Lange-Munk og Juel-Friis. Der eksisterer eksempler på hele fire slægtsnavne på denne måde, hvilket efterhånden blev uoverskueligt. I 1526, bød kong Frederik 1. den danske adel at antage et fast adeligt slægtsnavn. Der var nemlig også adelige slægter der kun benævnte sig selv som de ikke-adelige familier gjorde. Ludvig Albertsen for eksempel, kaldte sig ikke Eberstein, og Brassen slægten kaldte sig ikke Saltensee. Der var dog stadig herefter familier der valgte at føre to navne, og genealogerne kørte deres eget system.

Vi ser at Johannes Friis vælger at anvende Skrams våben, men kalder sig Friis, men han var født ind i slægten Juel. Vi ser at hans søn Henrik Friis anvendte et "mandehoved" som våben, også kaldet Morianhoved, men vi ved ikke hvorfor, idet det kun brugtes af slægterne Holck og Vendelbo. På sine ældre dage er Henrik rådmand i Slesvig og her bruger han Juelernes våben hvilket menes at være hans mødrene våben. Grundlæggeren af Danmarks Adels Årbog, Anders Thiset skriver i årbogen fra 1886: Friis af Arlevad, uradel i Sdr. Jylland jf. Juel, Jesse Friis 1373. Herefter: Friis jf. Lange, Skram --- to slægter. Der kendes ingen forklaring på hvorfor Lange navnet medtages her.

Adelsslægten Skram stammede fra Sønderjylland, og har muligvis taget navn efter gården Schramisgård ved Avnbøl, hvis det da ikke er gården der fik navn efter slægten. Navnet Skram har nok ikke været slægtens oprindelige navn, idet dens våbenmærke den halve enhjørning også førtes af adelsslægterne Dulmer og Blik. Disse tre slægter må vel antages at være forskellige grene af samme stamme. I takt med at slægterne vokser, vælger man også her som vi ser det med Due-slægten, at optage nye navne. Nogle medlemmer af Skram-slægten kaldte sig pludselig Lille, Wille, Steen, Degn, Bramdrup, og Friis, og omvendt så blev Skram navnet optaget af en linje af Fasti-slægten der efter deres våbenmærke kaldtes Stihage-Skram. Der eksisterer forskellige spredte udokumenterede notater om at Skram slægten tidligt var udsprunget af Thrugotslægten, men ingen forklaring findes.

Skram-slægtens stamfar hed Jacob Skram, og han havde slottet Rundhof eller Rundtoft i Slesvig. Han blev gift med Helene Iversdatter Saltensee, der tidligere havde været gift med Niels Vognsen, med hvem hun havde sønnerne Vogn Nielsen og Jesse Nielsen. Jacob Skram havde også tidligere været gift med Helene Bondesdatter, og hun var mor til børnene Peder og Cathrine. Disse to børn er tydeligvis ældre end Johannes Friis, men det må være denne Cathrine som han kalder sin søster i dokumentet fra 1338.

Vi skal her være opmærksom på at nævnte Jesse Nielsen, naturligvis er Jesse eller Johannes Friis, og vi bemærker også at det er hans halvbror Vogn Nielsen han besegler sammen med i 1365. Slægten blev også kaldt Juel, og den var stambeslægtet med Vreese. Jesse var den første af Juel-slægten der valgte at kalde sig Vreese som slægten hed i Slesvig. Det ser ud til at hans mor har bragt ham med over i Skram-slægten, hvorefter Nielsen-Juel blev refereret til som Juel-Friis.

Johannes Friis stræbte tilsyneladende efter status. Juel-slægten var ellers en respekteret slægt med rødder i Hvide-slægten. To uafhængige linjer fører fra Skjalm Hvide og frem til Juel-slægten. Den ene via Skjalm Hvides søn Asser Rig og dennes søn Esbern Snare, og en anden af hans efterkommere var Cecilie Lagesdatter. Den anden linje går fra Skjalm via sønnen Ebbe Skjalmsen frem til Iver Tagesen Saltensee som blev gift med ovennævnte Cecilie Lagesdatter, og deres datter Helene Iversdatter blev gift med både Niels Vognsen og Jacob Skram, og hun var mor til Johannes Friis. Dette er årsagen til at Johannes Friis figurerer på slægten Skrams genealogiske lister.

Johannes Friis havde sønnen Henrik som blev rådmand i Slesvig. Han blev gift med Elsabe Pedersdatter Juel, datter af Peder Iversen Juel og Mette Segebodsdatter Krummedige. Henrik var også herredsfoged i Gøs herred og han grundlagde adelsgodset Lytgenholm, og overtog godset Arlevad fra sin far. I 1401 skøder Sivert Krog, borgmester i Flensburg, Thomas Juel, Ditmar Blå og Henrik Friis deres ret til godset Løgismose til Iver Juel.

Vi ved at Johannes Friis og Vogn Nielsen var brødre, men der var en tredje bror, som var ovennævnte Iver Nielsen Juel. Han havde Hjerndrupgård, og det er hans søn der bliver svigerfar til Henrik Friis. Iver Nielsen Juel`s søn Peder Iversen Juel var gift med Mette Krummedige, en datter af Segebod Krummedige og Sidsel Pedersdatter Skram, hvis far Peder er søn af Jacob Skram. Peder Skram var bror til Kathrine, og dermed en ældre stedbror til Johannes Friis.

I begyndelsen af 1300-tallet ejedes Løgismose af tre mænd der omtales som halvbrødre, men med fælles mor og tre forskellige fædre. Det er her det bliver interessant, idet deres mor hed Helene Iversdatter, som vi ved var mor til Johannes Friis, Vogn Nielsen Juel og Iver Nielsen Juel. Gamle dokumenter afslører at hun også havde sønnerne Peder Rytze og Jens Ingeldsen Revel. Deres fædre var N.N. Rytze og Ingeld Revel.

Løgismoses tre ejere var Vogn Nielsen, Peder Rytze og Jens Ingeldsen. Vogn Nielsen var gift med en halvsøster til Jens Ingeldsen, så slægtsskaberne bliver ikke mindre indviklede. I 1333 køber Peder Rytze fra Jens Ingeldsen en andel som denne havde overtaget fra Vogn Nielsen. Senere er andelene gået til Krummedigerne, især Segebod og broderen Erik. I 1401 har Iver Juel andel i Løgismose, hvilket også Jens Ingeldsens datter Sofie har.

I midten af 1300-tallet ser det ud til at Segebod ejede en større andel, og vi undgår ikke at bemærke at Peder Rytze må være en del ældre end sine halvbrødre, for det er hans datter Anne der er mor til Segebod der så også ad den vej har skaffet sig andele. Jens Ingeldsens datter Sofie blev gift med Jep Abildgård, der i 1387 pantsatte sin hustrus andel til Jens Pedersen Panter i Højerup, som i 1410 havde samlet alle andele på egne hænder.

Segebod Krummedige var en godssamler, og i Danmarks Riges Breve, 3. rk. 1.bd. s. 54, kan vi læse at den 23. juni 1340, pantsætter Ingeborg, enke efter Johannes Slet, sit gods i Jordløse sogn til Segebod Krummedige for 20 mark lødigt sølv. Ingeborg pantsætter jord i nøjagtigt det område hvor netop Løgismose ligger. Ved samme lejlighed lærer vi at Johannes Slet netop døde i 1340, samme år som sønnen Niels Slet bliver født. Vi ved at Niels Slet havde Klejtrupgård allerede før 1380. Niels Slets far Johannes, skødede i 1327 jordejendom i Nr. Vissing til Øm kloster, hvilket stadfæstes i 1358 af Niels Slet. I dokumentet fra 1327 kan vi se at Johannes Slet var fra Breum i Grinderslev sogn i Salling. I 1373 køber Niels Slet Gudumlund, og samme år bliver han anklaget for uretmæssigt at have tilegnet sig noget øde gods der tilhørte Pughuset i Ribe, beliggende i Ottersbøl. Niels Slet ser ud til at have ignoreret dette, for i 1379 får han en dom hvor gejstligheden i en række danske og nordtyske stifter pålægges at bandlyse Niels Slet for ulovlig tilbageholdelse af godset i Ottersbøl. Han afstår så i 1380 Klejtrupgård til bispedømmet i Viborg, men sagen dør ikke af den grund, idet det først er i 1386 at han forsoner sig med kirken. Den 30. marts 1386 erklærer bisperne Jens af Ribe, broder Jacob af Viborg og Svend af Børglum at væbner Niels Slet efter krav fra Hr. Niels Krook, kannik i Ribe, og forstander for Puggård i Ribe, at Niels Slet har udtalt at godset Vestergård i Ottersbøl aldrig har tilhørt ham eller hans arvinger, men var skænket af afdøde kannik Peder Nielsen Pusel.

Umiddelbart kunne det se ud til at Niels Slet befinder sig i Klejtrup i samme periode som Johannes Friis. Faktisk kunne man forestille sig at Niels Slet er vokset op i Klejtrup. Vi ser jo en forbindelse fra Segebod Krummedige ikke bare til Johannes Friis, men også til Niels Slet og hans mor. Hans mor Ingeborg vides der ikke meget om. Dog findes der et enkelt sted der omtaler hende som Ingeborg van Echteld, hvilket tydeligvis er et frisisk navn, så måske har hun kendt Johannes Friis eller været beslægtet med ham. Ingeborg var gift med Johannes og sikkert taget hans efternavn, og i frisiske genealogier nævnes faktisk en Hr. Johannes van Echteld, der afgik ved døden omkring 1338-40, hvilket kunne passe på Johannes Slet, og da må navnet Slet have været et påtaget kaldenavn, fordi han på et tidspunkt har resideret i Slet herred. Man kan heller ikke udelukke muligheden for at Ingeborg kunne være flyttet ind hos Johannes Friis.

Johannes Friis var søn af Helene Iversdatter, men vi kender ikke hans far, som nok har heddet Friis. Helenes far Iver, var kong Abels marsk, som blev henrettet omkring 1262, men hans mor angives som Magrethe Olufsdatter Glug, og hun kan af omveje føres tilbage til Skjalm Hvide, og Magrethe var ligeledes mor til Niels Tokesen til Klejtrup. Før hun giftede sig med Ernst von Gleichen havde hun været gift med en Toke Saltensee som ingen rigtig ved hvem er, men hvis Iver Tokesen og Niels Tokesen er brødre, så er også her aldersforskellen stor. Niels Tokesen lever til i hvert fald 1318, og kan så være født omkring 1250, eller måske lidt før. Broderen Iver må være født før 1240 idet han 1260 udnævnes til marsk, men umuligt er det ikke.

Som omtalt er det ikke meget vi ved om Niels Slet. Men i Danmarks Riges Breve findes et dokument fra den 3. april 1388 fra kapitelhuset i Ribe. Brevet lyder:" Henneke Limbæk, søn af Claus Limbæk, forpligter sig til gengæld for afholdelse af daglig messe for hans, hans hustru Jutta og hans forældres sjæle, til at hjemle Ribe Domkapitel det gods, 4 gårde i Sneum, 1 gård i Vester Nykirke, 1 gård i Næsbjerg, 5 gårde i Tjæreborg, 1 gård i Øse og 1 gård i Darum sogne, som ridder Johan Limbæk havde henlagt til afholdelse af sin årstid, og en daglig messe...".

Så er der en tilføjelse af interesse: " i tilfælde af at godset frakendes kapitlet, udlægger Henneke Limbæk til evigt eje for kapitlet, en tredjedel af det gods i Hviding og Lø herreder som han retmæssigt har købt af væbner Niels Slet. Hvis dette gods af mig eller mine arvinger ikke virkningsfuldt frigøres fra krav fra dronning Magrethe eller en dansk konge, hvem det så end er, og også fra krav fra væbner Niels Slet og hans arvinger, afstår jeg det frit til Ribe Domkirke til evig arv og eje, en tredjedel af mine ejendomme hvori de end består, som alle ligger i Hviding og Lø herreder, hvilke ejendomme jeg har erhvervet fra Niels Slet..."

Det er bemærkelsesværdigt, at dette sker samtidigt med at Johannes Friis bevidner biskop Jens Mikkelsens testamente. Endnu mere bemærkelsesværdigt er det, at de folk som biskoppen lader arve, bor nøjagtig de steder som Henneke Skinkel nævner som købt af Niels Slet. Blandt disse finder vi Kristen Skram, Johannes Skram og en Peder Nielsen, der nemt kunne være Niels Ebbesens søn idet hans mormor er en Skinkel, men det er svært at finde hoved og hale i alt dette, og Kristen Skram var medbesegler ved biskoppens testamente. Dette kan ikke være tilfældigheder, men må bero på nogle ukendte faktorer af en eller anden art.

Vi konstaterer her at Johannes Friis er dattersøn af Niels Tokesens bror Iver Tokesen. Niels Tokesen dør på et tidspunkt efter 1318, hvor han nævnes sidste gang. Han behøver ikke af den grund at være død i 1318, hvorfor det er muligt at det er hans part Johannes Friis overtager. Det ville være en naturlig ting, idet han så afløser sin morfars bror.

Christiern Vendelbo dør kort efter overtagelsen af Klejtrupgård i 1401, hvorefter datteren Ellen eller Elsif overtager. Hun må på en måde have fået en aftale med bispedømmet, idet faderens køb jo blev et stridsspørgsmål.

Elsif var gift tre gange. Først med Axel Jepsen Thott der dør omkring 1407. Med ham har hun børnene Jep og Christenze, men vi hører også om to små sønner som druknede i Ørslev å, samt to små døtre som omkom ved "at træde en fjæl sønder". Hun nævnes også gift med en Hr. Niels Brock til Häckeberga, men ud over at han dør i 1419 vides intet om ham. Elsif bliver gift tredje gang med Lyder Holck, og de flytter ind på Støvringgård, som er kommet til hende fra bedstefaderen Niels Bugge. Lyder Holck forekommer tidligst 1417 som medbesegler for en Hr. Truid Has, hvor han nævnes som "Lütke Holk til Stiffringhe", som han jo har giftet sig til. Han er død 1440, hvor hans enke Fru "Ælsuf af Stiffringhe" nævnes og som skænkede sin gård Kalstrup og Kalstrup mølle i Veggerby sogn til Helligåndshuset i Ålborg for sig, sine forældre, sin husbond og sine børns, levende og døde og alle kristne sjæles frelse, ligesom hun samme år til Helligåndslauget i Randers skænkede en gård i Kastbjerg i Gerlev Herred. Hun havde tidligere i 1434, sammen med sin mand skænket gods i Lemming sogn i Hids herred til Alling kloster, og i 1438 bekræfter hun sine forældres gave til Franciskaner klostret i Randers. Hun får i 1440 vidimeret to breve af 6. og 13. februar 1328, vedr. farfaderens gods i Gerlev herred.

Elsifs farfar Peder Vendelbo var kong Christoffers marsk og senere drost, og kongens nærmeste rådgiver. Han ejede også mange godser, bl.a. Karetorp i Korrup sogn, Kragelund i Vindblæs sogn, borgen Skjern ved Hjorthede samt gårde i Haderup og i Åmølle i Gerlev herred.

Elsifs liv synes udmærket belyst, dog med nogle undtagelser. Nogle slægtsforskere har hende som mor til Ide Lydersdatter Holck hvor faderen så skulle være Lyder Holck, men dette kan af kronologiske årsager ikke lade sig gøre. Vi ved at Ide Lydersdatter var gift med Niels Slet, og mor til deres søn Johannes, opkaldt efter bedstefaderen. Han må være født omkring 1380, og Niels Slet dør i 1395. Herefter gifter Ide sig med Anders Nielsen Panter til Asdal som dør i 1406, hvorefter hun er gift med Lyder Kabel. Elsif bliver enke da Axel Jepsen dør ca. 1407. Herefter er hun gift med Niels Brock som dør i 1419. Først da bliver Lyder Holck hendes tredje ægtemand hvilket gør det helt umuligt at Ide Lydersdatter skulle være født efter 1420, når hun på dette tidspunkt allerede har en søn, mindst fyrre år gammel. Lyder Holck er født i 1359 i Udbyneder og er dermed omtrent jævnaldrende med Ide Lydersdatter. Problemet er så at hun kaldes Lydersdatter Holck, hvilket man kan mistænke en slægtsforsker for at have påført hende, i den tro at Lyder Holck er hendes far uden at kontrollere kronologien. Lyder Holcks far hed Johannes, og han kan jo have haft en bror ved navn Lyder som kunne være far til Ide, men dette ved vi intet om. Her findes enten en skrivefejl eller en misforståelse.

Elsif giver Klejtrupgård til sin svigersøn Oluf Andersen Lunge der er gift med Christenze. Gården gives som medgift for deres datter Magrethe. De får sønnen Oluf Olufsen Lunge der også skrev sig til Klejtrupgård, og han levede fra 1420 til 1473. Magrethe bliver gift med Christoffer Lykke til Stadsgård, som var var søn af Johanne Nielsdatter Bild, hvis far var Niels Tuesen Bild af Niels Ebbesens slægt og gift med Tove Andersdatter der nedstammede fra marsk Stigs slægt.

Christoffer Lykke fik den 27. april 1451 gods i pant af sin mormoder Tove Andersdatter af Skovsbo. I 1458 kaldes han ridder og trættede da sammen med sine brødre mod Hr. Eggert Frille om jord i Skovsbo.

Elsifs ægtemand Axel Jepsen Thott, var søn af Magrethe Bondesdatter Due. Datteren Christenze der nok er født omkring år 1400, blev gift med Oluf Andersen Lunge, ridder til herregården Odden i Mygdal ved Hjørring. Han sluttede i 1420 med sin bror Jep Lunge en kontrakt med biskop Jens af Roskilde, om gods i Venslev, og i 1423 beseglede han sammen med Hr. Jacob Lunge til vitterlighed med hr. Anders Jacobsen Lunge, og skrev sig da til Næsby. I 1439 besegler han opsigelsen til kong Erik af Pommeren, og i 1442 kaldes han ridder og høvedsmand på Skivehus. I 1449 er han rigsråd, og sammen med sin bror i kongens følge til Gulland. I 1454 skøder han gods i Fers herred til ærkebiskop Tue og skrev sig da til Odden. Samme år nævnes han blandt samfrænderne der forligte Fru Gerver, Hr. Niels Eriksen og Hr. Oluf Axelsen Thott. I 1457 ses han som ejer af Knivholt i Vennebjerg herred og i 1459 var han værge for sin søster og svoger Jep Axelsen Thotts børn. I 1464 er han lensmand på Korsør, og i 1471 skøder han med sin søns samtykke gods til Hr. Johan Oxe i Skåne som hans hustru havde arvet efter sin far Axel Jepsen Thott.

Hans søn er Oluf Olufsen Lunge, der i 1469 giver "sin kære søster og svoger Magrethe og Christoffer Lykke tilladelse til at afhænde deres gods i Ommersyssel og Himmersyssel". Han arver Klejtrupgård efter sin søster Magrethe som døde barnløs omkring 1475. To år tidligere stadfæster han sin søsters gave på en gård i Rinds herred til Skt. Hans klosteret i Viborg. I 1473 kvitterede han Hr. Axel Lagesen for en fjerdedel af hvad Knivholt stod i pant for, og var da vist ridder.

Søsterens mand Christoffer Lykke fik kort tid efter hendes død en hærværksdom, fordi han havde beholdt Klejtrupgård, på trods af at han sammen med hustruen tidligere havde skrevet under på at de kun havde gården i len fra domkapitlet.

Oluf Olufsen Lunge havde datteren Christenze der var opkaldt efter hans mor. Hun var gift med Jens Nielsen Rothfeldt til Bratskov. Det er ham der sammen med Ove Vincentsen Lunge til Tirsbæk, gift med en datterdatter af Oluf Olufsen Lunge, der efter reformationen forsøgte at gøre krav på Klejtrupgård med dokumenter der viste arvegangen fra Christiern Vendelbo, men forgæves. Domkapitlet var i stand til at fremvise et låsebrev fra kong Erik, samt en dom fra kong Frederik 1. mod Oluf Lunge og Niels Jensen Rothfeldt, der tilsyneladende tidligere havde forsøgt sig.

Lungeslægten tilhørte højadelen og havde meget stor indflydelse. Tilbage i 1200-tallet kendes en Jomfru Lunge som egentlig hed Inger Iversdatter Lunge. Hun blev kendt som elskerinde for Christoffer, søn af kong Erik Klipping. Christoffer selv blev landets konge omkring 1320 da hans bror Erik Menved døde. Hun fødte Christoffer to børn, Regitze og Erik Christoffersen Løvenbalk, der senere skrev sig til Aunsbjerg. Denne Jomfru Lunge menes at have været en søster til slægtens stamfar Oluf Lunge som nævnes i 1268 og 1290, men var død i 1302. Han var i 1287 foged i Bjarnede og Fodby for Roskildebispen Niels Jacobsen Uldfeldt. Han nævnes også i 1288 da han handlede gods til Skt. Clara kloster i Roskilde for Frøken Agnes, der var datter af kong Erik Plovpenning, søn af Valdemar Sejr.

Denne Oluf Lunge har sønnen Oluf Olufsen der dør i 1321, og hvis søn også hed Oluf Olufsen Lunge. Sidstnævntes sønnesøn er netop den Oluf Andersen Lunge som vi møder i Klejtrup. I Dansk Adelsårbog 1902, s. 315, læser vi: "Få slægter har indtaget så fremragende en plads i den danske adels historie som de såkaldte "Gamle Lunger". Dette skyldes dog mindre deres rigdom og sociale anseelse, skønt den en kort tid fra 1350 til 1450 frembragte flere betydelige mænd, end den omstændighed, at dens sidste kvindelige ætlinge, blev stammødre til flere af vore talrigeste og mest ansete slægter som Bille, Brahe, Krabbe, Krafse, de "nye Lunger", og derigennem indirekte til omtrent hele det 16. og 17. århundredes danske adel".

Som det ses, så tales der om Gamle Lunger og Nye Lunger. Dette skyldtes at en Hr. Ove Jacobsen Lunge udelukkende havde døtre, der alle blev givet i ægteskab til forskellige adelsmænd. En af disse døtre var Kirsten der blev gift med Vincent Iversen Dyre, og hun regnes som stammor til de såkaldte Nye Lunger. Det er bemærkelsesværdigt at adelsårbogen ikke giver forklaring på hvordan de Gamle Lunger opstod. Dette kan skyldes at denne publikation på daværende tidspunkt i 1902 var i sin spæde start. Det egentlige ophav skal jo findes i Valdemar den Stores efterslægt kaldet Due. Dele af denne slægt bortkastede navnet Due og kaldte sig Lunge, Glob, Dyre, Munk og flere andre kendte adelsnavne.

Nogenlunde samtidigt med at vi har Oluf Olufsen Lunge i Klejtrup i midten af 1400-tallet, eller ganske kort efter finder vi Hr. Oluf Munk, herremand til Krogsgård ved Tjæreborg, i Klejtrup. Han levede antagelig fra 1420 til 1493. I 1479 var han biskop Jens lensmand på Silkeborg, og i 1493 møder vi ham på Fjends herredsting. Han skriver sig til Klejtrup fra 1484 til 1491.

Han var søn af Malte Iversen Munk Lange, der også skrev sig til Klejtrupgård, og døde i Klejtrup i 1440. Malte var gift med Else Stigsdatter Munk (bjelke), en datter af Stig Munk til Holbækgård ved Randers fjord. Navnet Munk var ligeledes et udbredt adelsnavn og benyttedes af ikke mindre end fem forskellige slægter, men dog alligevel indbyrdes beslægtede, på trods af forskellige slægtsvåben. Malte var søn af Iver Thomesen Lange der var ridder og havde Krogsgård. Dennes far var Thomes Iversen Lange, søn af Iver Ebbesen Lange, som havde en bror ved navn Esge Ebbesen Lange. Esge har datteren Sofie, kaldet Sofie Esgesdatter Frost, der er gift med Bo Høg til Ørum, og de har sønnen Per Høg der bliver gift med Ose Pedersdatter Bild. Deres søn Christen er gift med Kirsten Mogensdatter Glob (Due), og de har en søn der bliver opkaldt i bedstefaderen Bo Høg. Bo har tre døtre der er af interesse. Gunvor Bosdatter bliver gift med Erland Kalf til Palsgård. Erland er sønnesøn af Jens Kalf der var rigsmarsk efter Johannes Friis morfar Iver Tokesen, og denne Jens var gift med Cecilie, der var Esbern Snares oldedatter. En anden af Bo Høgs døtre er Babara som er gift med Niels Strangesen som er Niels Ebbesens nevø, og den tredje datter er Sofie der gifter sig med Erik Henriksen Prip som sælger Klejtrupgård til Christiern Vendelbo. Førnævnte Esge har sønnen Anders Esgesen Frost, hvis bror var Strange som igen var Niels Ebbesens farfar.

En af disse Munk slægter førte samme adelsvåben som slægten Saltensee (Brassen), hvoraf flere boede i Hvornum, og som Niels Tokesen tilhørte. Slægten Munk Lange tilhørte på fædrene side adelsslægten Lange, og på mødrene side Munk-Bjelke, som skrev sig til Krogsgård og som vi møder i Klejtrup. De sad på Holbækgård ca. 18 km. nordøst for Randers. Der nævnes en Trugils Palnesen Munk i 1318, som muligvis var farbror til Valdemar Atterdags marsk Hr. Palne Jonsen Munk. Holbækgård tilhørte i sidste fjerdedel af 1200-tallet Rane Jonsen.

Palne Jonsen Munk var søn af Jon 1. Munk, der formentlig var søn af en Poul Jonsen der sandsynligvis nedstammede fra Rane Jonsen, måske en sønnesøn, men Rane Jonsens børn findes aldrig nævnt. Rane Jonsens far hed Jon Ranisen også kaldet Johannes, hvilket også Jon Munk var. Denne Jon Munk havde sønnen Peder Munk der var født ca. år 1300 og stadig levede i 1367. Peder var far til rigsråden Hr. Mogens Pedersen Munk som var en af dronning Magrethes betroede mænd. Han var far til Hr. Stig Munk, hvis efterslægt kaldte sig Mus og Due. Stig Munk var gift med Mette Eriksdatter Banner, hvis far var Erik Brune Banner, og dennes far kendtes som Brune Erik til Elkjær, som i sin tid blev meget omtalt, fordi han deltog i en tvekamp ved Lyby kirke mod Bugge Nielsen, far til Niels Bugge til Hald. Dette skete i 1334 hvor begge mænd for længst havde rundet de halvfjerds. De sårede hinanden så slemt at de begge døde af deres sår.

Mogens Munks søster blev gift med Jens Nielsen Løvenbalk til Aunsbjerg. Peder Munk havde broderen Oluf Munk der var biskoppelig lensmand på Silkeborg. Oluf Munk havde sønnerne Iver og Mogens, og Iver blev biskop i Ribe, og var en af hovedmændene i opstanden mod kong Christian 2., idet han siden kong Hans død havde været ivrig tilhænger af hertug Frederik. Ved reformationen i 1536 blev han sat i fængsel sammen med de andre biskopper. Mogens Munk blev landsdommer og rigsråd.

Det var Mogens Munk der personligt overbragte kong Christian 2. opsigelsen i 1523. Almindeligvis ser vi både Oluf Munk og sønnen Mogens Munk skrive sig til Klejtrupgård. Oluf dør i 1493, og vi hører at sønnen Mogens overtager Klejtrupgård efter sin far. I 1499 forlener biskop Iver Munk sin bror Mogens Munk med Volstrup i Hjerm sogn som tilhørte domkirken i Ribe. Denne herregård blev Mogens Munks faste opholdssted uden han nogensinde ejede gården. I 1508 bliver Mogens Olufsen Munk af biskop Erik Kaas i Viborg forlenet med Klejtrup kirkes gård kaldet Skaarup, samt et bol i Hærup, hvilket kan læses i Viborg Stifts Breve. Længe efter reformationen, i marts 1574, findes en dom fra Rind herredsting hvor et bol i Hærup i Klejtrup sogn er tildømt Niels Jonsen Viffert, lensmand på Hald slot, på vegne af kongen. Igen den 12. juni samme år ses i Hald Lens regnskaber et tingsvidne som nævner gården Skaarup i Klejtrup sogn der står på den jord i Hærup som Peder Thomsen nu påbor. Niels Jonsen Viffert får også i 1578 en gård i Klejtrup samt en gård i Hejring. Niels Jonsen Vifferts oldemor var Else Mikkelsdatter Due. Viffertslægten var jysk uradel og kaldtes undertiden også Maltesen. Denne slægt havde adskillige ejendomme, bl.a. Albæk, hvor slægtens første medlemmer var den tidlige Maltesen slægt fra Trinderup, også kaldet Stisen.

Vi læser at både Oluf Munk og sønnen Mogens Munk skriver sig til Klejtrupgård. Mogens får så i 1508 Skaarupgård der tilhører Klejtrup kirke. Hvis han overtager Klejtrupgård efter faderen i 1493, og senere Skaarupgård i 1508, hvilket må være tilfældet, så ser vi at kirken er involveret både når vi taler om Klejtrupgård, og Skaarupgård. Hvordan er Skaarupgård på dette tidspunkt kommet i kirkens eje ligesom Klejtrupgård, hvis ikke det er fordi at den var en del af Klejtrupgård, hvilket matrikelnummeret også tyder på. Vi må gå ud fra at matrikelsystemet som vi ved blev ændret flere gange, dog fra begyndelsen overførte de gamle løbenumre til matrikelsystemet. Hvis de to nævnte gårde har haft samme ejerlav i de tidligste tider, hvilket noget tyder på, så vil ændringen af matrikelnummeret have fulgt begge gårde. Nummeret må dog i begge gårdes tilfælde stamme fra den seneste matrikulering, men dette betyder også at gårdene havde ens numre tidligere. Vi så at Magrethe Olufsen Lunge i 1473 giver en gård i Rinds herred til Skt. Hans klostret i Viborg. Klostret var ejet af den katolske kirke, så man kunne have mistanke om at den gård Magrethe skænker klostret, var Skaarupgård, som så i 1508 gives til Mogens Munk. Dette vides desværre ikke, men hvis dette var tilfældet, så tyder det jo igen på et tilhørsforhold Klejtrupgård og Skaarupgård imellem.

Mogens Munk havde sønnen Ludvig Munk der skrev sig til Palsgård. Ludvig havde sønnerne Peder og Ludvig. Peder blev rigsmarsk og i 1602 købte han Hersomgård af sin svigerinde Anne Lykke, men skødet blev kendt ugyldigt. I 1605 sikrede kong Christian 4. at broderen Ludvig fik part i gården sammen med Anne Lykke. Anne Lykke var datter af Peder Lykke, en søn af Hans Lykke der var bror til den Christoffer Lykke der havde siddet på Klejtrupgård. Peder var i 1570 rigsråd og i 1588 medlem af det 4-mands- udvalg som rigsrådet nedsatte til at styre landet som formyndere for den endnu ikke myndige Christian 4. Da denne konge overtog styret udnævnte han Peder Munk til rigsmarsk. Broderen Ludvig blev hofmarskal og sad 1577 til 1583 som lensmand til Akershus, og var statholder i Norge. Han var gift med Ellen Marsvin, og sammen fik de datteren Kirsten der senere blev gift med kong Christian 4.

Mogens Munks anden søn Oluf Munk til Palsgård, blev designeret til farbroderen biskop Iver Munks efterfølger og blev optaget i rigsrådet i 1533. Han fængsledes også med de andre biskopper i 1536, men blev løsladt året efter. Han blev genoptaget i rigsrådet i 1542 og begunstiget med et indbringende len. Han viste sig at være både trættekær og begærlig, og blev en plage for bønderne, der ikke kunne gøre ham tilfreds.

Gården Palsgård lå ved Juelsminde, og gamle dokumenter viser at flere af adelsfolkene som skrev sig til Klejtrup også skrev sig til Palsgård. Den først kendte ejer af Palsgård var Jens Kalf i midten af 1200-tallet. Han var den rigsmarsk der efterfulgte Iver Tokesen, en bror til Niels Tokesen og hvis datter blev mor til Johannes Friis til Klejtrup. Jens Kalf var gift med Cecilie Nielsdatter Erlandsen, og Cecilies mor var datterdatter af Esbern Snare og søster til Ernst von Gleichens første hustru.

Man kan have mistanke om, at en af adelsmændene fra Munk-slægten, på et tidspunkt må have bygget en gård i Hvolris og givet den navnet Palsgård. Herredsfoged Kristen Sørensen Testrup (1685-1761) skrev: "I Neder Hvolris lå tilforn en gammel fri herregård, men er nu ganske ødelagt. Til samme Hvolris var fordum en skøn skov, som nu mestedelen er ødelagt. Her har også øst for Bjerregrav ligget en gård kaldet Palsgård, og et hus i skoven kaldet Jesperris, som nu begge er ganske øde". Denne gård kaldet Palsgård nævnes i Hald Lens regnskaber i 1541-1546.

Den 1. marts 1656, får rigsmarsk Anders Bille tilskødet Hersomgård af kongen, hvilket ses af kongens genbrev. Underligt nok har brevet aldrig været underskrevet eller beseglet af kongen, og heller ikke indført i kancelliregistranterne, men dog alligevel underskrevet af vidner. Bille køber gården sammen med en mængde andre ejendomme der lå spredt i Rinds og Middelsoms herreder. Vi kan se at Hersomgård nævnes under Hald Lens regnskaber, (kronens skøder bind 2, s. 86), og i 1657 får Bille igen betydelig ejendom af Viborg domkapitel, på hvis vegne kongen handler.

I 1667 kom Hersomgård ved skifte efter hans datter Mette Bille, til dennes datter Lisbeth Krabbe der var gift med etatsråd Herluf Trolle, som efter hustruens død sælger gården til Christoffer Rosenørn. Ved dennes død i 1715 blev Hersomgård overtaget af sønnen Peder Rosenørn som blev utroligt velhavende. Han var en typisk godssamler, og i 1721 køber han Korsøgård og Hvolrisgård og overtog samtidigt tre kirker og adskillige bøndergårde. Han endte med at eje forpagtningen af Hvam, Hvilsom, Simested, Hersom, Bjerregrav, Roum og Klejtrup kirker og mange fæstegårde. Til Hersomgård var der 31 fæstebønder, og mon ikke vi iblandt disse finder fæsterne af Skaarupgårde, som vi ved er blevet drevet igennem ni generationer af samme slægt fra 1722-2018, sikkert startet som fæstere og senere frikøbt gården til selveje.

Der blev tænkt og handlet, og økonomiske spekulationer var ganske almindelige. Det ser vi bl.a. ved de mange pantsætninger der blev foretaget når der var brug for kapital. Man vidste hvilke investeringer der var mest givtige. Vi ser det eksempelvis i 1582, hvor kongen i et brev takker Fru Mette Bernekov for en erklæring om afståelse af ejendom til kronen. Imidlertid havde hun som vederlag begæret gården Kletterup udi Rinds herred, hvilket var Klejtrupgård. Den var en af Viborg kapitlets fornemste gårde, og da den tidligere havde været begæret ved et mageskifte fremførte kapitlet særlige årsager for ikke at skulle skille den fra kapitlet, hvorfor kongen nu heller ikke ville afstå den, så Fru Bernekov måtte derfor udse sig vederlag andre steder. Senere ser vi at Christian 4. der solgte mange gårde og møller, heller ikke ville skilles fra Klejtrup mølle.

Efter slægten Munk på Klejtrupgård, finder vi en kendt slægt der tilhørte lavadelen. Slægten var utroligt velkendt i det midtjyske område og kaldtes herredsfogedslægten Bloch, og den havde også leveret et par borgmestre til Hobro. Slægten stammede oprindeligt fra Hørby hvorfra den havde spredt sig ud over det midtjyske område. De kendes i Rold og Arden og ligeledes i Rinds herred. Det kan endog være en mulighed, at før man kender slægten fra Hørby, at den meget tidligt er opstået i Rinds herred. Slægten Bloch kendes faktisk allerede i 1275 hvor en Andreas Bloch nævnes, og i 1401 nævnes adelsmanden Johannes Bloch i nogle dokumenter. Så tidligt som i 1345 er slægten tilknyttet Rinds herred, og især Skals. Her boede en Thomas Bloch og her lå dengang en større gård kaldet Blochsgård. Slægten har oprindeligt tilhørt adelen og havde tre roser i våbnet som slægten Lange og senere Munk anvendte. I 1500-tallet omtales slægten som lavadel på lige fod med Rinds herreds knabere, som Børialsen, Skadeland og andre.

Vi har en Mette Sørensdatter Bloch, datter af Søren Bloch som boede i Rold, og var herredsfoged i Hindsted herred. Efter Mettes død sælger hendes arvinger meget gods til Kjeld Andersen i Hvornum i 1632, der også stammede fra en slægt af herredsfogeder og måske beslægtet med Mette Bloch. Der var ligeledes rettigheder til en gård i Tobberup der tilkom dem efter Kjeld Andersens farbror Christen Kjeldsen der var fra Onsild, men som boede i Hvornum som herredsfoged for Onsild herred. Kristens svoger var Søren Bloch der i en årrække havde forsøgt at få livsbrev på broen ved Hobro, hvilket lykkedes for Kristen Kjeldsen i 1608. Søren Bloch havde datteren Kirsten som blev gift med Anders Thomsen, en selvejer i Klejtrup der kendes fra 1618 hvor han har en retssag for Viborg Landsting, mod en kendt borger i Hobro Christen Lauridsen Schielderup. Det drejede sig om at Schielderup, uden at tage hensyn til at han 5. januar i 1616 af Anders Thomsen der da sad som forpagter på Overgård, havde lånt 400 Enkende dalere af 6 % p.a. mod pant i en gård i Hobro, havde givet skøde på denne ejendom til sin dattersøn, men Anders Thomsen fik kendt skødet magtesløst. Anders Thomsen var nok kommet i besiddelse af Klejtrupgård gennem svigerfamilien Bloch der havde forbindelser indenfor kapitlet.

For øvrigt havde Niels Bloch i Rold også i 1533 opnået livsbrev på omtalte bro. Han kom i store vanskeligheder der var affødt af Skipper Clement fejden. Der er intet der viser at han på nogen måder valgte side i den pågældende fejde, men som så mange andre på egnen led han den skæbne at miste ejendomsretten til alt sit bøndergods, men fik i 1543 sammen med andre selvejere på egnen lavet en aftale med kongen om deres bøndergods, hvorefter de skulle have deres rettigheder tilbage. Om Kirsten Sørensdatter Bloch ved vi, at hun sammen med Anders Thomsen i Klejtrup fik syv børn. Den 9. august 1621 er Anders Thomsen i Viborg og her gik det hårdt for sig.

Han kom i slagsmål og pådrog sig svære skader, men blev selv sagsøgt af en af de andre implicerede, dels for "stymperdom" idet senen på dennes venstre hånd blev hugget over og for "badskærerløn", hvilket dog blev erstattet frivilligt af en anden mand fra Klejtrup, og så var der skader på nogle klædningsstykker. Anders Thomsen benægtede at have hugget manden bagpå og blev frifundet grundet mangel på beviser.

Anders Thomsen ejede i forvejen en gård i Aarup og en gård i Stubberup, som han havde købt af Morten Bloch. En bror til Kirsten, Jens Bloch, nævnes i et tingsvidne i 1663 som tjenende ridefoged for Niels Jonsen Viffert til Torstedlund. I 1642 er Kirsten omtalt som enke og må have hjælp fra sin bror Jens Bloch for at kunne tage sig af børnene. På Kirstens vegne søger Jens Bloch, Niels Krag i Øls hovedgård for 10 sletdaler som Anders Thomsen havde lånt den forarmede adelsmand der også havde tilknytning til Trinderup.Endnu i 1666 har familien antagelig været i besiddelse af arvegods fra Bloch-slægten. Christen Christensen og Søren Andersen i Klejtrupgård, Søren Andersen i Hærup og Christen Andersen, sælger da et stykke øde jord i Hørby til sognepræsten der. Fra et skifte i 1695 efter en søsterdatter af Kirsten, får vi lidt oplysninger om Klejtrup familien på dette tidspunkt. Kirsten selv var da død og borte, og af hendes børn levede kun sønnen Søren Andersen i Hærup. De andre børn var døde og kun to af disse havde efterladt sig børn, nemlig Søren Andersen Bloch den ældre i Hvam, der havde sønnerne Børge og Anders Sørensen, og datteren Anne Andersdatter som havde været gift med nævnte Christen Christensen i Klejtrup.

I matrikuleringen af 1688, var der fire fæstere til Klejtrupgård. Det var Michel Conradsen, Jens Frederiksen, Anders Christensen og Christen Madsen der sikkert har haft hver deres gård. Christen Madsen havde i hvert fald gården Brattingsborg. Han var muligvis søn af en Peder Olesen som nævnes i 1688 og 1718 på Vester Skaarupgård. Efter Christen Madsen sidder hans efterkommere på gården der købes til selveje i 1847 af Morten Pedersen der er Madsens oldebarn. Det er Morten Pedersens bror Peder Pedersen der som lejer af en længe, bliver myrdet i 1879 af Rasmus Mørk.

NIELS EBBESEN I KLEJTRUP

Som bekendt, findes der mange sagn som er tilknyttet Klejtrupgård eller Brattingsborg. Et af de mest vedholdende af disse, må være sagnet eller traditionen om at gården skulle have tilhørt Niels Ebbesen. Denne tradition synes at være meget gammel, faktisk så gammel at man ikke vidste hvem Niels Ebbesen var, eller hvilken slægt han tilhørte. Man kendte navnet, og vidste at en mand ved det navn havde dræbt den kullede greve. Nogle mente at han havde ejet gården, medens andre mente at vide at det var her han red ind efter drabet på greven i Randers den 1. april 1340. Disse to versioner skabte grobund for en mængde forskellige historier, idet der også fandtes en tradition om at han havde ejet en gård i Roum kaldet Nørreris. Herredsfogeden i Rinds herred Christen Sørensen Testrup inkluderede en af disse historier i sin Rinds Herreds Krønike fra 1735. Testrup nævner at Niels Ebbesen skulle have ejet Brattingsborg. Dette er der imidlertid intet belæg for. Der eksisterer simpelthen intet skriftligt materiale der peger i den retning. Det ville nok lyde mere sandsynligt, at han kunne have søgt tilflugt på den godt bevogtede borg. Hvis hans egen gård var beliggende i Roum kun få kilometer fra Klejtrup, ville det have været en nærliggende mulighed. Man kunne forestille sig at hans egen gård ikke ville kunne forsvares på betryggende måde, hvorfor han måske også har bragt sin hustru og børn i sikkerhed på Brattingsborg, idet han kunne være temmelig sikker på at grevens mænd hurtigt ville forsøge at få fat på ham.

Man ser også den mulighed at han har valgt netop denne borg eller gård, fordi han kendte manden der havde gården. Denne hed Johannes Friis, og de havde et par år tidligere sammen bevidnet et dokument på Rinds herredsting i 1338. Desuden var de begge beslægtede med adelsslægten Juel, så de kendte sikkert hinanden udmærket, især da de kun boede med få kilometers afstand fra hinanden, idet Niels Ebbesen højst sandsynligt boede i Roum, men dette har der været delte meninger om.

Det har i flere hundrede år været diskuteret hvor Niels Ebbesens gård skulle findes. Omkring 400 år, har de fleste været enige om at gården lå i Folby sogn i Sabro herred. Denne formodning var baseret på to ting. For det første havde man ingen anelse om hvilken slægt Niels Ebbesen tilhørte, og for det andet fandtes der en præsteindberetning fra 1623, fra præsten i Søfting og Folby, Rasmus Rasmussen Samsing, til Christian 4.s. livlæge Ole Worm. Beretningen lyder: "Gamle bønder siger efter deres forfædres sagn, at udi Sabro herred på en gård udi Ris liggendes i Folby sogn, som kaldes Hoffgaard, skulle have boet Niels Jepsøn, som ihjelslog greve Gert i Randers". Herefter begynder der at cirkulere forskellige versioner af samme historie, hvor det fastholdes at gården lå i Folby, og hvor landshelten hedder både Niels Ebbesen, Niels Jepsøn og Niels Sebbesøn. Gården kalder man Hoffgaard, Ris Hoffgaard og senere Norrinsris og Norringris. Man var ikke sikker på noget som helst, men som det ofte går, blev der brygget videre på historien, på trods af at Ebbesens gård hed Nørreris. Dette gætteri blev desværre godtaget, først af Svend Grundtvig (1824-1884) og senere af folkemindesamleren Hans Ellekilde (1891-1966), der som Grundtvig var blevet overbevist om, at man her fra de gamle bønder i Sabro herred, havde fået overleveret den sande historie. Ellekilde havde dog bemærket at historikeren Arild Huitfeldt der levede i 1500-tallet, kaldte Niels Ebbesens gård Nørreris. I stedet for at acceptere den gamle perfektionistiske historiker, holdt Ellekilde stejlt på at gården var Ris Hovgård, hvorfor han tog sig den frihed at foreslå at Huitfeldt måtte have forvansket navnet til Nørreris, hvor det snarere skulle have været Norringris.

Huitfeldt blev betragtet som en af vores mest seriøse historikere og som altid var velunderrettet. Huitfeldts Danmarkshistorie er blevet nævnt som skelsættende i dansk historieskrivning grundet hans akkuratesse. Den bygger på breve og aktstykker som var en del af hans private arkiv, så han havde altid sit kildemateriale i orden. Det er derfor bemærkelsesværdigt at Ellekilde fremkom med en sådan beskyldning. Det var denne perfektionistiske historiker som allerede i 1500-tallet vidste at der havde boet konger i Klejtrup. Huitfeldt havde adskillige af sine oplysninger fra Hans Swaning (1503-1584), der havde studeret i Wittenberg og ved Københavns Universitet, hvor han senere blev professor i retorik. Han blev af kansler Johan Friis opfordret til at skrive en fortsættelse til Saxos "Gesta Danorum". For at få stof til et sådant værk, rejste Swaning rundt til forskellige dele af landet, for navnlig i klostrenes bogsamlinger og arkiver at udsøge hvad der kunne tjene til hans formål. Han nåede desværre ikke at få færdiggjort sin bog, men hans svigersøn, historikeren Anders Sørensen Vedel fik herefter ordre til at aflevere Swanings materiale til kongens kansler Niels Kaas, inklusiv alle de gamle dokumenter han havde samlet. Værket blev herefter overgivet til Københavns Universitet til bedømmelse, men kom så ikke videre. I mange år hørte nu Swanings arbejde til de håndskrifter, der gemtes på Københavns Universitets Bibliotek, og gik herefter fra den ene historieskriver til den anden. Arild Huitfeldt benyttede sig meget af de af Swaning indsamlede dokumenter, der utvivlsomt stammede fra endnu ældre dokumenter og aktstykker, hvilket bringer os vældigt langt tilbage i tiden, og sikkert i flere tilfælde tilbage til samtidige skrevne historiske tekster.

Fra Neckelmann (1784-1865), har vi ligeledes mange værdifulde beretninger. Han var født i Æbeltoft og var byfoged i Randers, men havde tidligere været herredsfoged i Houlbjerg og Galten herreder, og disse var naboer til Sabro herred, altså lige der hvor man mente at Niels Ebbesen havde boet. På trods af sit store lokalkendskab nævner han ikke med et eneste ord, at landshelten havde boet i dette område.

Peder Frederik Suhm (1728-1798) var også en af vore betydeligste historikere. Han var bogsamler og ejede et omfattende privat bibliotek. Suhm skrev: "efter ældre kilder at dømme, så skulle Niels Ebbesen efter drabet på greven, have søgt tilflugt på det slot der kaldes Brattingsborg og som lå i Klejtrup sø i dette sogn i Rinds herred, Halds amt, og hvoraf stadig ses de meget høje volde, og at hans tidligere hovedgård skulle hedde Nørreris og lå i Roum, men nu kun en bondegård". Hertil skal siges at Suhm var københavner og ikke lokalkendt.

Hans de Hoffmanns fremstilling er trykt i Danske Fundationer i 1758, og han bekræfter at det Nørreris som Suhm nævner, er identisk med gården Nørreris i Roum. Præsten i Tostrup og Roum i årene 1838-1849 Christian V. Funch, befandt sig i 1848 i Brøndum i Salling, hvor han havde mødt en læge Hr. Ulrich fra Hobro, og de kom i aftenens løb til at tale om Niels Ebbesen og Nørreris i Roum. Læge Ulrich fandt emnet yderst interessant, og nævnte at han godt kunne tænke sig at undersøge sagen lidt nærmere. Han rejste derefter fra Hobro til Roum, og efter de lokales anvisninger, fandt han også stedet hvor det mentes at Niels Ebbesens gård skulle have ligget. Her foretog han sine egne undersøgelser, og i 1854 sendte han en redegørelse til Svend Grundtvig der jo var så sikker på at gården lå i Folby. I redegørelsen skriver Ulrich: " En lille mil nordvest fra Klejtrup slot, ligger Nørreris i Roum sogn, som i gamle dage havde været en meget stor gård, hvortil hørte megen ejendom. Bakkestrøgene der omkring er endnu begroede med egekrat. Ved gården fandtes endnu for få år siden, en med hugne stene lagt grundvold til en større bygning, som en hestestald, men langt anderledes og større end der her i egnen plejer at være til en almindelig bondegård. Ligeså fandtes en meget velsat og muret brønd, og til gården ligger en toft som kaldes Fruens Abildgård. Somme mene, at det haver været Niels Ebbesens borggård og måske hans hovedejendom. Nu er den kun en ringe bondegård, og det meste af ejendommen ligger i kjær og hede".

Omtalte pastor Funch havde ligeledes meddelt professor Fr. Hammerich at " i Roum sogn ligger nu en bondegård der hedder Nørris, og hvilken ældre bonde man vil spørge om hvorfor gården har dette navn, vil han straks svare at den har tilhørt Niels Ebbesen, og det var herfra han red ud med sine svende og dræbte den tyske greve." Det er med andre ord usandt hvad der er blevet postuleret, at der ikke på egnen fandtes lokale traditioner om dette, hvilket også Søren Vasegård også skrev. At dette ikke skulle have været tilfældet, har været brugt som et godt argument for Folby teorien. I en afhandling om præsten Ole Andersen Secher i Århus Stifts årbøger for 1929, om at han var præst i Søften-Folby fra 1798 til 1820, kommer man ind på dette emne. I Folby sogns ministerialbog for 1808, har han skrevet en omtale af de tre gårde som Riis bestod af, og at det var tre tvillinggårde: "Disse tre gårde ligger endnu fem bøsseskud fra hinanden, og i én linie nær den store Riis skov. Deres forskellige beliggenhed gav dem forskellige navne. De to gårde hedder Østerris, de to mellemste Mellemris, og de to søndre gårde Hovgården, og det er den sidst benævnte som Niels Ebbesen skal have beboet".

Man bemærker her at navnet Norringris eller Nørreris ikke nævnes, og så var det de to sydligste gårde, hvorfor det ville have været helt malplaceret at kalde dem Nørreris, hvilket udelukker gården som Niels Ebbesens gård. Nørreris er et navn hvori verdenshjørnet nord indgår. Christian Molbech skrev om gårdene i samme tidsrum, og han benævner dem Østerris, Mellemris og Ris Hovgård.

Der findes adskillige noter om gårdene i Folby, men hele tiden nævnt under vidt forskellige navne. Det kunne se ud til at selv modstanderne af Niels Ebbesens gård i Roum, lidt efter lidt er begyndt at adoptere Arild Huitfeldts påstand om at gården fra gammel tid havde heddet Nørreris, men alligevel følt sig nødsaget til at overføre navnet til gården i Folby.

P.C. Hummeluhr (1837-1897) var født i Lading sogn i Sabro herred hvor Niels Ebbesens påståede hjem skulle have ligget, og han var da også tilhænger af teorien om at det virkelig var her, men skrev i 1897: "For ikke at møde sine forfølgere, der sikkert har været i hælene på ham, har han ikke vendt tilbage af Randersvejen nordpå til sit hjem, men må være rejst syd og vest derfra..." Dette kan vist ikke kaldes en særlig velovervejet konklusion, for hvorfor skulle han ride mod nord hvis han var på vej til sit hjem der lå i Folby syd for Randers? Han kan naturligvis have ment Randersvejen derfra Foldby fører nordpå, men det er ikke hvad han skriver, og det var jo fra Randers han flygtede.

Et andet argument har været, at han red ud af byen mod syd fordi han netop boede i sydlig retning, men som Hummeluhr skriver, så var faren jo ikke drevet over, og da man vidste hvor han boede, ville det være uklogt at tage tilbage til sit eget hjem. Af samme årsag lyder det sandsynligt, at han red ind på Brattingsborg fordi det var for risikabelt at ride til Roum.

Niels Ebbesens mission i Randers var velforberedt. De skulle finde grevens hus, men skulle også ud af byen uden at komme i vanskeligheder. Niels Ebbesen vidste helt nøjagtigt i hvilket hus greven opholdt sig. Det var et af de store huse i byen og lå i den sydlige del af Randers. Derfor ankom han fra syd, og flygtede ligeledes mod syd, for greven opholdt sig nemlig i det andet hus på højre hånd når man bevægede sig ind i Storegade sydfra. Det ville have været alt for risikabelt at gå ind i byen fra andre retninger end syd, idet greven havde over 4000 mand i Randers. Samtidigt ved vi at Randers i 1340 kun havde 2000 indbyggere, og dermed kun omkring det dobbelte af Klejtrups nuværende størrelse. Grevens soldater må derfor have boet i telte rundt om byen uden for bygrænsen, men der ville dog have været adskillige soldater der patruljerede inde i byen. Byens sydlige del grænsede op til Gudenåen eller Randers fjord, så her har der ingen telte været. Ebbesens svende startede en ildebrand et kort stykke vej fra grevens hus, hvilket sendte de fleste i området dertil. Derved blev det nemmere at snige sig de ca. 100 meter op ad Storegade sydfra uden at blive set, og de få vagter der har været ved grevens hus, var derfor hurtigt overmandet.

Niels og tre eller fire svende, begav sig alene mod grevens hus der var det andet hus på højre hånd i Storegade. Niels Ebbesen har sikkert haft en aftale med Offe Nielsen til Klausholm. Denne ejede et stenhus hvor Middelgade og Torvegade mødtes, og Middelgade støder til Storegade hvor grevens hus lå. I stenhuset kunne Niels Ebbesens svende gemme sig, medens han selv gik til grevens hus med nogle få folk, så man ikke vakte unødig opsigt. Til Klausholm hørte også Nielstrup vandmølle nord for Vorup, ved en af Gudenåens sideløb, og herfra kunne der ydes Ebbesen støtte, og dette har sikkert været tilfældet. Svend Trøst har ikke alene været i stand til at løsne samtlige broplanker, så han har fået hjælp fra folkene på Nielstrup Mølle. Plankerne skulle fjernes for at sinke eventuelle forfølgere, der således ikke var i stand til at forfølge dem til hest. Man kan derfor ikke argumentere for at Niels Ebbesen boede i Foldby fordi de efter drabet red sydpå.

Som omtalt, var der indtil omkring 1890 ingen der vidste hvem Niels Ebbesen var, eller hvilken slægt han tilhørte. Det var ikke før landsarkivar Anders Thiset omkring 1890 foretog en detaljeret studie over danske adelsslægter, at dette forhold blev udredt. Han havde tidligere lagt fundamentet til Den Danske Adelsårbog, og nu blev det klart for enhver, hvem Randershelten egentlig var. Sidst i 1700-tallet var der en del historieinteresserede, der fik sat gang i debatten om Ebbesens identitet. I 1800-tallet gik diskussionen på, om han hørte til Strangesen eller Galt slægten, men fordi de fleste var enige om hans tilhørsforhold i Folby mente man at han måtte tilhøre adelsslægten Galt. Therkel Klevenfeldt (1710-1777) skrev: "Niels Ebbesen af de Galter". Men tilbage var så at få ham identificeret med et medlem af denne familie. Historien omtaler faktisk en Ebbe Galt i 1326 og 1339, og denne slægt havde store godser i Gjern og Hids herreder, men så sandelig også i Houlbjerg herred som jo ligger lige op af Sabro herred, så her mente man at have en bekræftelse.

Denne Ebbe Galt var en godssamler. Han var en af dommerne i 1314 over de oprørske jyder, og i 1326 beseglede han Valdemars håndfæstning, og grev Gerts lensbrev på Sdr. Jylland. Han var ridder i 1321 men var død i 1351 da hans enke Fru Inger fik vidne af Houlbjerg herredsting, at hun besad Værløfsholm i rolig hævd. Når man på daværende tidspunkt havde en fremtrædende mand ved navn Ebbe, så var der ikke langt til at gøre Niels Ebbesen til hans søn. Dette fandt man også en bekræftelse på, idet denne Ebbe Galt også var omtalt som Ebbe Lavesen, og denne havde to sønner, Mogens og Niels Ebbesen, og dette lød vel overbevisende.

Da Anders Thiset havde færdiggjort sit arbejde, et genealogisk studium, blev det straks klart at Niels Ebbesen tilhørte slægten Strangesen fra Thy, også undertiden benævnt Bild. Dette så dog ikke ud til at tilfredsstille tilhængerne af Folby teorien, for selv om han var en Strangesen, kunne han jo stadig have boet i Folby, men det problem løste Anders Thiset også, men på sin egen sarkastiske måde. Thiset var godt og grundig træt af ideen om Folby, så han gik i gang med at udrede denne gårds historie, ved at finde frem til dens ejere gennem tiderne.

Thiset skrev: "Fremfor af hensyn til Norringris eller Nørreris, at forhaste traditionerne om at Niels Ebbesen var en Strangesøn, turde det ligge nærmere at drage beretningerne af hans besiddelse af Norringris i tvivl, så løst et grundlag hviler det på. Men jeg har således den største lyst til at berøve dette voldsted med Niels Ebbesens ærværdige eg i Sabro herred, retten til den sagnglorie der omgiver stedet i den almindelige bevidsthed, og så skal jeg også til gengæld levere et virkeligt bidrag til stedets historie. Mit bidrag består i, at Fru Marie Below til Hr. Oluf Parsberg solgte en del gods i Sabro herred, nemlig blandt andet Norringris Hoffgård, men går jeg ud fra at Fru Below har arvet dette efter sin moder Fru Lisbeth Skram, og denne efter sin far Laurids Skram og farfar Erik Skram som har fået det efter sin mor Anne Olafsdatter Gyrstinge, hvis far var Olaf Mortensen, må have arvet det efter sin mor Johanne Nielsdatter, der atter har fået det efter sin far Niels Christensen til Kjølby, hvis fader igen var Hr. Christen Nielsen, så gør jeg ikke blot denne mærkelige opdagelse at Norringris besidderinde i 1647, nedstammer fra en Niels Ebbesen der levede i det 14. århundrede, men jeg får på en gang den hele ejerrække for dette sted lige fra 1340 til 1647. Denne Christian Nielsen var nemlig søn af denne Niels Ebbesen der var af Munk slægten, og det er let at påvise at det ikke er ham der er grevedræberen, idet han stadig levede i 1365".

I sin afsluttende sætning hentyder Thiset naturligvis til at Niels Ebbesen dræbte den kullede greve den 1. april 1340, og selv mistede livet den 2. november samme år, i et slag mod holstenerne ved Skanderborg slot, og var derfor ikke i live i 1365. Det bør også nævnes at den "ærværdige eg" som Thiset hentyder til, igennem nogle århundreder har medvirket til at stedfæste Niels Ebbesens hjemsted i Foldby. Egetræet har de sidste par århundreder været et yndet udflugtsmål, og der findes flere traditioner om træets oprindelse. Træet er blevet kaldt Niels Ebbesens eg, og stod på den østlige side af det gamle voldsted. I Hans Ellekildes "bevisførelse", nævnes netop denne eg, samt en natursten der lå ved foden af træet, med navnet Niels Ebbesen og årstallet 1340 indgraveret. Havde den gode Ellekilde undersøgt sagen lidt nærmere, ville han have fundet ud af at stenen var blevet anbragt der af elever fra Århus Katedralskole omkring 1860.

En gammel tradition beretter at Niels Ebbesen plejede at binde sin hest ved træet, medens en anden tradition fortæller at træet blev plantet af Niels Ebbesens far, i glæde over drengens fødsel, og endelig af Ebbe Galt da han blev far. Problemet er så at Ebbe Galt ikke er hans far, og dernæst at nationalhelten blev født i Thy på gården Norringtoft ikke langt fra Thisted. Navnet Norringtoft kan måske også have medvirket til disse forvekslinger, men navnet Norringtoft hentyder ikke til det nordlige verdenshjørne som navnet Nørreris. Navnet hentyder til at gården blev bygget på toften der lå på et nor, eller landtange i et vandløb.

Ironisk nok, så blev den berømte eg også en medvirkende årsag til at få afkræftet den usande tradition. Træet væltede nemlig i en voldsom storm den 23. juni 1992 hvilket gjorde en åreringedatering mulig. Dateringen viste at træet var blevet plantet omkring 300 år efter Niels Ebbesens levetid.

Historien om Niels Ebbesens gård, har virkelig givet mange hovedbrud. Man har forsøgt at regne sig frem til den rigtige gård ved at måle afstande. I visen om Niels Ebbesen, berettes at Niels Ebbesen møder greven på grevens opfordring, hvor greven siger: "I går holdt De i Hr. Bugges gård med hundrede mand i plade". Man forsøgte så at udregne afstanden fra Nørreris til Niels Bugges gård, men regnestykket gik på hvor mange mil der var fra hans gård til Hald hovedgård. Man glemte at undersøge noget vigtigt, idet Niels Bugge først køber Hald seks år efter Niels Ebbesens død. Mødet med greven foregik lidt uden for Randers, så greven må have hentydet til Støvringgård som Bugge også ejede, og den ligger ved Randers fjord.

Niels Ebbesen visen må være samtidig, og digtet af en lokal person, idet han har haft et godt lokalkendskab, både geografisk og i henhold til slægts og venskabsforhold. I henhold til historien mødtes greven med Niels Ebbesen på Randers strand. Greven er udmærket klar over sammensværgelsen, men ville forsøge at overtale Niels Ebbesen som siger at han ikke har hundrede mand, men kun omkring fyrre. Hertil svarer greven at det er vel ret til måde, og nævner herefter navnene på flere af de sammensvorne, og opfordrer Niels til at ride til Hr. Bugge som har undsagt ham tillige med unge Poul Glob, Hr. Anders Frost og nogle andre på trods af at de har nydt godt af grevens velvilje, men nu rede til at forsmå ham, hvorfor han advarer dem alle mod at følge Hr. Bugges råd. Hertil svarer Niels Ebbesen køligt: " Hr Bugge kender ikke til hvad jeg siger og gør".

Greven indser at han ikke kan overbevise Niels Ebbesen, og truer ham med fredløshed og død. Niels kigger rundt på grevens mænd og siger henvendt til greven: "Vi vil snart ses igen", hvorpå han rider bort uden at vise nogen angst.

Vi kender ikke navnene på Niels Ebbesens mænd, men Anders Frost er hans næstsøskende barn, og hans fire brødre står også bag ham. Poul Glob er ligeledes en slægtning, og flere andre slægtninge og venner er klar til at bistå ham. Blandt disse var medlemmer af slægten Galskyt fra Odsgård i Vinkel. Niels havde i 1338 været brevskriver for Niels Jensen Galskyt, hvor Johannes Friis til Klejtrupgård var vidne. Niels Jensens søster var gift med Peder Hase, og dennes bror Ove Hases datter var gift med Niels Ebbesens bror Elef. Denne Ove Hase var ansat af greven, og blev dræbt af Niels Ebbesen i Randers da han forsøgte at stoppe ham på vej ud af byen. Niels Ebbesens bror Strange, var gift med Mette Olufdatter Glob, og hans søstersøn Svend Trøst var også en af hans mænd. Det var ham der grundet hans unge alder blev ladt tilbage ved broen hvor han løsnede broplankerne. Vi kan sikkert også regne med at en stor del af hans mænd var fundet blandt Rinds herreds knabere, og sandsynligvis også medlemmer af slægten Hegedal fra Hobro og Glenstrup egnen, som regnedes til Niels Ebbesens venner.

P.F. Suhm skrev at Niels Ebbesen og hans folk søgte tilflugt på Brattingsborg efter mordet på greven, hvilket nok er det mest sandsynlige, og der findes faktisk en anden gammel og utrolig interessant tradition, nævnt for omkring 250 år siden. En Christian Olesen der også skrev historie om egnen, nævner at Niels Ebbesen og hans følgesvende søgte tilflugt på Brattingsborg, og boede der fast i omkring otte måneder, og at det var herfra de drog ud og gjorde udfald mod holstenerne. De tilbageerobrede borgen Skjern mellem Viborg og Randers som grev Gert tidligere havde taget. Herefter finder grevens sønner ud af hvor de opholder sig, og foretager et angreb på Brattingsborg, men uden held, for pludselig åbnede portene sig, og ud red Niels Ebbesen i spidsen for en stor skare og gik til modangreb. Holstenerne flygtede, men Niels Ebbesen og hans folk forfulgte dem hele vejen til Skanderborg, hvor et stort antal af grevens soldater var indkvarteret. Her var modstanden imidlertid for stor, og Niels Ebbesen og to af hans brødre blev dræbt sammen med størstedelen af hans mænd. Det kunne se ud til at Johannes Friis som boede på gården i denne periode, må have bidraget til Niels Ebbesens forehavende. Han har ydet Niels Ebbesen bistand, og har ligeledes taget del i planlægningen af Niels Ebbesens operationer.

Niels Ebbesen var en mand i sin bedste alder med kone og to små sønner, og han døde kun 32 år gammel. Han har været klar over at han ikke kunne vende tilbage til Nørreris foreløbig, og måske aldrig, idet chancen for at miste livet var stor. Han har sikkert fået kone og børn i sikkerhed på Brattingsborg hos Johannes Friis, og cirka et års tid i forvejen havde han mageskiftet gods med slægtninge, hvilket indbragte ham to større gårde i Vendsyssel fra en adelsmand ved navn Torkild Hval, hvilket kan bekræftes af eksisterende dokumenter. Han sørgede for i tilfælde af sin død, at hans hustru og hans to små drenge Tage og Peder, var sikret økonomisk. Gårdene var Anstorp og Smidstrup i Sejlstrup sogn.

Der kendes nogle transaktioner fra slutningen af 1338, altså godt og vel et års tid før han trådte i aktion mod greven, hvor der var sørget for at de ikke blev officielt bekræftet før nogle år senere. Efter hans død blev der indledt forhandlinger med grevens sønner, der havde forlangt at Niels Ebbesens slægt skulle betale "mandebod". Den skulle betales af hans nærmeste slægt, hvilket må have været en medvirkende årsag til at en effektuering af dokumenterne blev forhalet. Niels Ebbesen har ikke ønsket at grevens sønner skulle kende hans families opholdssted, eller ejendomme, hvorfor effektueringen af dokumenterne ikke måtte ske før retshandlingerne efter sagen med grevens sønner var afsluttet. Loven fungerede således at den ansvarlige for en ugerning, blev dømt fredløs eller henrettet, hvorefter der skulle betales mandebod. Derudover blev vedkommendes gods nedbrudt, hvilket blandt andet også skete i Rane Jonsens tilfælde. Efter Rane var blevet radbrækket og lagt på hjul og stejle på torvet i Roskilde, blev hans gods Stabelgård, det nuværende Sødal ved Rødding nedbrudt. Derfor er der ingen tvivl om at Nørreris i Roum også blev nedbrudt. Valdemar Atterdag der jo kom til magten kort efter grevens død, kunne ikke gøre meget for at hjælpe, selvom Ebbesen havde banet vejen for ham, idet han overtog et forgældet land og skulle tilbagebetale grevens sønner utroligt store beløb for at udrede landets gæld, af hvilken grund han var nødsaget til at være tilbageholdende i denne sag.

Niels Ebbesens bror Strange der overlevede kampene, fik sit gods inddraget, fordi han havde støttet oprøret. Den efterfølgende proces begyndte allerede inden udgangen af 1340, hvor hertug Albret skal tage stilling til om Strange Ebbesens inddragede gods overhovedet kunne tilbageleveres, og en sådan proces kunne være langvarig. Først i 1351 bliver Niels Ebbesens sønner slettet for gælden, som i omkring elleve år løbende var blevet betalt af de nærmeste slægtninge.

Nørreris er formodentlig blevet nedbrudt allerede i 1341. Gården bliver ikke nævnt genopført, men Nørreris har uden tvivl været et meget stort gods med enorme jordtilliggender, så man må formode at en eller anden form for genopførelse må have fundet sted. Omkring 23 år senere, ser vi at kongen giver tilladelse til at opføre en gård i Lendrup, hvilket var det gamle navn for Lynderup. Det er ikke usandsynligt at det drejede sig om en genopførelse af Nørreris, idet der nemlig på Lynderupgårds marker kom til at ligge et skovhus kaldet Nørreris. Nørreris i Roum kan have ejet denne jord i forvejen, og herredsfoged Testrup skrev at hele området omkring Lynderupgård langs med fjorden altid havde bestået af store skove, der først forsvandt i midten af 1600-tallet. Det kan derfor tænkes at have været et stort skovbrug tilhørende Nørreris i Roum, idet skovområder ofte lå langt væk fra gården der ejede dem. Jorden kan også være fremskaffet ved Niels Ebbesens forskellige mageskifter med sine slægtninge kort før han mistede livet. Denne teori kan ikke bevises, men vi ved at den person der opførte Lynderupgård, allerede ganske få år efter sælger den til Viborg Bispedømme, og han er beslægtet med Niels Ebbesen. En ting der taler for at byggeriet af Lynderupgård var en genopførelse af Nørreris, er at der tilsyneladende var behov for kongens tilladelse. Nedbrydningen af gården har været med kongelig tilladelse, hvorfor denne proces var en nødvendighed.

Manden der sælger gården hed Jep Kirt, og han tilhørte en gren af den slægt der hed Emmiksen, undertiden kaldet Esbernsen. Vi kender ikke navnet på Niels Ebbesens hustru, men hun stammer netop fra denne slægt, idet hun var datter af Tage Esbernsen. Jep Kirt var søn af Niels Kirt der var gift med Magrethe Esgesdatter, hvis far var Esge Frost som blev svigerfar til begge Niels Ebbesens sønner, Tage og Peder. Esge Frost var far til den Anders Frost der kæmpede sammen med Niels Ebbesen. Vi ser således det nære slægtsskab mellem brødrene Jep og Palle Kirt og Tage og Peder. I bogen "Danmark" af L. Both fra 1872, står der: "efter drabet på greven tyede han til Brattingsborg, og det formodes at han i nærheden havde sin gård Nørreris. Nogle mener endog, at Lynderupgård i Lynderup sogn også skal have tilhørt Niels Ebbesen, og her ligger jo også et sted kaldet Nørreris".

Hvis vi ser på det tidligere ejerskab af den jord der tilhørte Nørreris, så viser gamle dokumenter at Niels Ebbesens svigermor tilhørte slægten Limbæk som ejede store jordområder i Rinds herred, hvilket peger i retning af at Niels Ebbesen kan have giftet sig til Nørreris. Vi har en Johannes Limbæk der er halvbror til Niels Ebbesens hustru, som ifølge gamle opkaldsregler formentlig hed Jutta. De var halvsøskende fordi Tage Esbernsen var gift to gange. Det kan have været Niels Kirt der bygger Lynderupgård, men det er med sikkerhed sønnen Jep Kirt der sælger den. Dette menes at være sket ganske kort efter opførelsen af gården omkring 1366, men officielt er handlen først fuldbyrdet i 1401, hvor biskoppen i Viborg overtager gården. Omkring 1392, ejer Niels Ebbesens enke ifølge gamle notater stadig jord i området, men der findes desværre ingen kildeangivelse. Ligeledes eksisterer der gamle dokumenter, der nævner fiskeretten i flere vandløb i Rinds herred, tilhørende Niels Ebbesens enke. I hendes slægt var der også slægtsforbindelser til adelsslægten Skinkel, og her er det værd at bemærke at da Hr. Parsberg senere køber Lynderupgård, var han gift Skinkel. Det er bemærkelsesværdigt, at Niels Ebbesens hustru stadig lever i 1392, men hun kan jo have været yngre end sin mand, som man regner med var født i 1308.

Som nævnt vidste man i mange år intet om Niels Ebbesens slægt. I historiebøgerne præsenteres han selv efter identifikationen, som en mand af lavadelen, men intet kunne være mere forkert. Strangeslægten kendes også som Bild slægten, især på Fyn. Den er slægtsrelateret til Skjalm Hvides slægt, og slægterne Juel og Udsen. I 1100-tallet blev også en kongelig flygtning gift ind i Strangeslægten. Det var Oluf, søn af Harald Kesja, Erik Ejegods uægte søn. Hans farbror Erik Emune der kæmpede imod kong Niels dræbte hans far og elleve brødre, så Oluf var den eneste overlevende, og han skjulte sig i Thy hvor han gifter sig ind i slægten. Strangeslægten talte 22 riddere, 4 rigshovmestre, 1 ærkebiskop, 2 biskopper, samt fogeder, dommere og kongelige embedsmænd, og ikke at forglemme, en nationalhelt.

TEMPELRIDDERNE OG PRÆSTEN FRA GLENSTRUP

Ved indgangen til middelalderen, havde der allerede længe eksisteret et aristokrati af stormandsslægter, hvilket havde taget sin spæde begyndelse allerede på Sigge Fridulfsens tid. Det er dog først i vikingetiden vi begynder at få en fornemmelse af deres særlige status, gennem skibssætninger og imponerende ryttergrave med rigt krigerudstyr. Runestenene var på samme måde medvirkende til at tegne et billede af en elite, der havde behov for at gøre opmærksom på deres betydning og den magt de besad. Middelalderlige skriftlige kilder, beretter om stormandsslægter og godsejere i den helt store stil allerede i 1100-tallet. De havde arbejdet sig frem, og var blevet kongens ligemænd, og ofte indgiftet i kongeslægten. Asser Rigs hustru var datterdatter af Knud den Hellige, og ærkebiskop Assers faster var Erik Ejegods dronning. Disse slægter var en del af den europæiske elite, som sendte deres sønner på uddannelse ved de europæiske universiteter. Nogle af disse sønner besatte herefter kirkens højeste embeder, og havde så stor magt at kongen behøvede dem. Kirkens magt var ikke længere kun religiøs, men også politisk, og samtidig en økonomisk magtfaktor. De største slægter repræsenterede nu så stor magt og indflydelse, at man fra 1200-tallet så, hvordan kongens håndfæstninger vidnede om deres vilje og ønske om at kontrollere den kongelige magtudøvelse. Ambitioner og magt, givet af både konge og kirke, skabte resultater.

Kongen havde villigt givet sine døtre i ægteskab til de førende familier, for på den måde at konsolidere sin magt, men måtte samtidigt sørge for at være på god fod med kirken, der netop havde stormandssønner som ledere. I det midtjyske område var det Thrugotslægten fra Glenstrup der havde magten, hvilket havde været tilfældet siden Svend Estridsens dage, og denne slægt spillede en stor rolle, både indenfor kirken og kongehuset. Både Erik Ejegods dronning, Nordens første ærkebiskop og kong Valdemar den Store kom fra denne slægt.

Thrugotslægten stammede fra Glenstrup, og den havde leveret krigere og hirdsmænd til alle siddende konger gennem mere end hundrede år, og selv en dronning havde de leveret. De var store jordbesiddere, og rige som få, men de var samtidig kendte for at have leveret de største ledende skikkelser inden for kirken, i form af præster, kanniker, biskopper og ærkebiskopper. Hele nordens første ærkebiskop hed Asser og kom fra den slægt, og han efterfulgtes på posten af sin nevø Eskild. Eskild var søn af Kristiern der var en frygtløs kriger, og den ledende kraft i kong Niels private livvagt kaldet hirden. Denne Eskild var med til at forme ikke blot danmarkshistorien, men hele Europas historie på det religiøse område, og en af arkitekterne bag den tempelridderhær der kom til at præge historien og udviklingen i hele det europæiske kontinent i mere end to hundrede år.

Dette hører vi ikke meget om, for det var først på den tid de første historieskrivere kom på banen, og biskop Absolon fra Hvideslægten var kong Valdemars nærmeste ven og rådgiver, hvorfor historiebøgerne bugner med de fantastiske bedrifter Hvideslægten involverede sig i, mens man kun hører meget lidt om de første og virkelige magthavere, Thrugotslægten. Den første virkelige historiker i vort land var Svend Aggesen fra Thrugotslægten, søn af krigeren Agge der var Eskilds onkel, som deltog i slaget ved Onsild bro. Svend Aggesen var Valdemar den Stores hirdmand, men hans kollega og gode ven Saxo Thorbjørnsen var også i kongens hird, og han stammede fra Hvideslægten. På et tidspunkt var Absolon blevet ærkebiskop, og han lod venligt Svend Aggesen vide at Saxo også arbejdede på sin udgave af Danmarkshistorien, og at den var mere detaljeret. Herefter ser det ud til at Svend ligesom opgiver sit forehavende, idet han blot udgiver en meget kortfattet historie, hvorefter Saxo havde frit spil til med Absolon i ryggen, at forherlige og berømme den sjællandske Hvideslægt. Skæbnen ville at det skulle blive Valdemar den Store som selv stammede fra Thrugotslægten, der fik magtbalancen til at tippe til fordel for den sjællandske Hvideslægt.

Eskild var født omkring år 1100, og hans familie besluttede at han skulle gå kirkens vej. Han blev som ganske ung sendt til Hildesheim i Sachsen for at studere teologi. Man regner med at han blev sendt afsted omkring 1116, og først vendte tilbage i 1130. Han bliver da straks ansat som domprovst ved domkirken i Lund, af sin onkel ærkebiskop Asser, søn af Svend Thrugotsen.

Efter slaget ved Fodevig i 1134 hvor kong Niels søn Magnus bliver dræbt, døde sammen med ham biskop Peder af Roskilde samt adskillige andre bisper, så nu gør krigens sejrherre Erik Emune, Eskild til biskop i Roskilde. Kong Erik Emune viste sig at være en ond og brutal mand. Han udryddede nådesløst enhver han følte sig truet af. I 1137 har Eskild fået nok, og han opildner nu sjællænderne til oprør. Han får straks støtte af Peder Bodilsen der var en af landets rigeste mænd. I første omgang lykkedes det at fordrive Erik Emune fra Sjælland, men han vendte tilbage, og overmagten blev for stor, hvilket ender med at Eskild tvinges til at betale en bod. I 1137 bliver Erik Emune myrdet i Ribe, og året efter dør ærkebiskop Asser, så nu vælges Eskild som Assers afløser.

Peder Bodilsen stiftede Skovklosteret der fik navnet Skt. Peders kloster, der senere kendes som Herlufholm, og nu går Eskild sammen med denne mand, og sammen grundlægger de en række klostre over hele landet. Eskild grundlægger også Esrom kloster, og i den forbindelse anlægger han forsvarsværket Søborg på et næs i den nu udtørrede Søborg sø nordvest for Esrom. En stærk kirke krævede befæstede anlæg, for dengang kæmpede også biskopperne med sværd i hånd.

Eskild viste sig som en god organisator, og han sørgede for udbygning af domkapitlerne. Han førte en fremadrettet kirkepolitik der skulle fasttømre kirkens selvstændighed, i forhold til den verdslige magt, og han holdt sig ikke tilbage. Han var aldrig bange for at bruge sin magt og indflydelse, hvis han ad den vej kunne fremme kirkens sag. I 1146 har billedet vendt sig, og nu er Erik Emunes søn Svend Grathe konge over Sjælland og Skåne. Knud Magnussen havde magten i Jylland, som han sandsynligvis udfoldede fra Klejtrup, medens den kun 15-årige Valdemar var hertug i Slesvig. Denne form for tredeling er Eskild ikke tilfreds med, og han vælger nu Knuds parti og bliver på denne måde uvenner med Svend Grathe, som til sidst tager ham til fange i 1149. Det fortælles at Svend Grathe lod ham hejse op under domkirkens hvælving i en kurv, men her havde kongen forregnet sig. Han måtte frigive Eskild og betale bod. Denne kom til at bestå af tre af Bornholms fire herreder, som ærkebispesædet fik i forlening. Kun Rønne herred beholdt kongen.

I 1129 var der blevet afholdt et vigtigt kirkemøde i Clairvaux klosteret i det sydlige Frankrig, hvor også paven deltog. Mødet var foranstaltet af Bernard af Clairvaux, abbed for dette nyoprettede kloster. Denne havde Eskild studeret sammen med, og de var blevet rigtig gode venner og havde stor respekt for hinanden. Tempelridderordenen var i sin vorden, og ved mødet blev ordenens regler gennemgået og fik pavens godkendelse, hvorefter Bernard fik titlen Tempelridderordenens beskytter, og Ordenen var formelt stiftet af den franske munkeorden Cistercienserne. Tilbage i 1118, drog ni riddere afsted til Jerusalem. Deres officielle formål var at beskytte pilgrimsvejene til den hellige by, men kun ni riddere har nok ikke kunnet gøre den store forskel, så de var uden tvivl på en hemmelig mission. De havde dog også primært opholdt sig inde i den hellige gravkirke, og især dybt under den, hvor de var beskæftiget med arkæologiske udgravninger og de vidste tilsyneladende hvad de ledte efter. Omkring ni år senere i 1127 vender de tilbage, hvor de opsøger abbed Bernard i Clairvaux og erklærer at opgaven var fuldført, hvilket afslører at det var ham der havde givet dem opgaven. Herefter bliver ordenen stiftet, og siden er Eskild på utallige besøg i Clairvaux, og i de følgende år opholder han sig stort set lige så meget i klosteret i Frankrig som i Lund.

I 1157 bliver Valdemar enekonge efter sejren på Gråheden ved Thorning. Trods aldersforskellen kendte Eskild og Valdemar udmærket hinanden. Slægtsmæssigt var de også forbundne, idet Eskilds bedstefar var bror til Valdemars bedstemor. De får dog et anstrengt forhold til hinanden, og uenigheden handler om kirkens frihed, og retten til at udnævne biskopper. Valdemar havde egenhændigt udnævnt sin gode ven Absolon til biskop i Roskilde uden at konsultere kirken, hvilket ikke behagede Eskild. Striden eskalerer og det ender med at Valdemar indtager Søborg, hvorefter Eskild må forlade landet. Ved Absolons mellemkomst, vender Eskild dog tilbage og forliger sig med kong Valdemar den Store. Sammen anlægger de nu klostre og involverer sig sammen i andet kirkeligt arbejde.

Tempelridderne eller korsridderne som de også blev kaldt, har de fleste hørt om. Der er skrevet utallige bøger om disse riddere og deres bedrifter, og de er blevet portrætteret i adskillige filmprojekter, men det er de færreste der er klar over hvor stor en rolle præsten fra Glenstrup har spillet i alt dette, og Valdemars rolle er vist aldrig blevet beskrevet, men han må som landets konge have deltaget i projekter af den størrelse. At Eskild havde fuld råderet over Bornholm, skulle vise sig at blive af stor vigtighed, og hvad der siden skete der, må bestemt have haft kongens bevågenhed og accept.

Størstedelen af tempelridderne kom fra Frankrig, fra det område vi i dag får de fineste vine fra. De kom fra Bourgogne som tidligere hed Burgunda, og befolkningen dernede kaldtes Burgunderne, og dette folk, havde deres oprindelse på Bornholm der tidligere kaldtes Burgundaholm. Omkring et par århundreder efter vor tidsregnings begyndelse, brød de af en eller anden årsag op og migrerede sydpå. Efter en del vandren, slog de sig ned i det område der dækkede det sydlige Frankrig og det nordlige Spanien, hvilket blev kendt som Burgund. Allerede idet 5. århundrede skrev den spanske romantiske historiker Orosius at de franske burgundere kom fra den nordlige ø Burgundaholm.

I 1153, udnævnes tempelridderen Bertrand de Blanchefort som ordenens stormester, og han får til opgave at finde skjulesteder til tempelriddernes værdifulde skatte, bl.a. fra Jerusalem. Blanchefort kendte Eskild fra hans mange og lange ophold i Clairvaux, og naturligvis vidste han at Eskild havde kontrol og råderet på Bornholm, og lige pludseligt summer det af aktivitet på den lille klippeø.

I løbet af et par årtier bygges Hammershus fæstningen, og denne minder utroligt meget om tempelriddernes borg på Cypern. Også de bornholmske rundkirker skyder op, og heller ikke her fornægter tempelriddernes arkitektur sig, og deres prototype finder man i Tomar i Portugal. Alt er tilsyneladende planlagt i Clairvaux i samråd med Eskild fra Glenstrup.

I 1164 udnævner Eskild med pave Alexanders godkendelse en biskop i Estland, og her begynder man straks at se hvordan Bornholm må have indgået i planlægningen. Det er besluttet at planlægge en omfattende kampoperation mod de estiske hedninge i Baltikum, hvilket betyder at større flådestyrker skal sejle forbi Bornholm der uden tvivl mobiliseres samtidigt. I 1171 udsteder pave Alexander en proklamation der sætter Danmark i spidsen for et korstog mod Estland.

Den bornholmske forfatter og journalist Erling Haagensen har forsket i dette, og han mener at selv om der ikke findes konkrete beviser på tempelriddernes tilstedeværelse på Bornholm, så er det et faktum at vi har en kæde af historiske omstændigheder, der samlet set gør det næsten umuligt at de ikke har været der, og måske også gemt skatte der. For det første har vi en ærkebiskop med fuld råderet over øen, og som samtidigt har utroligt stærke bånd til tempelriddernes generalkapitel og hovedsæde i det kloster i Burgund, som blev ledet af tempelriddernes beskytter og kirkelige overhoved. Og Eskild var hans personlige ven. Samtidigt ser vi at alt dette foregår i Valdemars regeringsperiode, og det er svært at forestille sig at han har været uvidende om alt dette, hvilket kun tyder på at han har støttet Eskild.

Vedrørende de bornholmske rundkirker, så udkom der i 1989 en artikel af kunsthistorikeren Mette Wivel med overskriften: "Bornholms runde kirker og tempelridderne". Heri skriver hun at de bornholmske rundkirker har en arkitektur, der er sammenlignelig med den arkitektur der er så karakteristisk for tempelriddernes kirker. Som et forslag til hvad årsagen måske kunne være, skriver hun at det må være meget nærliggende at antage, at Bernard af Clairvaux kan have præget Eskild med sine tanker om arkitektur anvendt af tempelridderne, og diskuteret det med ham, og måske foreslået det, for planlægningen blev udført i Clairvaux netop af de to mænd. Det kan derfor ikke udelukkes at Bertrand de Blanchefort har været arkitekten, eller dennes tilsynsførende bag kirkebyggeriet på Bornholm. Det vides at tempelridderne havde stor matematisk indsigt, og det kan næppe være et tilfælde at kirkerne er placeret efter et specielt geometrisk mønster, der peger på Østerlars som en slags centrum for kirkerne.

Selv før omtalte stiftelse af Tempelridderne, havde indflydelsesrige europæiske adelsfolk kæmpet mod muslimerne i det hellige land. I slutningen af 1000-tallet, havde vi en jysk korsridder der blev berømt. Han blev kaldt Svend korsfarer og var en af Svend Estridsens sønner og dermed bror til kong Niels. Sammen med sin yngre hustru Florina af Burgund, datter af korsfareren hertug Odo 1. af Burgund og en hær bestående af 1500 mand, rejser de til de tyrkiske områder. Før de tager afsted efterlader de deres lille søn Omund hos nære slægtninge. Dette skete i 1094, og detaljerne omkring rejsen kender vi fra den engelske historiker William of Malmsbury der levede i begyndelsen af 1100-tallet, samt fra biskop William af Tyre som skrev et værk om Jerusalems historie omkring 1180. Her berettes det at Svend kæmpede bravt og dræbte mange tyrkere, men blev taget til fange og halshugget sammen med sin hustru.

I 1178 blev kong Valdemar den Store opsøgt af en delegation, bestående af tempelriddere og ligesindede. Lederen af delegationen hed Ralph de Sudely, en fremtrædende ridder og baron fra Gloucestershire i England. Han var søn af baron John de Sudely og Grace de Tracy. Grace var datter af William de Tracy, søn af kong Henry 1. af England. En anden deltager i delegationen var Ponce de Leon, der i 1190 bliver gift med en frilledatter af den spanske konge Alfonso 9.

Valdemar den Stores søn Valdemar Sejr, var gift med Berengaria, datter af kong Sancho 1. af Portugal, der i samarbejde med tempelridderne grundlægger en række fæstninger i perioden 1185 til 1211. Ponce de Leon havde deltaget i kampene omkring 1140, da Valdemar Sejrs svigerfars far Alfonso Henrik blev Portugals første konge. Dennes far var Henrik af Burgund, en bror til Odo 1., Svend korsfarers svigerfar, og døde i et slag i 1103.

Alfonso Henrik skænkede ridderordenen meget jord, blandt andet det område hvor man opførte borgen Tomar. Hans søn, Valdemar Sejrs svigerfar, donerede ligeledes en mængde jord til ordenen hvor der opførtes borge. Valdemar den Stores ældste søn Knud, giftede sig med Gertrude af Bavaria, og hendes forældre var Henry the Lion og Mathilde, datter af Henry 2., konge af England, og Elanore af Aquiataine der var søster til den senere konge af England og højtrangerende tempelridder Richard Løvehjerte, som opkøbte hele Cypern til ordenen. Henry 1. af England var søn af Wilhelm Erobreren af Normandiet, der erobrede hele England i 1066, og denne var tiptip oldesøn af den Jyske vikingehøvding Rollo som havde erobret Normandiet sidst i 800-tallet.

Med i delegationen der opsøgte den danske konge, var også Lionel Walderne, søn af Rudolf van Waldron som deltog i slaget mod tyrkerne i 1099. De tilhørte Saint Clair slægten og denne senere så berømte slægt, nedstammede direkte fra Jyske Rollo. Hugh de Payens, leder i tempelridder ordenen, var gift ind i denne familie, og han var beslægtet med Bernard af Clairvaux, hvilket også de andre otte riddere var, som havde deltaget i udgravningerne i Jerusalem. Bernard var søn af den burgundiske ridder Tescelin de Roux som ejede en stor borg på vejen mellem Dijon og Paris, og dennes morfar var ridderen Andre de Montbard som trådte ind i ordenen allerede i 1129 og blev næstkommanderende. Som det fremgår, så har vi her et ret så indviklet slægtsforetagende fra flere lande, men der står skrevet Danmark over det hele, og der skrives også vedrørende den omtalte delegation, at Walderne var beslægtet med den danske kongeslægt.

Bernard dør i 1153, men de store planer videreføres af Eskild, kong Valdemar, Bertrand de Blanchefort og Odo de skt. Armand før denne blev stormester. Eskild opholder sig efter Bernards død i Clairvaux en stor del af tiden, og på et tidspunkt er han væk i over syv år. I 1177 trækker Eskild sig tilbage efter i 24 år at have været den åndelige, og delvis organisatoriske leder af Tempelridderordenen, hvorefter hans embede som ærkebiskop overdrages til Absolon. Eskild opholder sig herefter fast i Clairvaux, hvor han dør fire år senere, og bliver gravsat ved alteret i klosteret, hvilket illustrerer hans store betydning i tempelridder sammenhæng. Manden fra

Glenstrup havde været en af de ledende kræfter som opbyggede hele tempelridder ordenen.

På rigsarkivet i København, findes en liste der er mere end 800 år gammel. Den indeholder 215 navne og betegnes broderlisten. Det skulle være en fortegnelse over danske stormænd der havde aflagt ed over for hinanden, kongen og Gud, og dermed skabt en ridderorden. Nogle står opført kun med fornavn eller efternavn, medens andre er opført med tilnavn. Kun nogle ganske få med deres fulde navn, og en af disse var Peder Pallesen Hvide, søn af Palle Tokesen på Skaarupgård. Listen stammer fra sidste halvdel af 1100-tallet, så kong Valdemar må være manden der står bag det. Medlemmerne har sandsynligvis svoret hinanden troskab i en helgens navn, så det er nærliggende at foreslå at denne helgen var Knud Lavard, Valdemars far, som ærkebiskop Eskild netop havde ophøjet til helgen i 1170, sikkert for at tækkes Valdemar. Af denne årsag kunne man med god grund mistænke Valdemar for at være initiativtager til denne orden. Nogle historikere har foreslået at Valdemar anvendte korstogsideologien til at legitimere sig selv og sin slægt som troens beskyttere, og af den årsag kunne have fundet inspirationen til at oprette en dansk ridderorden. Man kan forestille sig at ordenen på sigt ændredes og udviklede sig, således at de såkaldte Skt. Knuds gilder forandrede sig til købmandsgilder, der ikke havde så meget med religion at gøre. Et segl fra et sådant Skt. Knuds gilde blev jo fisket op af Vesterfjord i Hobro. Endvidere var det Valdemar der inviterede hospitalsridderne, kaldet Johanitter-ordenen til Danmark og gav dem hovedsæde på Antvorskov. Deres klædedragt var sort med et hvidt kors, men deres kampdragt var rød med et hvidt kors, faktisk prototypen på Dannebrog, som siges at have dalet ned fra himlen i Estland i 1219, hvor også Johanitterne deltog.

Bag den facade som tempelridderne opretholdt, eksisterede der en tophemmelig orden som stod for alt det strategiske. Den var riddernes forlængede arm og kaldtes Prieure de Sion, og selv da tempelridderne forsvandt, vedblev Prieure de Sion at eksistere. Den franske konge Philip, og paven der var under hans kontrol, udryddede simpelthen tempelridderordenen. Kong Philip befandt sig i et økonomisk uføre. Hans gæld til tempelordenens udlånsvirksomhed var blevet for uoverskuelig, og da han kendte til ordenens store rigdom, besluttede han sig for at udslette ordenen og stjæle alle deres aktiver. En meget omfattende klapjagt blev iværksat spredt ud over hele Europa, og fredag den 13. oktober 1307, blev i hundredevis af riddere anholdt, udsat for tortur og kort efter henrettet. Denne dato huskes den dag i dag, hvor man stadig omtaler fredag den 13. som en ulykkesdag.

Der eksisterer dog beviser på at en speciel gruppe af ridderne, må have været associeret med ordenens kasserer og notar, og disse riddere forsvandt pludselig sammen med alle vigtige dokumenter. Det vides ligeledes at en bestemt ridder trak sig fra ordenen på den tid, fordi kassereren havde advaret ham i tide så han kunne slippe væk, måske med hemmelige dokumenter. Det vides ikke hvem han var, men han har uden tvivl været en meget betydningsfuld person i ordenen, og naturligvis fra en indflydelsesrig adelsfamilie. Nogle må have haft en forudanelse om at der var fare på færde, og må derfor have tilhørt de inderste cirkler af bevægelsen, og flygtet tidsnok til at få udsendt advarsler til andre medlemmer.

Julenat i 1307, kom der en tempelridder ridende alene til Viborg. Han var fuldstændig udmattet og meget syg, og det sagdes at han medbragte en skat. Han har muligvis haft en hemmelig opgave, hvilket kunne være at skaffe vigtige dokumenter i sikkerhed. Han bankede på døren til Gråbrødreklosteret, og her fik han lov til at være. Her kunne han få mad og drikke og blive tilset, og få nødvendig pleje af munkene. Samtidigt havde man travlt i Rom. Paven udstedte ordrer om at tempelriddernes ejendomme skulle konfiskeres, og der blev sendt såkaldte pavebreve til alle konger og regenter i Europa, med krav om at arrestere alle tempelriddere der befandt sig i deres land. Vi ved at biskopperne både i Roskilde og Lund modtog breve fra paven, hvilket kun kan betyde at tempelridderne ejede jord i Danmark.

I Gråbrødreklosteret i Viborg fik ridderen god forplejning, og da han var kommet til hægterne, fik han ved munkenes hjælp kontakt til nogle folk i Viborg som havde gode forbindelser, som kunne introducere ham til folk han kunne stole på. Vi ved at dette lykkedes, og sammen med disse stifter han en ny ridderorden under navnet Ordo Sancti Graal, hvis formål var at beskytte de klenodier han havde medbragt. Ordenen skulle blive kendt som Sangreal ordenen og kendes stadig. Traditionen beretter at den nyoprettede orden i de første mange år, ikke kunne løbe den risiko at mødes i Viborg. Det siges at ridderen gennem sine nye forbindelser, havde fundet et sted langt væk fra byen som man valgte at kalde udflytterstedet, hvor man mødtes i hemmelighed. Stedets rigtige navn måtte ikke blive kendt.

Man regner med at kong Erik Menved opholdt sig fast i Viborg, men han havde jo som flere andre konger modtaget pavens arrestordre. Tempelriddere skulle fængsles i det øjeblik man fandt dem. Arrestordren blev ligeledes sendt til ærkesædet i Lund, med ordre om at få den oversat til folkesprog, hvorefter den skulle oplæses i landets kirker.

Det kan virke bemærkelsesværdigt, at en ridder der er både udmattet og syg, netop skulle udvælge sig Viborg. Han må være redet hertil fra et for os ukendt sted i Europa, og han må have været på flugt siden den 7. oktober, og ligeledes haft behov for at kunne holde sig skjult. Hvorfor vælger han netop at flygte til en mindre midtjysk by som Viborg, og hvorfor er det første sted han vælger at banke på, netop døren til Gråbrødreklosteret. Havde han en eller anden tilknytning til Viborg, eller til dette kloster, eller var det bare en tilfældighed?

Gråbrødreklosteret i Viborg blev på et spinkelt grundlag funderet i 1235, men i 1285 stadfæster biskop Peder af Viborg det gods greven af Eberstein havde doneret til klosteret, bestående af en avlsgård og et par huse i klosterets nærhed. Denne greve hed Albert Ludvigsen Eberstein, som af sine slægtninge Albert og Johan, hertuger af Braunschweig, ved gavebrev af 13. maj 1276, fik tilskødet godset Ørnhoved ved Romalt i Sdr. Hald herred, med gods i Kristrup og Virring sogne. Albert og Johan var sønner af greve Otto af Braunschweig og Lüneborg, og denne var søn af Wilhelm den tykke af Sachsen, og Helene Valdemarsdatter, hvis far var Valdemar den Store. Det nævnte gods har uden tvivl været arvegods efter kong Valdemar som han selv havde arvet gennem sin bedstemor Bodil af Thrugotslægten, og det var jo i nøjagtig de samme sogne at Eskilds far Kristiern havde jord og med byen Kristrup opkaldt efter ham.

Greve Albert af Eberstein døde omkring 1289, og hans hustru Mariane var en datterdatter af Esbern Snare. Hendes mor var søster til greve Ernst af Gleichens første hustru. Grevinde Mariane var tillige med sin søn Ludvig, meget gavmild med donationer til klosteret. Deres meget nære tilknytning til Gråbrødreklosteret, ses af at de begge blev begravet der ved deres død. Greve Albert af Ebersteins mor var Adele af Gleichen, søster til Ernst af Gleichen, og deres bedstemor var Valdemar den Stores datter Sofie. Adele og Ernst var søskende til biskop Herman af Camin, der var stærk involveret med tempelridderne. Han grundlagde byerne Koszalin og Maszewa i Pommeren i det landskab Valdemar den Store havde tvangskristnet i 1175.

Greve Alberts bror Bernhard var præceptor i tempelridderordenen i Polen, Bøhmen og Moravia. I det vestlige Polen havde tempelridderne tre vigtige kommandoposter kaldet centialer, i Mysliborz, Chwarszany og Rurka. Her var en af tempelriddernes højborge. Legenden fortæller at der fandtes uvurderlige skatte skjult i Mysliborz, og at de pludselig forsvandt kort før fredag den 13. oktober 1307.

Slægten Eberstein med grene til det danske kongehus, var således dybt involveret i tempelriddernes orden, og det er påfaldende at grevinde Marianes søn, en mand som Ludvig Eberstein, ganske ukendt i Danmark, pludselig i 1313 medbesegler forliget i Nyborg, og kun to år senere er kongens kammermester og fastboende i Viborg, måske på Hald slot som han ejede. Vi ved bare ikke hvornår han købte det. I løbet af ganske kort tid, blev Ludvig Eberstein en af den forgældede konges mest fremtrædende kreditorer. I 1318 fik han al kronens rente i Skåne, med samtlige købsteder på nær et par undtagelser, og han havde ligeledes Helsingborg slot i pant. I 1319 var Eberstein rigets marsk og som sådan ledede han Bornholms og Hammershus erobring fra kongens avindsmand, ærkebiskop Esger Juul. Herefter lyste kirken Eberstein i band, men kongen overdrager ham Bornholm i len. Han måtte efter kongeskiftet afstå øen i 1321, men bliver i 1323 gjort til høvedsmand på Hammershus. Efter tre år bliver han fjernet, hvorefter han sammen med landets drost Laurentz Jonsen opsagde kong Christoffer huldskab og troskab, og medvirkede til at kongen måtte flygte ud af landet. Vi ser her en mand med en utrolig magt, men også en mand der i flere år havde kontrollen over Bornholm, netop den ø hvor tempelridderne mistænkes for at have skjult skatte allerede i Eskilds tid.

Man kan få den mistanke, at Ludvig Albertsen Eberstein kunne være den ukendte ridder der kom til Viborg julenat 1307. Han havde i hvert fald tilknytning til Gråbrødreklosteret, og han dukker frem ud af det blå i 1313-1314, netop hvor både paven og kong Philip lige er afgået ved døden og hvor processen mod tempelridderne var afsluttet. Han var utrolig rig, og foruden de ovenfor nævnte len og panter, findes der dokumenter der beviser at han også fik Blekinge og Lister i pant for kong Eriks gæld til biskop Herman af Camin, der var en slægtning og en af de tunge drenge indenfor ordenen. Eberstein må have købt eller arvet dette tilgodehavende, hvilket sætter ham i umiddelbar forbindelse med tempelridderne.

Kong Erik Menved dør i 1319, og her hjælper Eberstein hans bror Christoffer til magten, på trods af at denne var uønsket, men Eberstein havde magt, og Christoffer blev konge. Ludvig Eberstein ledsager den nyvalgte konge på hyldningsrejsen rundt i landet, men glemte ikke at sikre sig en betaling der stod i forhold til den andel han havde haft i kongens valg. Han fik Almind og Jelling sysler med byerne Kolding og Ribe, Malt og Gjern herreder, samt Viborg landsting. Fra tidligere, havde han Nørre Asbo herred, men dette blev overdraget til Knud Pors, hvorefter han som vederlag fik gods i Thy, Mors samt Skive by og Hjerm og Hindborg herreder. Ludvig Albertsen Eberstein dør i 1328, og efterlader sig to børn, der senere sælger Hald til Niels Bugge.

Hvis Eberstein var den ukendte ridder, har han skjult det godt, hvilket han for øvrigt også havde behov for. Pavens arrestordre skulle oplæses i kirkerne, og den 12. august 1308, pålægger paven ærkebiskop Isarn af Lund og alle hans lydbisper, at anstille undersøgelser vedrørende tempelridderordenen i Danmark. Den 4. april 1310, meddeler paven Erik Menved, at kancelliet der er sammenkaldt vedrørende samme undersøgelse, er udsat til 1311. Måske havde paven mistanke om at en betydningsfuld tempelridder skjulte sig i Danmark?

Hvis Eberstein var den ukendte ridder, og en del peger i den retning, skulle han være utrolig varsom. Pavens ekstraordinære indsats i Danmark kunne tyde på at man vidste hvem ridderen var. Han var derfor ude af stand til at opholde sig hos sine tre brødre der allerede var i landet og ejede store godser her, for så ville han hurtigt blive genkendt, og bringe dem i fare. Han var i slægt med kongehuset, så måske valgte Erik Menved at vende det blinde øje til, indtil eftersøgningen var afblæst. I perioden fra 1307 til 1313, må han have holdt meget lav profil og skjult sig et sted langt uden for Viborgs bymure. Han siges at have holdt møder med de andre medlemmer af den orden han oprettede ved ankomsten, på et beskyttet sted, i daglig tale kaldet udflytterstedet. Man nævnte af indlysende årsager aldrig stedet ved navn. Dette betød at stedets navn måtte have endelsen "trup", der betød torp, og en sådan kaldtes et udflyttersted. Stedet har ligget et godt stykke vej fra Viborg, og Eberstein må have været bekendt med dem som ejede stedet og boede der. Man må gå ud fra at det var adelsfolk med en eller anden tilknytning til Tempelridderordenen, eller i hvert fald loyale til denne.

Der var et sted hvor der boede adel, der ligesom han selv var beslægtet med kongehuset, og i denne slægt havde der gennem tiden været flere ivrige tempelriddere. Dette sted var beliggende omkring tre mil fra Viborg, og havde huset både konger og adel. Vi taler naturligvis om Klejtrup, og her boede i 1307 både Jacob Blåfod og Niels Tokesen, og begge havde rødder i de samme slægtsgrene som Eberstein. Der findes ingen konkrete beviser på at det forholdt sig således, men Klejtrup synes at have været det eneste sted der ville have været muligt at holde sig skjult i længere tid, uden at nogen stillede spørgsmål.

Vi ved heller ikke om tempelridderne har skjult skatte på Bornholm. Hvis Eberstein havde ønsket at skjule noget der, havde han ganske bestemt muligheden, og i hele syv år. Journalisten Erling Haagensen tog initiativ til en radarundersøgelse i Østerlars rundkirke, og undersøgelsen viste at der ca. 12 meter under gulvet fandtes et hulrum 10 meter langt, 2 meter bredt og 3 meter højt, men alle ansøgninger om en nærmere undersøgelse blev afslået.

Ridderen stiftede ved sin ankomst Sangreal ordenen, som om den skulle være en ny begyndelse, eller en erstatning for hvad der var gået tabt. Tempelridderordenen var opbygget af en anden skjult orden bestående af slægtninge til Bernard af Clairvaux med ham selv som leder. Denne orden kaldtes Prieure de Sion. Måske skulle Ordo Sancti Graal eller Sangreal ordenen fungere som en fortsættelse, fordi et værdifuldt klenodie nu befandt sig i Danmark, men vi ved det ikke.

Kort efter stiftelsen af denne orden i Viborg ser den ud til straks at være blevet en magtfaktor. Ordenen nægter i fællesskab med borgere den havde ansporet, at betale ekstra skatter til kong Erik Menveds bundløse pengekasse, og forsøger et oprør. Kongens styrker der delvis bestod af tyske lejetropper knuser oprøret, hvorefter man bygger Borgervold i 1313, og herfra holder kongen byen i et jerngreb. I 1319 da Erik Menved dør, bliver borgen nedrevet med aktiv hjælp fra ordenen, som herefter opretter hovedkvarter i Viborg. Fremme i året 1523 eksisterer ordenen stadigvæk, og tager nu som en magtfuld organisation parti for kong Christian 2. på landstinget. Kongen var kommet i strid med den katolske biskop Jørgen Friis, og da kongen må forlade landet i 1526 sker det sammen med ordenens stormester og borgmester i Viborg Peder Stub, og en håndfuld andre medlemmer. Få år senere under grevens fejde, gik ordenen sammen med skipper Clement, hvilket kostede flere medlemmer livet og en stor del af medlemmerne blev senere henrettet.

I middelalderen havde Viborg fem klostre og tolv sognekirker. Med undtagelse af Gråbrødreklosteret, blev alle klostre og sognekirker nedrevet af byens borgere, anført af Sangreal ordenens medlemmer og Hans Tausens tilhængere i forbindelse med reformationen. Herefter har man vist ikke hørt meget til denne orden, som siges stadig at eksistere i god behold. Det var fra Viborg at Hans Tausen for alvor begyndte at prædike den Lutherske lære. I sommeren 1525 flytter han ind på Johanitterklosteret i Viborg, men bliver snart udsat for trusler fra den katolske biskop Jørgen Friis, og var også kortvarig i fængsel. Bystyret der delvis bestod af medlemmer af Sangrealordenen, får den 23. oktober 1526 kong Frederik 1. til at udstede et værnebrev, som sætter Hans Tausen under byens beskyttelse, så biskoppen ikke kan røre ham. Klosterets prior Broder Peder bliver nervøs over urolighederne, og jager Hans Tausen ud af klosteret. Herefter prædikede Hans Tausen under åben himmel, indtil hans tilhørere brød ind i Gråbrødreklosterets kirke og overtog denne, men dog villigt delte brugen af kirken med Franciskanermunkene. Står man på hjørnet af Gråbrødre Kirkestræde og Sankt Mogensgade og ser mod nord, er dette imod den brostensbelagte gade. Muren her er et stendige der nok er lige så gammel som den kirkegård der var her på stedet. Herinde bag stendiget, stod Hans Tausen i 1528 på en hvid gravsten og prædikede Luthers lære. Den hvide sten lå på det tidspunkt ud mod Sankt Mogensgade, på en grav hvori Jens Nielsen Løvenbalk til Aunsbjerg og hans hustru var begravet. Stenen var fra 1442, og således omkring hundrede år gammel på dette tidspunkt. På kirkegårdens modsatte hjørne ligger Sankt Mogensgade nummer 10, på et areal der for flere hundrede år siden er solgt fra kirkegården. Den nuværende ejendom er opført i 1726, kort efter den store bybrand, og fra haven her, var der adgang til Tausens anlæg. Da Hans Tausen i 1529 af kongen bliver hentet til København, var Viborg gået over til reformationen, på trods af at det øvrige Danmark fortsat var katolsk. Der gik yderligere syv år før hele landet havde fået indført reformationen. I begyndelsen af 1529 jager borgerne anført af folkene fra Sangreal biskop Jørgen Friis ud af byen.

ET FORSØG PÅ SANDSYNLIG DATERING AF BRATTINGSBORG

Med den meget lange og til tider komplicerede historie, der tilhører Klejtrupgård eller Brattingsborg, ville det være ret interessant også at kende stedets alder. Ved fredningsprocessen i 1937 nåede man frem til at voldstedet kunne dateres til ca. midten af 1000-tallet. Dette skete imidlertid adskillige år før runestenen blev fundet ved den nordlige ende af søen i 1978, og der kan ikke herske nogen tvivl om at runestenen skal sættes i forbindelse med voldstedet, idet dette er det eneste sted på egnen, hvor der på så tidligt et tidspunkt kan have boet en stormand eller konge, der kunne have haft råd til at få tilhugget og indgraveret skrift på et sådant mindesmærke. Dernæst er voldstedet aldrig blevet arkæologisk undersøgt, og må siges at være undersøgelsesmæssigt forsømt.

Vi ved fra samtlige runesten i Danmark, at de alle er rejst af meget velhavende og betydningsfulde mennesker, som ønskede at sætte et varigt minde efter en slægtning eller ven, der må have tilhørt landets elite. Dette forhold er alle relevante eksperter enige om. Vi kan i første omgang konkludere, at vi skal tilbage til tiden før rejsningen af runestenen, hvilket ifølge dateringen skulle være før år 970.

Runestenen blev fundet under en første gangs pløjning i 1978, på Carl Vestergårds mark ved den nordlige ende af søen. Først mente man at stenen var rejst på selve fundstedet, hvor der tidligere havde eksisteret et vadested. Senere udgravninger viste imidlertid at den har ligget i sandet i det lave vand, hvor der også blev fundet en stor kløvet sten og en del skærver fra tilhugning af stenen. Ikke langt derfra fandt man nogle store stolper som kunne stamme fra en bådebro. Stolperne blev imidlertid dateret til cirka 1150, en meget senere periode end da stenen blev rejst. Herefter mente man at stenen ikke havde stået på fundstedet, men kunne være tabt under transport. Dette kan der siges både for og imod, idet de fundne skærver og den kløvede sten kunne tyde på, at det netop er her den er blevet tilhugget. Stenen er ikke blevet transporteret til stedet langvejs fra, idet der i indkørslen til gården Søholt ligger adskillige kæmpestore sten der må formodes at være fjernet fra de tilstødende marker, hvor de har ligget gennem årtusinder, hvilket sikkert også er tilfældet med runestenen.

Stenen synes at have været en del af et anlæg af i hvert fald to sten, idet stenens tekst afslører dette. Første halvdel af en sammenhængende tekst mangler, og må derfor have stået på en anden manglende sten. Teksten på stenen lyder: "og efter Åmunde, sin sønnesøn", hvilket tyder på at den som har rejst stenen også tidligere havde rejst en sten for en anden afdød slægtning, hvor begyndelsen af den sammenhængende tekst ville have stået. Måske burde man undersøge stenene ved gårdens indkørsel. En af disse sten er måske tidligere blevet fjernet fra samme område, uden en eventuel tekst er blevet bemærket.

Mindesten som denne, blev udelukkende rejst af eliten i samfundet. De blev altid placeret ved trafikerede steder som hovedfærdselsårer, broer, dæmninger og vadesteder, idet det var meningen at de skulle blive set af alle forbipasserende. Om stenens rejsningstidspunkt kan siges, at den er rejst efter den tid hvor det var muligt at benytte fjordarmen, der strakte sig fra Vestrefjord i Hobro og udmundede i Klejtrup sø. Vadestedet må være fremkommet da vandstanden af naturlige årsager sænkede sig, hvilket så må være sket før år 97o som stenen tidligst dateres til, idet der på dette tidspunkt allerede eksisterede et fungerende vadested. Dette foreslår samtidigt at borgen i Klejtrup må være fra før den tid, idet dens strategiske placering sikkert skal ses i sammenhæng med de tidligere indsejlingsmuligheder i søen. Vadestedet her må forventes at have været flittigt brugt, idet det ligger i skellet mellem Søvej og Vadgårdsvej der har navn efter vadestedet. Denne vejstrækning udgjorde i gamle dage landevejen til Viborg, som fortsatte igennem Hvornum for at støde til hærvejen ved Hvornum høje.

Stenrejseren har sandsynligvis haft bopæl på Brattingsborg, for hvor ellers ville der på daværende tidspunkt have boet medlemmer af samfundets elite, som dengang bestod af magtfulde stormænd, kongens slægtninge eller kongen selv. Det er blevet foreslået at stenrejseren må have været Åmundes bedstefar, hvilket nok er en forhastet konklusion, idet bedstemødre jo også har haft sønnesønner. Faktisk er adskillige af vore mest berømte runesten, netop rejst af kvinder. Hedebystenene er rejst af dronning Asfrid efter sin søn Sigtryg, og både Tvorup og Sjørringstenene er ligeledes rejst af en kvinde, og Sdr. Vissing stenen blev rejst af Harald Blåtands hustru som minde efter hendes mor. Vi ved ikke hvem der kan have beboet Brattingsborg på det pågældende tidspunkt, men vi ved at borgen og gården i

Klejtrup var kongens private ejendom, hvorfor både en konge eller en af dennes slægtninge kan have boet der, og formodentlig tilhørte Åmunde samme slægt.

Folkemindesamleren Evald Tang Kristensen, rejste i 1800-tallet rundt i landet og opsøgte de ældre generationer, for at høre hvad de kunne berette af gamle sagn og anekdoter, og han besøgte ved denne lejlighed også Klejtrup. Ane Marie Kristensdatter var i 1888 en af bidragsyderne, og hun havde dette at berette: "Ved vejen fra Klejtrup til Hejring er en dronning begravet under en stor sten. De kunne ikke køre hende længere, så de begrov hende der. Det er lige ved en hulvej og stenen sidder lige på enden". Denne beskrivelse tyder på at Ane Marie selv har set stenen, og placeringen ved en hulvej passer ganske godt. Tilbage er så spørgsmålet om Ane Marie omtaler den nu fundne sten, eller den manglende sten, for drejer det sig om den nyfundne sten så må denne jo have stået oprejst i 1888, og hvis der refereres til den manglende sten, så må denne have stået der i 1888, hvor så Åmundes sten godt kan have været liggende.

En anden folkemindesamler var Svend Grundtvig, søn af vor kendte præst og salmedigter. Han fik i 1854 af antikvar Rasmus Kruse tilsendt en beretning, som denne havde hørt i Klejtrup. Kruse var til stede i Klejtrup da nationalmuseet var der i forbindelse med fredningen i 1850 af Klejtrup volde, og det var ham der lavede de først kendte tegninger af voldkomplekset. Den tilsendte beretning lyder: "På den venstre side af Klejtrup sø har endnu for en del år siden ligget en sten, hvorpå der stod en mængde skrift med store bogstaver, som ingen kunne læse, og på denne sten brændte jævnligt et lys. Tvende karle i byen fik en aften i sinde at ville grave ved stenen, hvor de troede at finde en skat. De kom også så langt at de fik en vægtstang under den, men på samme tid syntes det dem, at vejen som gik der forbi, vrimlede af rejsende, hvorfor de af undseelse ophørte med arbejdet til en anden gang. Om andendagen da de ville fortsætte arbejdet, var stenen forsvundet, og har senere ikke været til at finde".

Vi bemærker her at stenen findes på venstre side af søen, hvilket den også ville have gjort set fra Klejtrup, og stenen beskrives som liggende, hvilket kunne være Åmunde-stenen, men denne blev antagelig fundet med skriften nedad, hvilket så må betyde at der i midten af 1800-tallet kan have været to sten på stedet, en med synlig skrift, og Åmundestenen hvor skriften vendte nedad. Der findes også en artikel om stenen der modsat skriver at den lå med skriften opad. Dette betyder at den manglende sten er forsvundet inden for de sidste 175 år, og er således ikke fjernet tilbage i 1100-tallet og anvendt til kirkebyggeri som blev skæbnen for utallige runesten. Det må dog være den nu manglende sten der refereres til i 1800-tallet, hvis historien med at karlene væltede en runesten hen over dronningens grav er en hentydning til den nylig fundne sten. Hvis dette er tilfældet, så har Åmundestenen været liggende i mere end 1000 år. Vi har en avisartikel fra 1979 skrevet af museumsinspektør Mette Iversen fra Viborg, og hun skriver at stenen lå med skriften opad. Det er derfor vanskeligt at drage en konklusion, idet stenen oftest nævnes som liggende med skriften nedad. Spørgsmålet er så om stenen lå med skriften nedad, hvorefter Mette Iversen har set stenen efter den er blevet vendt, men det fremgår ikke af artiklen.

Vi har her som et faktum, en sten som skulle være et minde over en kær afdød slægtning, og vi har gamle sagn der nævner en sten med mærkelige tegn, som en dronning skulle være begravet under. Vi har tillige et sagn der omtaler en ond dronning på Brattingsborg som skulle ligge begravet her, "fordi de ikke kunne køre længere". Der findes endnu et sagn, fortalt af en meget gammel dame fra Hejring, og det var ikke Ane Marie, men hun fortalte engang i 1800-tallet at hun havde hørt fra sin far, at de karle der kørte hende, gravede hende ned for enden af søen. Her stod en stor sten med mærkelige tegn på, og den væltede de hen over graven.

Landskabet har også forandret sig inden for de sidste par hundrede år. På et gammelt kort fra 1850, ser bækken ud til at bugte sig længere vestover, og så har stenen stået på modsatte side af bækken på Hvornum siden, så bækken må være blevet reguleret. Samtidigt kan stenen være væltet på flere måder, og af flere forskellige årsager. Middelalderens kirker blev anlagt på eksisterende helligsteder, hvor den kristne kirke som led i sin konsolidering ønskede at slette alle spor af vikingetidens hedenske tro. Af samme årsag blev mange runesten væltet så de lå med skriften nedad, i forsøg på at skjule og nedkæmpe den hedenske magt som vikingerne havde nedlagt i stenene. Noget senere begyndte man så at genanvende stenene som byggematerialer.

Men hvem rejste stenen? Vi må søge efter en sådan bedstemor eller bedstefar i de finere kredse, idet man må formode at stenrejseren må have boet på Brattingsborg og højst sandsynligt været kongelig. Denne borg og gård var fra gammel tid kongens private ejendom. Så hvis der hviler en ond dronning under stenen, er det jo hende der må have boet i Klejtrup. Stenens datering fører os tilbage til den tid hvor Harald Blåtand var konge, så det må derfor være i hans kredse vi skal søge, og det kunne eventuelt være en nær slægtning. Harald havde en søster ved navn Gunhild med tilnavnet "kongemoder", idet flere af hendes sønner kunne kalde sig konge. Gunhild var gift med den norske konge Erik Blodøkse, og hans tilnavn giver os et godt bud på hvilken type menneske han var. Han var i Norge hadet af stort set alle. Han forfulgte og dræbte alle som sagde ham imod, men traditionen vil vide, at det var Gunhild der konstant ansporede Erik til sine grusomheder. Hun blev derfor kaldet den onde dronning. "Historia Norwegia" skildrer Gunhild som den kønneste af kvinder men dog lille af skikkelse, men tier om hendes dårlige rygte. Gunhild og Erik førte et rædselsregime i Norge, hvilket resulterede i at de efter kun tre år ved magten blev fordrevet af Eriks yngre bror Haakon med tilnavnet "den gode". Haakon gik imod sin bror fordi Erik tilsyneladende havde dræbt flere af deres halvbrødre og rivaler til tronen.

Erik og Gunhild opholdt sig derefter på Orkneyøerne nord for Skotland. Herfra drager Erik til området Northumberland i England, det sidste selvstændige kongerige i landet. Her lykkes det Erik at blive konge i York, men efter omkring tre år er han atter involveret i stridigheder. Erik Blodøkse falder i året 954 i slaget ved Stainmore sammen med sin gode ven Thori Skallekløver. Gunhild flytter tilbage til Orkneyøerne, hvor hun opholder sig nogen tid. Her bliver hendes datter Ragnhild gift, og opbygger hurtigt et dårligt rygte som sin mor. Så vidt vi ved havde Gunhild og Erik otte sønner der alle fik kongenavn, de fleste dog kun som vikingekonger eller såkaldte søkonger. Dette gav Gunhild sit tilnavn kongemoder.

Vi ved ikke hvor længe Gunhild efter mandens død i 954 opholdt sig på Orkneyøerne, men vi ved at hendes bror Harald Blåtand bliver konge i Danmark i 958. De gamle sagaer beretter at Gunhild på et tidspunkt herefter rejser til Danmark, måske ledsaget af få slægtninge. Harald modtog sin søster vel, og overlod hende en af sine kongsgårde samt et par andre gårde i nærheden, så hun kunne leve et godt liv.

Her ud fra, kan vi opstille den teori, at hun flytter ind på kongsgården i Klejtrup. Herfra må så sagnet om den onde dronning stamme, for Valdemars dronning var jo ikke den eneste af slagsen. Den onde dronning i Klejtrup siges at have haft en større frugtplantage i nærheden, kaldet Fruens Abildgård. Dette navn genkendes fra en gammel tradition tilhørende Nørreris i Roum. Her lå en Fruens Abildgård, og nogle mente i gamle dage at denne havde tilhørt den onde dronning i Klejtrup. Dette foreslår en meget tidlig og ukendt forbindelse de to gårde Klejtrupgård og Nørreris imellem.

Ved Gunhilds ankomst havde hun allerede en søn boende i Danmark. Hendes søn Harald blev opfostret hos broderen Harald Blåtand, og han endte med som ganske ung at blive konge i Norge under navnet Harald Gråfeldt. Gunhild blev beskyldt for at opmuntre denne søn til grusomheder, og så ham gerne overtage styret i Danmark. Harald Blåtand føler sig på et tidspunkt truet, og lokker Harald Gråfeldt til Danmark. Ved sin ankomst bliver han dræbt ved Hals i den østlige del af Limfjorden. Harald Blåtand havde arrangeret det således at hans nevø kaldet Guldharald havde lagt sig i baghold og udført drabet. Det mentes at Blåtand havde narret sin nevø, og lovet ham Norge som en erkendtlighed for drabet. Historien beretter så at Guldharald selv bliver dræbt samme sted, ganske kort efter. Harald Blåtand gik således ikke af vejen for mord på sine nærmeste, hvilket er beskrevet flere steder. Både Olav Trygvesons saga og Jomsvikingesagaen beretter at Harald Blåtand selv dræbte sin bror Knud Danaast i Limfjorden, da de sammen var på vej til Mors for at besøge deres forældre, og Knud Danaast var far til Guldharald. Med denne viden om dem begge, kan det ikke overraske nogen, hvis Gunhild og Harald på et tidspunkt er røget i totterne på hinanden.

Flatøbogen fra 1387, som er baseret på en ældre beretning af Gunlauk Munk, beretter at Gunhild ikke fik en naturlig død. Her kan man læse at Harald Blåtand fik sin søster dræbt, og der skrives at hun blev druknet i en vejle, hvilket er et gammelt ord for vadested. Nogenlunde samme historie findes i den islandske saga Aagrip, og den norske ærkebiskop Tore Gudmundson skrev i 1198 at Harald fik sin søster druknet. Den norske historieskriver Theodoricus Monachus skrev nøjagtig det samme i 1100-tallet.

Den 20. oktober 1835, fandt grøftegravere et moselig i Haraldskær vest for Vejle. Det var et velbevaret kvindelig, som blev sendt til Vejle sygehus for nærmere undersøgelse. Kort efter var filolog og ekspert i folkesagn Niels Mathias Petersen klar med et bud på hvem kvinden i mosen var, for det kunne da ikke være andre end Gunhild Kongemoder. Kong Frederik den 6. bekostede en kiste, så dronningen kunne få en standsmæssig grav i et sidekapel til Skt. Nikolaj kirke i Vejle. Der gik dog ikke lang tid før arkæologerne pillede denne teori fra hinanden. Man konstaterede at det drejede sig om et moselig, der var over 2000 år gammel. Niels Mathias Petersen havde været lidt forhastet med sin konklusion. De gamle sagn sagde at hun blev begravet i en vejle, ikke i Vejle. En vejle kunne findes flere steder, og det var da også en sådan der gav navn til Vejle by.

Det ser således ud til at Harald Blåtand fik sin søster Gunhild druknet og begravet i en vejle eller vadested. Selv i 1100-tallet var dette en velkendt historie. Hendes livsførelse gjorde at hun blev kaldt den onde dronning, hadet af alle. Dette passer fortræffeligt med de gamle sagn, som er tilknyttet den onde dronning i Klejtrup og runestenen for enden af søen, der jo netop stod i en vejle. Det ser derfor ud til at hun rent faktisk kan være blevet druknet og begravet i vadestedet, og derfor ikke som berettet i nogle af sagnene, kørt dertil som lig. Måske også Åmundes sten er blevet væltet hen over graven.

Historien fortæller, at der var en ung mand som Gunhild havde et meget tæt forhold til. Han synes at have ageret som hendes personlige assistent, og var altid ved hendes side. Det siges at han var en slægtning, men vi ved ikke meget om ham, bortset fra at han hed Åmunde, og han har højst sandsynligt ledsaget hende på rejsen til Klejtrup. Det viser sig, at der faktisk i Erik Blodøkses nærmeste familie findes en Åmunde. Hans far hed Ljot Toresson, og dennes far var Tore Ragnvaldson som var gift med Erik Blodøkses søster Aalof Aarbot. Ljot havde søsteren Vigdis, som var gift med Ingimund Thorsteinson, og de havde sønnen Tore. Ljot, kaldet Ljot den blege, var jarl på Orkneyøerne, hvor han bliver dræbt af Egil Skjalmgrimsen. Fra Åmundes sten ved vi at den er rejst af en bedstefar eller bedstemor, og i dette tilfælde ville det betyde, at stenen er rejst af Erik Blodøkses søster Aalof Aarbot, som netop er Åmundes bedstemor. Hun dør i 986, og Åmunde dør i 982. Det kan kun være hende der har rejst stenen, idet manden Tore er død allerede i 947, altså mange år før Åmunde dør, og Aalof må være fulgt med Gunhild til Klejtrup. Før hun rejser Åmundes sten, må vi formode at hun har rejst en sten for sin søn Ljot, der jo blev dræbt på Orkneyøerne, hvor Gunhild og familien opholdt sig efter Erik Blodøkses død, så Ljot kan være nævnt på den manglende sten, hvor første del af teksten på Åmundes sten må have stået. Gunhild menes at være død omkring 984, altså et par år efter Åmunde, måske druknet ved vadestedet og begravet der, hvorefter stenen væltes hen over graven.

De her omtalte Tore og Åmunde er fætre, og vi har en Tore der rejser Hobro stenen og Glenstrup stenen, og han menes af runeforskere at kunne være fra Sverige, og det menes at ovennævnte familie netop havde flere tilfælde af svenske ægteskabelige forbindelser. Tore rejste Glenstrupstenen efter sin far Gunnar, og runerne på både stenen i Glenstrup og stenen i Hobro ses at være udført af samme person, tydeligvis en svensker, og Åmundes mor var en kvinde fra Sveriges fineste slægt kaldet Ylvingerne. Spørgsmålet er så om det var denne Åmundes fætter der rejste Hobrostenen.

Denne Tores far hed Ingimund Thorsteinson, men havde adskillige øgenavne eller tilnavne. Den Tore der rejste Glenstrup stenen var søn af Gunnar, så hvorledes kan dette forenes? Ingimund blev kaldt Gamli, men ligeledes Refur og Raev. Han havde tillige sin faders tilnavn Thegjanda eller Teiande som betød "den tavse". Navnet Ingimund havde varianterne Hingamund og Igmunt og han blev kaldt Ikkunar. Endelsen mund betød beskyttelse. Vi kender navnene Asmund og Guthmund som begge betyder "Gudernes beskyttelse", og vi ser at de fleste navne ofte var dannet af ord der havde med "kamp" at gøre. Gunnr eller Guntha betød kamp, og havde varianten Gundrath som betød "den der giver råd" eller "den der styrer/råder". Det er ad denne vej vi må se om Tores far Gunnar nævnt på Glenstrupstenen, kunne være identisk med Ingimund. Gunnar er på stenen skrevet som Kunar, hvilket minder en smule om Ingimunds kaldenavn Ikkunar. Skonvig omtaler stenen i 1627, hvor han beretter at stenen oprindelig stod på Quinnars Höy, hvilket skulle betyde Gunnars høj.

Navnet Gunnar eller Kunar kunne altså også skrives Quinnar, og på det gamle oldnordiske sprog var betydningen af ordet Quinn "den tavse", så måske var Ingimund og Gunnar i virkeligheden identiske, idet man i vikingetiden oftest kendtes på sit kaldenavn eller øgenavn, som vi ser det i Tveskæg, Blåtand, Blodøkse og så fremdeles. Vi går ligeledes ud fra at denne Gunnar har givet navn til landsbyen Gunderup og måske er den, der engang i tidernes morgen grundlagde Gunderupgård. På samme måde kunne Tore have anlagt Tostrup hovgård, eventuelt som en udflytning fra Øls, hvor hans gravsten findes indmuret i Øls kirke.

Der eksisterer ligeledes en meget gammel tradition der siger at Gunhild skulle være begravet i en mose der kaldtes Gunhilds mose, Gunmose eller Gunmor, hvilket formentlig skyldtes en forkert gengivelse af navnet Gudenmor eller en forkert udtale af dette ord. Navnet Gudenmor kan kædes sammen med Hobrostenen, som Tore satte efter sin fælle Karl der døde i kamp, og nogle har ment at kampen har fundet sted ved Gudenmor. Netop i denne periode var der utallige kamphandlinger. Blåtand kæmpede mod tyskerne og Svend Tveskæg kæmpede ved Hedeby, og så begyndte krigen mellem Tveskæg og Blåtand, og man mener at det var i den forbindelse at Fyrkat blev angrebet og nedbrændt, hvor der uden tvivl har været utallige kampe også i omegnen. Måske faldt både Gunnar, Karl og Åmunde i en af disse kampe, hvor Tore overlevede og satte mindestene efter sin far og sin ven Karl, og hvor Aalof Aarbot satte sten efter sin sønnesøn Åmunde, ved siden af en sten hun tidligere havde rejst efter sin søn Ljot.

Det var en Andreas Meyer, der i sin tid berettede at Hobrostenen oprindelig havde stået ved Gudenmor mark, hvor der i fordums tid skulle have stået et slag. I 1654 skriver Meyer at stenen allerede i 1368 blev flyttet fra sin oprindelige plads ved Gudenmor mark til bakken i Hobro, hvor man var i gang med kirkebyggeriet. Stenen blev dog ikke anvendt som byggemateriale, og lå i tiden derefter i en posemagers gård, op imod kirkevolden. Stedet kaldet Gudenmor er aldrig blevet identificeret, men selve navnet kan måske lede os på sporet. Vi kender stavelsen Guden fra Gudenåen, og ved det relaterer til en guddom. Byen Gudme blev tidligere skrevet Guthemæ. På det oldnordiske sprog var Gudomar et sted hvor der blev udført rituelle handlinger, og ordet mor eller moor betød hede, betegnende en næringsfattig og sur tørvejord. Arealerne omkring Klejtrup sø, bestod i gamle dage af delvis hede, og der blev så ganske afgjort udført rituelle handlinger der. Man kørte efter visse ritualer Nertus vogn fra Odinsalteret, ned til søen, hvor den blev afvasket af trælle, som herefter blev druknet i søen som offergave til de højere magter. Derfor blev søen betragtet som hellig og vandet helbredende. Stenens oprindelige sted var Gudenmor mark, og ordet "mark" betød på oldnordisk: skel, kant eller grænse, hvilket man netop havde her ved vadestedet, idet dette ligesom Møllebækken i Klejtrup, netop udgjorde en grænse mellem to herreder, og sysler. Hvis teorien holder, så kan Hobrostenen have stået sammen med Åmundes sten og den manglende sten. I så fald, kan Gunhild ligge begravet på Gudenmor mark, der nok oprindelig var kaldet Gudomar, og på dette sted fandtes vejlen eller vadestedet.

Aalof og Tore Teiande også havde datteren Bergliot Toresdatter, som bliver gift med Jarl Sigurd Haakonsen, med hvem hun får sønnen Haakon Jarl. Denne er far til Erik som bliver gift med Svend Tveskægs datter Gyda. Det er dem der bliver forældre til Haakon, hvis datter Bodil bliver gift med Ulv Galicienfarer, som bliver stamfar til Thrugotslægten i Glenstrup.

Set ud fra Klejtrup stenens datering, eksisterede Brattingsborg højst sandsynligt i Harald Blåtands tid, men hvor gammel var borgen dengang? Hvem har engang i tidernes morgen stået på øen i Klejtrup sø, og tilset at borgbyggeriet gik planmæssigt? Vi kan ikke vide det, men der er visse ting som kan medvirke til en nogenlunde sikker datering. Borgtypen har sin helt egen historie at fortælle, og denne historie peger samtidigt på hvem bygherren kunne være, og ligeledes får vi hjælp til en datering fra en helt uventet side, for det viser sig nemlig at navnet Klejtrup allerede i 800-tallet var kendt udenfor landets grænser.

Navnet Klejtrup kommer af det gamle navn Klaktorp eller Klæktorp, og dette navn var overraskende nok også kendt både i England og Frankrig, hvilket viser at det må være medbragt af danske vikinger, og disse vikinger må derfor have haft tilknytning til Klejtrup. Vi havde meget kendte vikinger, eksempelvis vikingehøvdingen Rollo, som erobrede flere provinser i det nordlige Frankrig, som senere blev til et samlet rige omkring 911, hvor Rollo kunne kalde sig hertug af Normandiet. Rollo forlod Danmark en gang efter 873, hvor han sejlede til England og opholdt sig flere år hos Guthrum, den jyske jarl der opfostrede Harteknud, Gorm den Gamles far. Efter et ukendt antal år drager han til Frankrig, og her erobrer han land for sig selv og slår sig ned her permanent. De følgende år er han dog ofte i England for at hjælpe sin ven Guthrum, hvilket sker flere gange, men han vender altid tilbage til Frankrig. Denne berømte viking har naturligvis haft en meget stor hær med sig, og efter at have vundet sig enorme landområder, ønskede ingen at rejse hjem.

Vi ved fra den franske munk Dudo der levede kort efter Rollo, at da Rollo havde overtaget disse enorme landområder, besluttede han at benytte sin ubegrænsede råderet, og vise sin taknemlighed til sine mænd. Rollo tildelte alle sine mænd store jordområder med ejendomme ved lodtrækning. Hans høvdinge eller hærledere fik ekstra fordele, idet de modtog ekstra store godser med tilhørende landsbyer. Nogle af disse høvdinge valgte at opkalde eller omdøbe deres landsbyer, og give dem samme navn som de steder de selv stammede fra hjemme i Danmark. Det er dette der afslører hvor de oprindeligt kom fra i Danmark. Vi finder således Trulstorp og Daldorp, hvilket er Troelstrup og Dallerup. Ligeledes finder vi Clitourp som stednavneforskeren professor Jacob Jacobsen i sin bog "Danske stednavne i Normandiet" genkender som Klæktorp eller Klejtrup. Han skriver at det kan der ikke være den mindste tvivl om. Det historiske materiale havde han taget i den af A. Fabricius udgivne og righoldige samling af oplysninger i "Danske minder i Normandiet" fra 1897. Også professor Anders Bjerrum har studeret emnet, og specielt en dansk oprindelse af frisiske navne. Videre har vi Houguebu og Carquebu for Højby og Kirkeby og vi har Kerbu og Rabu for Kærby og Råby.

Rollo havde sin far med på rejsen. Han hed Ketil og var sønnesøn af kong Godfred eller Gøtrik, og han boede ligeledes i England i lang tid før de besluttede sig for Normandiet. Vi har i Manche distriktet i Normandiet Quettehov, hvilket betyder Ketils bakke, og kun et kort stykke vej derfra ligger landsbyen Clitourp eller Klejtrup. Vi må således konstatere at der med på Rollos tur til Normandiet har været en hærleder der var fra Klejtrup, hvis det da ikke var Ketil selv der havde boet i Klejtrup.

I England har vi Kettelshulme i Chesshire, tæt på grænsen til Derbyshire, hvilket kan oversættes til Ketilsholm. Området er nu et vådområde der tidligere var en sø med en mindre ø. I Yorkshire ligger Cleethorpes, en by med 32000 indbyggere. Her har vi iflg. forskerne atter Klejtrup, og dette sted er dateret til 800-tallet, og i Cleethorpes findes gaden Lindum road. Tretten kilometer nord for York, ligger byen Claxton som nævnes i 1086, og engelske stednavneforskere siger at dette er en dialektisk afvigelse for Cleethorpes. I samme område ligger Fraistorp og Milltrop, der naturligvis er Fristrup og Møldrup, der efter forskernes udsagn også stammer fra 800-tallet. Møldrup kendes tilbage fra 1300-tallet hvor det var navnet på en gård med mølle, men som vi ser, betydeligt ældre. Cleethorpes findes både i Yorkshire og Lincolnshire, men i regionen Suffolk ligger der også et Klejtrup, men her staves det Clackestorp, næsten det samme som hjemme i Rinds herred. Altså var der folk fra Klejtrup, og dem var der tilsyneladende flere af, men også fra Fristrup og Møldrup, der sammen med andre vikinger var med til at erobre England, og ligeledes har andre fra Klejtrup deltaget i Rollos erobring af Normandiet. Samlet set, taler dette for at Klejtrup i 800-tallet var et sted af betydning, og at her boede vikinger.

Vi så tidligere, at navnet Hvornum har været kendt i England siden ca. 449 da brødrene Hengist og Horsa rejste derover, men vi møder det igen længere nordpå på den skotsk-engelske grænse. Da jyske Rollos efterkommer Wilhelm Erobreren i 1066 erobrede England, var der adskillige hundrede af hans krigere der besluttede at blive, og senere fik deres familier bragt derover fra Normandiet. Her gentog Wilhelm hvad Rollo tidligere havde gjort, ved at uddele større landområder til sine trofaste mænd. Iblandt disse, var der to familier der havde stået Wilhelm nær. Overhovedet for den ene af disse, kaldtes King Ollyf Kjers, som havde regeret et betydeligt område af Normandiet i 1005, og det var hans sønner der var med Wilhelm i England. Den anden familie kaldte sig Karre, og var af samme slægt. Det drejer sig naturligvis om det pæredanske navn Kjær. I Frankrig blev det til Karre eller Carre, mens det i England kom til at hedde Kjerr, Ker, Kier, og Kerr. Adskillige Kerr``s nævnes i den engelske Ragman Roll, som loyale til kong Edward den 1. i 1180. De kendtes allerede tilbage i 1099 som ivrige korsriddere der deltog i erobringen af Jerusalem. Flere af disse normanniske krigere drog langsomt nordpå, og i 1190 nævnes en Johannes Kier der boede i Lancashire i Liverpool distriktet. Han modtog fra den britiske krone et større jordområde på grænsen mellem Skotland og England, fordi han var blevet adlet.

Han slog sig ned i landsbyen Peebles, og holdt sig neutral i stridighederne mellem England og Skotland. Vi ser slægten på slottet Ferniehurst Castle i Jedburg. Igen i 1330 ser vi brødrene Ralph og John flytte fra Lanchashire til Skotland, som senere bor henholdsvis i Ferniehurst og Roxburgh i Cessford. Det var i et grænseområde omkring otte miles fra Jedburg. Her kom Kier slægten også til at spille en rolle, og måske havde dette sted en speciel tiltrækning på dem, idet stedet siden 800-tallet havde heddet Hounum, og Hurnum, og på hver sin side at hovedstedet fandtes Over Hownam og Neyther Hownam, og ligeledes Hownam Kyrke, der lå imellem Cayle og Copehopeburn. Det sagdes at Kier slægten også stammede fra et Hownam eller Hurnum i Jylland, og ved skæbnens ironi lander de i et allerede eksisterende skotsk Hurnum. Området blev angrebet af vikinger i 866 med Olaf Hvide og Regnar Lodbrogs søn Ivar Benløs i spidsen. De angreb Dumbatton og knækkede briternes herredømme i Strathclyde. Allerede i 877 ankommer Ivar Benløs bror Halfdan, og dræber kong Konstantine. En del af disse jyske krigere valgte at blive der, og de bosatte sig og navngav stedet Hounum eller Hurnum efter deres hjemsted i Jylland. De sidst ankomne af Kier slægten, blev for øvrigt i engelske tekster kaldt "marshdwellers" hvilket hentyder til at de enten boede i et kjær og vådområde, eller at efternavnet fra tidligere tider var blevet dem givet, fordi de netop havde boet i et kjær i Hvornum. Her drejer det sig tilsyneladende om to forskellige indvandringer der begge havde oprindelse i Hvornum.

Mange danske navne blev dengang kendt viden om. De fleste har sikkert hørt navnet Regnar Lodbrog, og endnu flere kender hans sønner fra forskellige nutidige filmprojekter. Rollo var også en kendt skikkelse, så kendt at nordmændene har kæmpet for at bevise at han var norsk, men forgæves, Rollo var pærejysk. Der var dog en anden jysk viking der var mindst lige så kendt og berygtet som Regnar og Rollo, men han kendes stort set ikke herhjemme. I Frankrig og England derimod, er han yderst velkendt. Han var en af de hårdeste vikinger, og magtfuld som få. Han havde sin egen flåde, og borge både i Jylland, Frankrig og England. Der fandtes sikkert også folk fra egnen omkring Hvornum og Klejtrup der fulgte ham og slog sig ned i Frankrig. Han hed Halstein, men kendtes som Hastein. Han var født i Egense, og faderen hed Thorulv, og var beslægtet med kongefamilien. Hastein var sin egen herre, og sejlede helst ikke sammen med andre. Man hører om ham allerede i 834, hvor han som hærens leder sendes på et togt af kong Horek 1. der var søn af Gøtrik, og som kæmpede mod Harald Klak om magten. Hastein har kendt dem begge, og ligeledes Regnar Lodbrog, for Regnar giver sin søn Bjørn til Hastein så denne kan opfostre ham. Bjørn fik senere tilnavnet Jernside. Hastein havde tætte forbindelser til områderne ved Århus, dengang kaldet Aros. Det var som regel her han udrustede sine skibe, idet han på denne egn ejede et større landområde, og stedet siges at være opkaldt efter ham. Hans navn var Halstein, og det var netop navnet på vore dages Hadsten i gamle dage. Hastein havde en borg ved Lille Vildmose, og nogle mener at vide at den skulle have heddet Vordegård, men på vildmosens vestre side ligger Kongstedlund der regnes for at kunne have været Hasteins gård. I 1959 blev der foretaget arkæologiske undersøgelser i Nr. Kongerslev kjær i netop dette område. Man fandt resterne af en sumpborg efter at adskillige stykker træ blev synlige efter pløjning. Borgen må have ligget mere end en kilometer fra fast land i en slags arm i Lille Vildmose, i den del der kaldes Lunen.

Voldstedet var arrangeret af to næsten lige store banker, mod vest gårdbanken som en delvis kunstig ø, der var forbundet med banken mod øst. Adgangen dertil kunne ske via en ni meter lang bro, mens direkte adgang til fast land var foregået mod sydøst. Det blev dateret til 1300-tallet, men flere uregelmæssigheder og fund af forskelligt slags træ, tydede på at der var tale om reparationer og omforandringer af et sted af meget ældre dato. Også i Sdr. Kongerslev i Kongstedlund kjær, er der fundet rester af en vej og en dæmning. Det er ikke usandsynligt at dette kunne være resterne af Hasteins gamle borganlæg. Det antages at Hastein var af kongeslægt, sandsynligvis af Regnar Lodbrogs slægt, og navnet Kongstedlund hed tilbage i 1469 Kongslevlund, og et kongelev er kongens arvegods. Gården nævnes i 1390 som Lund, og var da ejet af Ove Stigsen Hvide.

Hastein havde også en fast borg i Loire i Frankrig, og her opholdt han sig ofte sammen med fostersønnen Bjørn. I 843, hærgede de det sydlige Frankrig, og vi hører om dem igen i årene 855 til 860, hvor de hærger det vestlige Frankrig. Her får de udbetalt store summer for ikke at angribe, og ved et enkelt tilfælde modtog de 80 kilo guld og sølv. I 859, sejler de to røvere ind i Middelhavet hvor de plyndrer de spanske og italienske kyster. På hjemvejen angriber de den nordafrikanske kyst, hvor de kidnapper sultanens harem, men da de skal sejle ud ved Gibraltarstrædet, bliver de mødt af sultanens mægtige flåde. Det bliver en så hård kamp at kun 21 af Hasteins 62 skibe slipper igennem strædet. Størstedelen af hans folk blev slagtet af Berberne.

Tilbage i Frankrig lykkes det Bjørn at få tilegnet sig et len ved Seinens munding, og mens de opholder sig her i Frankrig samler Bjørn sine rigdomme, og læsser sit skib med dette for at sejle tilbage til Jylland, hvor han havde en større gård i Ommersyssel som lå tæt på kongens gård. På hjemrejsen sejler de ind i en kraftig storm, hvor Bjørns skib bliver slået i stykker på et klipperev. Skibet går til bunds og hårdt såret drukner Bjørn, medens Hastein hjælpeløst ser til. I slutningen af 862 ankommer Hastein til hjemlige farvande. Han sejler ind gennem Limfjorden og sydpå ved Hjarbæk. Med sig har han Bjørns livløse legeme, som efter Bjørns eget ønske skal begraves i en høj på hans egen mark. Dette kunne være den ene af Bjørnshøjene på Hvornum mark, hvor en anden Bjørn tidligere var blevet stedt til hvile i Njord og Sigges tid. Man kan få mistanke om at den gård Bjørn ejede i Ommersyssel, kunne have været høvdingegården i Hvornum, beliggende hvor nu præstegården findes, idet vi i en kirkeindberetning af 1690 kan se at denne gårds tilhørende jorder, blandt andet bestod af agrene kaldet Fladvang samt Bjørnshøjagrene. Disse jorder som for ikke så længe siden tilhørte henholdsvis Thorald Justesen og Ove Vinge, hørte således i gammel tid under matrikel nummer 1, høvdingegården. Disse områder er måske en del af hvad der var indeholdt i den udflytning der skabte Klejtrup, idet vi ser at jorden tilsyneladende hørte under Klejtrupgård i 1100-årene, for vi ser her at kong Niels netop anvender Bjørnshøjene i to tilfælde, hvor to mennesker straffes ved at blive levende begravet i højene.

Hastein sejler senere til England og bygger borgen Benfleet ved Reading. I 893 nævnes Hastein i engelske tekster som stadig værende aktiv og i kamp mod kong Alfreds styrker. Efter 896 høres der ikke mere til Hastein, så han er sandsynligvis død eller dræbt i kamp, men må da have været langt op i firserne.

Oprindelsen til navnet Klaktorp eller Klæktorp, skal sikkert findes i topografien og måden hvorpå borgen er blevet anlagt. Borgen blev bygget på en lille ø som lå i søen tæt på land. Det er blevet foreslået at ordet Klæg, det gamle ord for ler, kunne være oprindelse til navnet, men der synes at være en mere logisk forklaring. I det oldnordiske sprog var ordet"Klak" et navn på en forhøjning på en flad mark, eller naturlige jordtoppe der ragede op over vandspejlet i en sø eller et andet vandløb. Borgen blev med andre ord bygget på en klak, og torp kan oversættes til "udflyttersted", så vi har nu udflytterstedet på klakken, hvilket blev til Klaktorp, men som Søren Vasegård gjorde opmærksom på, var der sprogforskel eller dialektforskel i området, således at møllebækken var sproggrænse. Vi kender flere af den slags tilfælde og det var som regel lydforskellen mellem bogstaverne a og æ man lagde mærke til, hvorfor vi også ser navnet stavet Klæktorp.

Når alt tyder på at borgen der engang stod på Klejtrup volde kan dateres tilbage til 800-tallet, så befinder vi os i det århundrede hvor Gøtrik levede og havde Gøtriksborg i Vammen, og her begynder historien at ligne noget brugbart. Gøtrik var en utrolig stærk konge. Han var så stærk at selv kejser Karl den Store var bange for ham og ikke turde forsøge at indlemme Danmark i sit imperium. I 810 sejlede Gøtrik mod Frisland og den franske kyst, hvor han mister han livet ved forræderi.

Da kong Godfred eller Gøtrik som Saxo valgte at kalde ham, bliver snigmyrdet ved Frisland i 810, skulle der findes en ny konge. Det formodes at hans ældste søn som vi kender under navnet Holger Danske, overtog efter sin far, men døde ganske kort efter. Herefter bliver en anden nær slægtning kaldet Hemming valgt til konge, men han dør allerede i 812. Faktisk var der fem Godfredsønner, men de var flygtet til Sverige ved faderens død, måske nervøse for Halfdan slægtens venskab med kejseren. Halfdan var Gøtriks fætter og havde af ukendte årsager levet i asyl hos kejser Karl siden 807. Efter Hemmings død, udbryder der krig mellem Godfreds nevø Sigfred og Anulo der var bror til Harald Klak. Sigfred og Anulo mødtes i et slag hvor begge faldt, men Anulos hær vandt slaget, og de valgte Anulos brødre Reginfred og Harald Klak som konger, og det første de to gjorde, var at indgå i en fremtidig fredsaftale med Frankerne.

I 813 ser de to nye konger sig nødsaget til at sejle til Norge, idet der var et oprør på vej i Vestfold. Medens de er borte, vender Godfredsønnerne hjem og samler folk, og de jager Reginfred og Harald ud af landet da disse vender tilbage fra Norge. Den ledende af Godfredsønnerne hed Horek eller Erik, og han så nu ud til at dele magten med sine brødre. I 814 trænger Reginfred og Harald ind i landet og erobrer Hedeby og det store anlæg ved Erritsø. De måtte dog trække sig da Horek havde herredømmet til søs, og Reginfred og Harald ingen flåde havde. I de kampe der fulgte, mister Reginfred livet, hvilket også sker for en af Horeks brødre. Harald må forlade landet, og Horek forsøger nu at regere sammen med de øvrige brødre, men Harald giver ikke op. Han drager direkte til Ingelheim, hvor kejser Karls søn Ludvig bor. Han var nu den nye kejser. I 815 forsøger Harald med Ludvigs hjælpetropper at erobre Danmark, men uden held. Så ser det ud til at der er opstået splid imellem Godfredsønnerne, og her ser Harald sin chance. Ved Ludvigs hjælp får han i 818 en aftale i stand med Horek. Sammen jager Harald og Horek dennes to brødre ud af landet, og nu skal Harald regere sammen med Horek. Dette ser ud til at have fungeret udmærket, for de næste par år står der intet om danerne i de Frankiske Annaler. Noget må alligevel være gået galt, for i 823 truer Horek med at forvise Harald, og vi kender ikke årsagen. Der opstår vist ikke direkte krig mellem de to, men Harald føler sig tilsyneladende usikker.

I 826 drager han med hele sin familie og et større følge til kejser Ludvig den Fromme i Ingelheim. Her lader de sig alle døbe i Sct. Albans kirke i Mainz. Ludvig står fadder til Harald, og forærer ham et dekorativt og meget kostbart sværd, og lover ham Rüstingen i len. Harald indgik samtidigt en aftale med Ludvig, så da han sejler hjem med hele sit følge, har han tre munke ombord, den ene med navnet Ansgar. Nu skulle der missioneres i Danmark for den kristne tro.

Harald Klak lod sig næppe døbe af overbevisning. Hans dåb synes snarere at være en taktisk manøvre. Landets største problem var den mægtige nabo mod syd, som Godfred havde bekæmpet i så mange år. Efter dåben kunne Harald kun betragtes som en kristen frænde, ikke en simpel hedning, så nu ville det være svært for kejseren at blande sig i danske forhold. Det var måske et smart træk af Harald, men Horek og hans nærmeste ville ikke have med kristendommen at gøre, så Harald må endnu engang forlade landet. I 828, dukker Harald op ved Ejderen med en saksisk hær. De nedbrænder nogle landsbyer, hvorefter Horek angriber og tvinger Harald væk.

Harald fortrækker nu til Frisland hvor han også har fået lenet Walcheren. Så høres der intet til ham i adskillige år. I 836 angriber danske vikinge de Frisiske kyster, men Horek nægter at stå bag. Det samme sker i 838, og i 844 angriber vikingerne igen, denne gang anført af Regnar Lodbrog der tidligere havde støttet Horek imod Harald. De angriber også Paris hvor de plyndrer og dræber, indtil kejseren betaler dem en kæmpesum i rent guld. Harald Klak dør omkring 852, og blev muligvis begravet i Hedeby, hvor man i en bådgrav netop fandt et sværd som efter beskrivelserne kunne være det han modtog ved sin dåb.

Med alderen bløder Horek op, og i 849 får Ansgar tilladelse til at bygge en kirke i Hedeby, og ikke så længe efter, også i Ribe. Horek dør i 854, og efterfølges af en slægtning af samme navn, og her begynder kristendommen virkeligt at vinde frem. Den 31. maj i 864: Pave Nicolas 1. formulerer sine svar på sager den tyske kong Ludvig har forelagt ham. Han vil idet han vil gå i kejser Ludvig den Frommes fodspor, godkende at bispen af Bremen, fortsat skal have ærkebiskoppelig myndighed over Danerne. Hvad angår kongen af Danmark som har aflagt et løfte til Gud og Skt. Peter, takker paven af fuldt hjerte og vil bede for at kongen vil fortsætte med kristningen.

Nøjagtig samme dato afsendes et brev til Danmark, fra Pave Nicolas 1. til Horek, danernes konge. Paven takker for de gaver, som er overbragt ham fra kong Horek, og for hans tilnærmelse til den kristne tro. Harald Blåtands pral på Jellingestenen om at han kristnede danerne, blegner vist en smule.

Når både Harald og Horek og dennes bror skulle dele kongemagten i Jylland, er det sandsynligt at Horek måske er søgt sydpå, hvor hans far før sin død grundlagde Hedeby som en stor ny handelsstation. Horek kan tænkes tidligere at have boet i Vammen på sin fars gamle borg, hvor hans brødre har haft andre områder. Hvor han så senere skal regere sammen med Harald Klak, må vi gå ud fra at han søger væk fra Haralds område, og når nationalmuseet mener at Klejtrup er en udflytning fra Hvornum, må man gå ud fra at Harald fra begyndelsen hørte hjemme i Hvornum, eller ihvertfald har foretaget udflytningen herfra. Han har så valgt at flytte sin borg og gård ud, og har valgt et sted på den modsatte side af søen. Her har han udset sig et strategisk godt sted, idet der her fandtes en mindre ø eller jordområde der ragede op over vandspejlet. Her har han valgt at bygge sin nye borg på klakken, som et sådant sted kaldtes. Han kunne have fået tilnavnet Klak fordi det var ham der byggede på klakken. Dette var den typiske måde man uddelte øgenavne på i vikingetiden, og de var dengang meget kreative med øgenavne. Vi kender navnene Møre Jarl fordi jarlen var fra Møre, og det samme var tilfældet med stednavnene Galge og Sole. Vi har ligeledes landnamsmanden Ketil Blundr der havde sønnesønnen Blund-Ketil. Vi ser jo netop også Haralds sønnesøn som jarl af Ommersyssel mens Guthrum hans dattersøn sad i Hartsyssel. Sønnesønnen Harald kunne også have boet i Klejtrup for han blev kaldt Klakharald, hvilket kunne indikere at han også beboede borgen på klakken, da han var jarl i Ommersyssel. og hvis dette var tilfældet, så kan Gorms hustru Thyra Danebod have trådt sine barnesko her, for hun var Klakharalds datter.

Borgen i Klejtrup blev bygget i motte-bailey stil, hvilket var noget nyt i Danmark. Dette design var af frisisk oprindelse, og man kender i dag flere af disse borge i Frisland som borgen i Klejtrup kan være kopieret efter. Det giver god mening at Harald bygger borg efter frisisk model. Hans slægt havde stor tilknytning til netop Frisland, hvor hans bedstefar Harald Hildetand var opvokset, og hvor han selv havde levet i adskillige år. Man kan gætte på at Harald har hentet sine bygningsarbejdere i Frisland og at deres arbejdslejr har ligget lidt væk fra byggepladsen, og hvor de uden tvivl er blevet boende efter borgens færdiggørelse. Dette sted kunne være frisernes torp eller Fristrup, idet stavelsen torp/rup ligesom i Klejtrup netop stammer fra denne periode. Måske kun teorier, men der findes faktisk fra gamle dage en tradition om at Harald Klak har befundet sig på egnen. Peder Villadsen var biskop i Viborg i perioden 1661 til 1673, og han berettede at Harald Klak efter hjemkomsten fra Mainz hvor han var blevet døbt med sit følge, fik opført en kirke af træ i Viborg, idet hans distrikt netop var Rinds herred, og det samme var foreslået af nogle af vore tidligste historikere. Biskoppen berettede stolt at dette var den allerførste kristne kirke i landet. Ligeledes har man i Rønge Hule ved Bjerringbro og i Onsild ådal fundet mønter fra hans tid, og de var præget i Dorestad i Frisland.

Samme frisiske borgtype finder vi også i England, muligvis opført af derboende jyske vikinger. Der blev i Danmark også bygget større fæstningsanlæg der ligeledes kendtes i Frisland. Det er her vi finder oprindelsen til ringborgene som der fandtes flere af i Frisland, men kun nogle få er udgravet. Eksempelvis ligger der i Ditmarsken i det vestlige Holsten der er gammelt frisisk område, borgen Stillerburg der er dateret til 700-tallet. På øen Walcheren i det sydlige Holland, det gamle Frisland, kan man i dag se to cirkulære ringvolde. Den ene Oost Souburg er udgravet og restaureret. Ringvolden har en indre diameter der svarer til Trelleborgs. Der har været træbelagt korsgade og fire porte. Borgen har været omgivet af vandfyldte grave, og er dateret til 850.

I 800-tallet var Hildetands slægt fordrevet fra Danmark, og de slog sig ned i Frisland hvor de havde meget arvejord, og her fik Harald Klak øen Walcheren som len på livstid. De danske ringborge er bygget efter den frisiske model, og det var Harald Hildetand der samlede et splittet Danmark med mange småkonger. Han forenede landet til et stort rige og det var sikkert ham der byggede de danske ringborge, bl.a. Aggersborg, Trelleborg, og Fyrkat. De er sikkert ikke opført af Harald Blåtand som påstået, hvilket også flere dateringer viser. Havde dette været tilfældet, ville vi nok have hørt det i historietimerne. Derfor passer det bedre at de er blevet opført af Hildetand, idet han levede før den tid hvor egentlig dansk historie var nedskrevet. Det meste af hvad vi ved om den tid, er hvad vi har lært fra de Frankiske Årbøger.

Finn Rasmussen skriver at ringborgene har givet anledning til forskellige fortolkninger, og at både formålet med borgene og byggetidspunktet stadig er uafklaret. Arkæologen Leif Christian Nielsen analyserede fundene ved Trelleborg, og argumenterede for flere byggefaser. De tidligste anlæg var brændte, og senere erstattet af andre, og han afslørede hele seks byggefaser ved Trelleborg hvoraf de tidligste var fra 700-tallet, og det var netop i den periode Harald Hildetand regerede.

Da Nørlund udgravede Trelleborg var kulstof-14 -dateringer endnu ikke opfundet, men han fandt i volden store mængder forkullet træ fra bjælker. Der blev kun gravet få snit gennem volden, men ingen ført helt ned til grunden, skriver Finn Rasmussen.

Fyrkat er også interessant. Voldgraven er ikke færdiggjort, og det tyder på at der er udført arbejde i en senere fase. Fyrkat blev også nedbrændt og en dendro-datering af træ fundet i volden, giver året 975, medens andre træstykker er dateret til 920 og 940, hvilket er meget tidligere end det officielle byggeår 980, og altså længe før Blåtands tid. Det fundne træ stammer sandsynligvis fra reparationer, udført på en ældre allerede eksisterende borg fra 700-tallet, opført af Harald Hildetand.

Klejtrup er tydeligvis meget ældre end først antaget, og har sikkert spillet en betydelig større historisk rolle end nogen ville have troet muligt. Sagn og gamle viser, sammen med autentiske historiske tekster, peger i den retning. Vi har set hvordan Lejre og Jelling, samt ringborgene er blevet promoveret uden at dokumentationen på noget tidspunkt har været i orden. Alt tyder på at borgen i Klejtrup har været i brug også i 800-tallet, hvilket tydeligt ses af navnet som vi ser har været i brug i både Frankrig og England i netop dette århundrede. Det er slet ikke usandsynligt at kong Harald var bygherren i perioden 812 til 827, og at han fik sit tilnavn fordi han byggede på en Klak, og hans tilstedeværelse på egnen passer perfekt historisk. Borgen har naturligvis også været i brug efter Harald Klaks tid, så her kan have boet adskillige personer hvis navne vi kender fra historien. Det er meget uheldigt, at man aldrig i historiske tekster nævner hvor kongerne boede, hvilket delvis skyldes de gamle rejsekongedømmer, hvor kongen ingen fast bopæl havde. Det er først et godt stykke op i middelalderen vi begynder at kende kongens adresse, og her boede han på flotte prangende borge. Vi behøver ingenlunde forbavses over at kongerne Oluf, Niels og Valdemar den Store har regeret landet fra Klejtrup, idet de levede i en anden tid, hvor man opførte borge udelukkende af træ og jord, og der fandtes ingen byer som vi kender det, så Klejtrup var grundet sin beliggenhed et meget egnet sted. I Midtjylland lå magtens centrum, hvor Hvornum, og senere Klejtrup, på forskellige tidspunkter, sandsynligvis spillede en betydelig rolle i vort lands historie.